NZZ LIBRO

Thomas Straubhaar

Grundeinkommen JETZT!

Nur so ist die Marktwirtschaft zu retten

NZZ Libro

Bibliografische Information der Deutschen Nationalbibliothek
Die Deutsche Nationalbibliothek verzeichnet diese Publikation in der Deutschen Nationalbibliografie; detaillierte bibliografische Daten sind im Internet über http://dnb.d-nb.de abrufbar.

Lektorat: Regula Walser, Zürich
Umschlag: Weiß-Freiburg GmbH, Freiburg i. B.
Autorenfoto Umschlag: Christian Augustin
Gestaltung, Satz: Claudia Wild, Konstanz
Druck, Einband: Beltz Grafische Betriebe GmbH, Bad Langensalza

ISBN 978-3-907291-52-8
ISBN E-Book 978-3-907291-53-5

www.nzz-libro.ch

NZZ Libro ist ein Imprint der Schwabe Verlagsgruppe AG.

FSC www.fsc.org
MIX
Papier aus verantwortungsvollen Quellen
FSC® C089473

Inhaltsverzeichnis

Grundeinkommen – Retter der Marktwirtschaft

Ich war jung. Und die Aufgabe wog schwer. Mein allererster Arbeitstag hatte es in sich. Gerade war ich im Oktober 1980 als wissenschaftliche Hilfskraft am Volkswirtschaftlichen Institut der Universität Bern eingestellt worden. Und nun sollte ich gleich Hunderte Seiten Druckfahnen lesen. Es galt, ein vierbändiges Monumentalwerk *Diagnose unserer Gegenwart* auf Tippfehler zu durchsuchen.[1] Autor war ein gewisser Alfred Müller-Armack.[2] Er war, was ich noch nicht wusste, aber im Laufe der Lektüre erkannte, der geistige Vater der Sozialen Marktwirtschaft – also jenes Konzepts, das wie nichts anderes die ökonomische DNA der Bundesrepublik Deutschland prägte.

Wieso Alfred Müller-Armack für mich und mein Verhältnis zum bedingungslosen Grundeinkommen ebenso prägend wurde? Weil er für eine strikte Unabhängigkeit von Entstehung und Verteilung des Sozialprodukts plädierte. Trotzdem aber behandelte er die Marktwirtschaft und das Soziale nicht als Gegensätze. Im Gegenteil, er verstand sie als symbiotische Einheit. Seine »Erfindung« bestand darin, Wirtschaft und Gesellschaft in harmonischer Weise zu vereinen. Dafür nutzte Müller-Armack mit der »Irenik« einen Begriff, den ich damals im Fremdwörterbuch nachschlagen musste. Gemeint war eine, gerade auch in einem religiösen, christlichen Sinne »friedliche Aussöhnung« der Ökonomie mit dem Sozialen – so wie das Yin und das Yang der chinesischen Philosophie.

Das Wechselspiel von Trennung und Vereinigung war meine erste Anregung für ein Grundeinkommen. Denn das Grundeinkommen separiert bei den Instrumenten das Ökonomische vom Sozialen – ohne sie jedoch zu trennen. Bei den Zielen, also der Wirkung, versteht es Marktwirtschaft und Sozialpolitik genauso, wie es die Soziale Marktwirtschaft tut: als sich gegenseitig stärkende Symbiose. Aber es verzichtet darauf, Wege und Ziele zu vermischen.

In der Ideologie der Sozialen Marktwirtschaft gibt es eine ökonomische und eine soziale Sphäre. Die Ökonomie ist für die Entstehung des Wohlstands verantwortlich. Da geht es um Effizienz, Arbeitsteilung, Märkte und Wettbewerb. Das Soziale ist für die Verteilung des Wohlstands zuständig. Da stehen Gerechtigkeit, Fairness und die unantastbare Würde des Menschen im Zentrum. Alle sollen teilhaben, niemand darf verloren gehen.

Marktwirtschaft hat ökonomischen Zielen zu dienen. Sie darf nicht als Mittel der Sozialpolitik instrumentalisiert werden. Sie hat nicht sozial, sondern effizient und effektiv zu sein. Aufgabe der Marktwirtschaft ist es, dafür zu sorgen, dass mit möglichst geringem Aufwand ein möglichst großer Ertrag erwirtschaftet wird. So wirkt sie automatisch »sozial«. Denn eine gut funktionierende Ökonomie sorgt dafür, dass überhaupt zunächst einmal möglichst viel Wertschöpfung erwirtschaftet wird, die für soziale Absichten die elementare materielle Voraussetzung darstellt.

Soziale Ziele sind jedoch genauso unverzichtbar für das Wohlbefinden einer Gesellschaft. Aber sie sollen durch sozialpolitische Maßnahmen direkt und nicht über Markteingriffe indirekt erreicht werden. Menschen geradeaus zu unterstützen, ist immer genauer und damit besser, als lange Umwege zu gehen. »Wenn du hungrigen Spatzen helfen willst, füttere sie selbst und nicht bereits gut genährte Ackergäule, in der Erwartung, dass der Pferdemist die Vögel dann ja schon ernähren wird.« Die Metapher veranschaulicht, wie direkte Maßnahmen sicherstellen, (bürokratische) Sickerverluste gut gemeinter indirekter Hilfen zu vermeiden.

In der klaren Aufteilung zwischen Ökonomie als Instrument zur Maximierung des Wohlstands auf der einen Seite und Sozialpolitik als Instrument der Wohlstandsverteilung auf der anderen lag meine zweite Inspirationsquelle für ein Grundeinkommen. Sie entsprang einer Vorlesung, die ich Ende der 1970er-Jahre zu besuchen hatte. Da wurde die Tinbergen-Regel behandelt, so benannt nach dem ersten

Nobelpreisträger für Wirtschaftswissenschaften, Jan Tinbergen. Sein Lehrbuch, in dem er seine bahnbrechende Regel vorstellte, war gerade in deutscher Übersetzung von meinem damaligen Chef Egon Tuchtfeldt veröffentlicht worden, und zwar in derselben Schriftenreihe *Beiträge zur Wirtschaftspolitik* wie die ausgewählten Werke von Alfred Müller-Armack.[3] Wenn das kein gutes Omen war!

Die Tinbergen-Regel besagt, dass ein bestimmtes Ziel am besten mit einem einzigen, dafür ganz präzisen Mittel zu erfüllen ist. Oder umgekehrt: Ein Mittel soll ausschließlich einem einzigen Ziel dienen. Also lieber Blattschuss als Schrotschuss! Würden mit einer einzelnen Maßnahme gleichzeitig zwei verschiedene Ziele verfolgt, käme es zu Streuverlusten. Deshalb sollen wirtschaftliche Ziele mit ökonomischen Instrumenten und sozialpolitische Ziele mit sozialpolitischen Maßnahmen erreicht werden.

Für das Grundeinkommen ist die Tinbergen-Regel deshalb wegleitendes Orientierungsprinzip, weil es in exemplarischer Weise deren Forderung erfüllt: Es bündelt in einem einzigen Instrument alles Soziale. Es verzichtet darauf, zusätzlich auch noch andere Ziele verfolgen zu wollen. Und genauso gilt das Umgekehrte: Alles Soziale fokussiert sich im Grundeinkommen. Die gesamte Sozialpolitik wird ausschließlich mit dem Instrument des Grundeinkommens abgedeckt. Deshalb kann die Marktwirtschaft von allen sozialpolitischen Eingriffen befreit werden, die bei genauer Bewertung gerade auch aus der Optik des Sozialen mehr Schaden als Nutzen verursachen. Sie kann sich auf die Maximierung der Einkommensentstehung konzentrieren – das kann sie besser als alle anderen Wirtschaftssysteme. Dafür ist sie geschaffen. Das hat die Marktwirtschaft oft genug in der Praxis nachgewiesen.

Für die sozialpolitische Feinarbeit ist die Marktwirtschaft jedoch nicht geeignet. Denn dafür ist sie zu grob, da zu grundsätzlich. Sie hat ihre soziale Aufgabe bereits mehr als erfüllt, wenn sie für einen möglichst großen Kuchen sorgt. Für eine Verteilung nach gesellschaftlich »gerechten« Verfahren bedarf es hingegen spezieller Werkzeuge – wie eben einem Grundeinkommen. Es ist prädestiniert dafür. Denn es wirkt als universaler Steuer-Transfer-Mechanismus. Mit dem Grundeinkommen werden alle Zahlungen an den Staat (also Steuern und Sozialversicherungsabgaben) mit allen Leistungen vom Staat (also Transfers und Sozialhilfen) verrechnet. So lässt sich das Dickicht eines undurchsichtigen Steuerdschungels lichten. Transparenz und Einfachheit sind wesentliche Schritte zu einem leistungsfähigen und gerechteren Sozialstaat.

Um gleich Missverständnissen vorzubeugen: Erstens ist das Grundeinkommen ein Instrument der Sozialpolitik. Es verhindert absolute Armut, aber nicht relative Ungleichheit. Gleicher Lebensstandard für alle oder eine vollständige Egalisierung von Wohlstand und Einkommen sind nicht das Ziel. Ein Grundeinkommen behandelt alle gleich. Aber weder kann noch will es alle gleichstellen. Wer Ungleichheit korrigieren möchte, muss zu ganz anderen Methoden greifen, wie beispielsweise Reichen-, Vermögens- oder Hocheinkommenssteuern (und dürfte dann dennoch an der Realität scheitern).

Zweitens bedeutet die Befreiung der Marktwirtschaft von sozialpolitischen Absichten in keiner Weise, einem ungezügelten, ausbeuterischen Kapitalismus Tür und Tor zu öffnen. Marktwirtschaft kann nur funktionieren, wenn Marktmacht gebrochen, Marktversagen korrigiert, Machtmissbrauch verhindert und Wettbewerb erzwungen wird. Dafür braucht es einen starken Staat, der aber effektiv sein soll. Er muss Kartellgesetze und Marktregulierungen durchsetzen. An deren Gültigkeit ändert ein Grundeinkommen rein gar nichts. Die Entfesselung betrifft einzig und allein jene sozialstaatlich motivierten Markteingriffe, die Menschen vor Armut oder Arbeitslosigkeit schützen sollen.

Effektivität verlangt danach, so richtige wie wichtige Ziele der Sozialpolitik durch direkte, auf Personen gerichtete Maßnahmen anzustreben – genau das ist die Absicht eines Grundeinkommens. Umwege über indirekte Wirkungsketten von Markteingriffen bleiben da viel zu ungenau. An jedem einzelnen Zwischenglied drohen ungeplante Kosten. Das gilt in besonderem Maß bei sozialpolitisch motivierten Fesselungen des Arbeitsmarkts. Gibt es ein Grundeinkommen, können sie alle entfallen. Beispielsweise lassen sich Mindestlöhne auf dem Arbeitsmarkt abschaffen – ohne dass deswegen ein Sozialabbau erfolgt. Sie werden bei einem Grundeinkommen überflüssig. Das Grundeinkommen ersetzt als Mindesteinkommen einen aus sozialen Überlegungen verbindlich festgeschriebenen Mindestlohn.

Ausgerüstet mit Müller-Armacks »Irenik« und der Tinbergen-Regel machte ich mich Anfang der 1990er-Jahre über die Universitäten Basel und Konstanz nach Freiburg i. Br. auf meinen akademischen Weg nach Deutschland. Ich hatte das Privileg, an der Alma Mater der Sozialen Marktwirtschaft, der »Freiburger Schule«, eine C4-Universitätsprofessur vertreten zu dürfen.[4] So ehrenvoll die Berufung war, so sehr erschrak ich, als ich die erste Lohnabrechnung in der Hand hielt. Der Bruttolohn war durchaus attraktiv. Aber was nach Abzug der Steuern und vor allem der Sozialabgaben übrig blieb, war ein Bruchteil dessen, was ich zuvor als Oberassistent in Bern oder Lehrbeauftragter in Basel verdient hatte.

Bis heute und damit über 30 Jahre später habe ich weder verstanden noch für gut befunden, dass in Deutschland eine Doppelspurigkeit von Steuern und Abgaben zu einem derartigen Keil zwischen brutto und netto führt. Es kann ökonomisch nicht sinnvoll sein, neben einem allgemeinen Steuersystem zusätzlich noch ein spezielles Sozialversicherungssystem zu betreiben. Vor allem auch, weil nur ein Teil der Bevölkerung (die unselbstständig Beschäftigten unterhalb der Beitragsbemessungsgrenze) zu einer Solidarität untereinander zwangsversichert wird. Die Absicht, die teure Parallelität von Lohnsteuern und Lohnabgaben abzuschaffen und durch ein schlankes, transparentes, einfaches und gerechtes Universalsteuermodell zu ersetzen, lieferte mir den dritten Motivationsschub für ein Grundeinkommen.

Nachdem ich Professor der Helmut-Schmidt-Universität der Bundeswehr in Hamburg wurde, suchte ich mit meinen damaligen Kolleginnen und Kollegen nach neuen »Perspektiven der Sozialen Marktwirtschaft«.[5] Mein Beitrag bestand darin, erstmals ein Konzept eines Grundeinkommens zu entwerfen. Zu jener Zeit benannte ich den Vorschlag »Mindesteinkommen«. Ich wollte ihn als liberale Alternative gegenüber einem Mindestlohn positionieren.[6] Wir waren damals der

Überzeugung, und ich bin es bis heute, dass die Soziale Marktwirtschaft eine fantastische Ideologie ist. Sie ermöglichte ein Wirtschaftswunder – und zwar nicht nur in Deutschland. Alle Volkswirtschaften, denen eine kluge Verbindung der Marktwirtschaft mit dem Sozialen gelang, kamen in den vergangenen Dekaden ökonomisch enorm voran.

Aber bei allem Erfolg der Sozialen Marktwirtschaft wurden nach dem Ende des Kalten Kriegs, der Wiedervereinigung und der rasant voranschreitenden Globalisierung systemische Schwächen offensichtlich. Erste Säulen begannen zu bröckeln. *Ist Deutschland noch zu retten?,* lautete der Titel eines der damals erfolgreichsten Wirtschaftsbücher.[7] *Deutschland – der Abstieg eines Superstars,* behauptete ein anderes Buch provokativ.[8] Für die verschlechterten ökonomischen Ergebnisse war völlig unwichtig, dass der Niedergang weniger mit der Ideologie der Sozialen Marktwirtschaft an sich als vielmehr mit deren Umsetzung in der Praxis zu tun hatte. Allein die schlechten Wirtschaftsdaten zählten. Und die sprachen für sich. Die Arbeitslosigkeit stieg, der Zukunftsoptimismus schwand. Deutschland galt als »kranker Mann« Europas.[9] Die Zeit für Reformen war reif.

Als mich Mitte der Nullerjahre der Ministerpräsident von Thüringen, Dieter Althaus, anfragte, ob ich bereit wäre, mit ihm zusammen ein solidarisches Bürgergeld voranzubringen, sagte ich sofort zu. Er hatte seine Hausaufgaben bestens erledigt. Die Ideen der Ordnungspolitik und der Freiburger Schule von Wilhelm Röpke, Alexander Rüstow, Walter Eucken bis Ludwig Erhard waren bei ihm verinnerlicht. Entsprechend bereichernd war für mich der intensive Austausch zwischen Theorie und politischer Praxis. Als Ergebnis entstand mein erstes umfassendes Grundeinkommenskonzept.[10] Es sollte einem wirtschaftspolitischen Neustart den wissenschaftlichen Boden bereiten. Das Interesse war groß, aber es war zu spät. Für ein Grundeinkommen gab es keinen Bedarf mehr. Deutschland stand damals am Anfang eines langen ökonomischen Aufschwungs. Finanzmarktkrise 2008/09 oder Griechenland- und Euro-Schwäche sorgten nur für kurze Ein- und Unterbrüche. Danach ging es jeweils schnell wiederum weiter nach oben. Bei so guten ökonomischen Aussichten sank die Notwendigkeit nach weiteren Reformen rapide. Die Reise verlief Richtung Vollbeschäftigung, ausgeglichenem Staatshaushalt und zwar geringem, aber doch stetigem Wirtschaftswachstum.

In der zweiten Hälfte der 2010er-Jahre kündigte sich ein Abflachen der guten Wirtschaftsentwicklung an. Die demografische Alterung zeichnete sich ab. Eine arbeitssparende Digitalisierung gewann an Fahrt. Da erkannte ich eine neue Chance, die Diskussion über ein Grundeinkommen wieder aufzugreifen. Vor allem auch, weil in der Schweiz Schwung in die Diskussion gekommen war. Einer Bewegung Gleichgesinnter gelang hier ein riesiger politischer Erfolg: Sie schafften es, eine »Volksinitiative für ein bedingungsloses Grundeinkommen« einzureichen, über die am 5. Juni 2016 abgestimmt wurde.[11] Trotz der klaren 1:3-Niederlage (23 Prozent Jastimmen standen 77 Prozent Neinstimmen gegenüber) fand die Schweizer Initiative eine enorme internationale Resonanz.

Die Ablehnungsgründe der schweizerischen Volksinitiative waren mir Lehre genug, wie ich meine erneute Herangehensweise bei der Weiterentwicklung eines Grundeinkommensmodells anzupassen hatte. Es war mir klar geworden, dass es nicht genügte, Funktionsweise und Wirkungsmechanismen zu erläutern. Es musste auch explizit gesagt werden, wer das alles wie finanzieren soll. Ebenso deutlich war darzulegen, ob das Grundeinkommen bisherige Sozialleistungen ergänzen oder ersetzen würde. Also publizierte ich ein ganzheitliches Konzept eines bedingungslosen Grundeinkommens, das neben der Steuerseite auch die Finanzierungsseite analysierte. Das Echo war gut, die Diskussionen vielfältig. Aber für die Politik kam mein Buch *Radikal gerecht* zu früh.[12] Noch lief alles scheinbar rund, der Arbeitsmarkt boomte und Fachkräftemangel drohte. Flüchtlingsströme, Klimawandel und Donald Trumps Twitter-Hagel standen im politischen Zentrum. Die Zukunft des Sozialstaats war bestenfalls ein Thema für Sauregurkenzeiten. So blieb es bei viel Anerkennung für die Idee eines Grundeinkommens einerseits und heftiger Ablehnung andererseits, unter Anführung der Gründe, wieso das alles nicht gehen würde. In der Summe blieb die konkrete politische Resonanz bescheiden. Klarer formuliert: Sie blieb aus.

Über Nacht wurde im Jahr 2020 alles anders. Covid-19 suchte die Menschheit heim. Die Bekämpfung des Coronavirus stellte so etwa alles auf den Kopf, was zuvor Gültigkeit hatte. Jetzt zeigte sich an unzähligen persönlichen Tragödien, wieso staatliche Unterstützung »bedingungslos« zu erfolgen hatte. Denn auch wer alle marktwirtschaftlichen Bedingungen perfekt erfüllt hatte, wurde von den Wellen der Pandemie und dem Auf und Ab von Lockdowns und Lockerungen mitgerissen – verlor Existenzgrundlage, Geschäftsmodell, Selbstständigkeit und Job.

Mit der Pandemie einher ging eine Implosion des Vertrauens der Bevölkerung in die Mechanismen der Marktwirtschaft und in die Kompetenz der politischen Eliten. Das böse Wort des »Staatsversagens« machte die Runde. Querdenker und Verschwörungstheorien erhielten Zulauf. Volksparteien verloren Rückhalt. Mittelschicht und Mittelstand sahen sich einer Phalanx linker und rechter Gruppen der extremen Ränder gegenüber. Deren einzige Gemeinsamkeit war der Kampf gegen die Mitte von Wirtschaft und Gesellschaft.

Die durch die Pandemie verursachte innere Schwächung der Marktwirtschaft wird überlagert durch eine äußere Bedrohung. Mit kalter Arroganz stellt die Volksrepublik China die Überlebensfähigkeit westlicher Demokratien und deren liberalen Wirtschaftssysteme auf die Probe. Mit kleinen Nadelstichen entlang der alten Seidenstraße, mit roher Gewalt in Hongkong und mit großzügigen Versprechungen in Afrika und Lateinamerika testet Peking die Widerstandskraft marktwirtschaftlicher Systeme.[13] Mit Wucht kehrt ein Systemwettbewerb zwischen kapitalistischen Marktwirtschaften und dirigistischen Staatswirtschaften zurück, der nach dem Ende des Kalten Kriegs und dem Zusammenbruch der Sowjetunion eigentlich als final beendet galt. Was für eine unberechtigte Hoffnung, die sich heutzutage als naive Illusion entlarvt!

Nun steht für die Marktwirtschaft alles auf dem Spiel. Akzeptanz und Zukunftsfähigkeit sind im Kern bedroht. Pandemie(bekämpfung), innere Widerstände und äußere Gegenkräfte stellen die Attraktivität der Marktwirtschaft existenzieller denn je infrage. Zum Überleben bedarf es neuer tragfähiger Konzepte, die den Wohlstand für alle nachhaltiger sichern und bessere Lebensbedingungen garantieren, als es Autokraten und deren Staatswirtschaften versprechen.

Deshalb bin ich überzeugt, dass das vorliegende Buch nun genau zur richtigen Zeit kommt. Es soll die etwas Ängstlicheren von den mit Corona geweckten Dystopien und Weltuntergangsszenarien befreien. Den etwas Mutigeren will es Hoffnung machen, dass die Zukunft gelingen kann und die besten Tage vor und nicht hinter uns liegen. *Grundeinkommen jetzt!* zeigt, wie sich Utopien in der Praxis erfolgreich realisieren lassen. Längst nicht alles wird sich abschließend beantworten lassen. Aber selbst wenn einiges offenbleibt, kann überzeugend genug demonstriert werden, wie ein bedingungsloses Grundeinkommen die Marktwirtschaft zu retten imstande ist. Und zwar jetzt, bevor es zu spät ist!

Teil 1: Was ist ein Grundeinkommen?

Das Grundeinkommen findet zunehmende Aufmerksamkeit. So weitverbreitet die Idee ist, so unterschiedlich bleibt, was darunter verstanden wird. Bereits eine kurze Onlinesuche offenbart einen bunten Strauß unterschiedlicher Vorstellungen darüber, wie ein Grundeinkommen auszugestalten sei, wer es mit oder ohne Bedingungen erhalten sollte, wie es zu finanzieren wäre und wieweit es bisherige Sozialleistungen zu ergänzen oder zu ersetzen habe.[14] In einer Vielzahl wissenschaftlicher Analysen werden Chancen und Risiken sowie Vor- und Nachteile ausführlich diskutiert.[15]

Genauso verschieden wie die Spezifikationen sind die Bezeichnungen, mit denen die verschiedenen Konzepte etikettiert werden. Sie reichen von bedingungslosem, solidarischem, garantiertem oder emanzipatorischem Grundeinkommen über Garantieeinkommen für alle, Grund- oder Garantiesicherung mit oder ohne Sanktionen bis hin zu Bürgergeld oder Bürgerversicherung. Alle Konzepte folgen ähnlichen Überlegungen mit allerdings völlig unterschiedlichen Ideologien als Richtungsweiser.

Die wohl schwerstwiegende Differenz besteht bei der Frage, wie hoch denn ein Grundeinkommen zu sein habe. Soll es das Existenzminimum abdecken oder einen gewissen Lebensstandard für alle ermöglichen? Und selbst wer sich hierbei einig ist, dürfte in Streit geraten bei der Definition, ob damit nur ein physisches oder doch eher ein sozioökonomisches Niveau gemeint sei, ob es um ein Überleben oder um Teilhabe gehe und was das alles ganz konkret bedeute. Ähnlich kontrovers sind die Meinungen dazu, ob ein Grundeinkommen mit oder ohne Bedingungen einhergehen soll. Eine Förderung ohne Forderung ist und bleibt für viele ein No-Go.

Angesichts der Vielfalt der teilweise enorm unterschiedlichen Grundeinkommenskonzepte wäre es vermessen, nur ein einziges Modell als das allein richtige zu favorisieren. Genauso fehl ist die Erwartung, dass am Schreibtisch eines Ökonomen aller Weisheit letzter Schluss zu finden sei. Selbstredend harren in der Praxis viele Probleme, Fußangeln und Unzulänglichkeiten. Deshalb sollen die folgenden Überlegungen nun vorerst lediglich die Fundamente eines bedingungslosen Grundeinkommens vorstellen.

1. Alte Idee findet neuen Zulauf

Die Idee des Grundeinkommens ist alles andere als neu. Im Gegenteil: Sie ist »uralt«.[16] Die Ursprünge gehen auf das 19. Jahrhundert zurück. Zu den bekanntesten Befürwortern im 20. Jahrhundert gehörten die britische Ökonomin und Politikerin Juliet Rhys-Williams sowie die US-amerikanischen Ökonomen und Nobelpreisträger Milton Friedman und James Tobin. Lady Rhys-Williams machte bereits 1943 den sozialpolitisch motivierten Vorschlag eines existenzsichernden Sozialtransfers an alle. Für sie war der Wegfall einer entwürdigenden »Bittstellerei« und einer von Misstrauen geprägten fortwährenden Kontrolle durch staatliche Behörden der entscheidende Vorteil einer staatlichen Existenzsicherung ohne Gegenleistung.[17] Das Argument gilt heute unverändert weiter, gerade in marktwirtschaftlichen Gesellschaften, die einer Sozialbürokratie von Natur aus misstrauisch gegenüberstehen.

Milton Friedman – einer der legendären »libertären« Chicago Boys und Wirtschaftsnobelpreisträger von 1976 – prägte den Begriff der negativen Einkommenssteuer als Verknüpfung von Einkommenssteuer und Sozialtransfers. Er brachte diese Idee in den 1960er-Jahren erneut in die Diskussion ein.[18] James Tobin, Nobelpreisträger von 1981, entwickelte auf der Basis der negativen Einkommenssteuer das Konzept einer garantierten staatlichen Mindestsicherung.[19] Die Ideen von Friedman und Tobin wurden danach vom ehemaligen Harvard-Ökonom Philippe van Parijs aufgegriffen, der sich vehement für das Grundeinkommen einsetzte und 1986 das heutige Basic Income Earth (damals noch European) Network (BIEN) gründete.[20]

In (West-)Deutschland begann in den 1980er-Jahren eine Diskussion über ein von der Erwerbsarbeit entkoppeltes, staatlich finanziertes garantiertes Grundeinkommen.[21] Sie wurde später von der Agenda 2010 und den Hartz-Reformen befeuert. Denn die Konzepte »Fordern und Fördern« (in Deutschland) bzw. »Workfare versus Welfare« (in den USA) erschienen vielen zynisch: Staatliche Unterstützung an eine Erwerbspflicht zu koppeln, »obgleich für Millionen diese Erwerbsarbeit nicht zugänglich ist«,[22] wirkt in der Tat (bis heute und im Zeitalter der Digitalisierung mehr denn je) widersprüchlich.

Mitte der Nullerjahre, in schwierigen Diskussionen um die Neugestaltung des Sozialstaats während Zeiten immens hoher Arbeitslosigkeit, gewann das bedingungslose Grundeinkommen neuen Zulauf. Populär wurde die Forderung »Einkommen für alle« von Götz Werner.[23] Der anthroposophisch argumentierende Gründer und Chef der dm-Drogeriemarktkette wollte einer »neuen Ethik« und damit auch dem Unternehmertum (»Lebensunternehmer«) zum Durchbruch verhelfen: »Du bekommst ein Grundeinkommen und hast damit die Möglichkeit, ja die Bringschuld, deine Talente in der Gesellschaft wirksam werden zu lassen. Zeig, was du kannst! … Gewiss aber ist, dass mehr geleistet würde und damit mehr verteilt werden könnte. Der Kuchen würde größer! Und das Geld würde sinnvoller genutzt.«[24]

Politisch wurde das bedingungslose Grundeinkommen vom damaligen Thüringer Ministerpräsidenten Dieter Althaus vorangetrieben. Er legte im Sommer 2006 das Konzept eines »Solidarischen Bürgergeldes« vor.[25] Der Vorschlag wurde heftig und breit diskutiert.[26] Dabei standen drei Aspekte unter besonderer Kritik, auf die in den nachfolgenden Buchkapiteln noch einzugehen sein wird:

Erstens wurde die Finanzierbarkeit bezweifelt.[27] Zweitens wurde das Grundeinkommen als »Arbeitsplatzvernichtungsprämie« gebrandmarkt, das »vielen Erwerbslosen irrigerweise als ›Schlaraffenland ohne Arbeitszwang‹ erscheint, in Wirklichkeit aber ein wahres Paradies für Unternehmer wäre, in dem Arbeitnehmer wenige Rechte und Gewerkschaften keine (Gegen-)Macht mehr hätten«.[28] Und drittens wurde die Bedingungslosigkeit als falsches Signal bewertet, das Arbeitsanreize untergrabe und dazu führe, dass »sich Menschen weniger als bisher qualifizieren und weniger als bisher arbeiten«.[29]

Eidgenössische Volksinitiative
»Für ein bedingungsloses Grundeinkommen«
In der Schweiz wurde im Juni 2016 über die Volksinitiative »Für ein bedingungsloses Grundeinkommen« abgestimmt.[30] Die Initiative verlangte vom Bund »die Einführung eines bedingungslosen Grundeinkommens«, das »der ganzen Bevölkerung ein menschenwürdiges Dasein und die Teilnahme am öffentlichen Leben ermöglichen« sollte, unabhängig von einer Erwerbsarbeit.[31] Die Höhe des Grundeinkommens wollte man bewusst offenlassen. Der genaue Betrag wäre erst im Lauf der nachfolgenden Gesetzgebung vom Parlament und gegebenenfalls in einer Volksabstimmung festgelegt worden. Aber im Gespräch waren monatlich 2500 Franken für Erwachsene und ein Viertel davon für Kinder.[32] Zwar lehnten drei von vier Eidgenossinnen und Eidgenossen die Einführung eines Grundeinkommens für alle ab. Aber immerhin über eine halbe Million Schweizerinnen und Schweizer befürworteten ein Grundeinkommen.[33]

Aus der Abstimmungsniederlage lassen sich durchaus Lehren ziehen. Mehr und bessere Aufklärung der Bevölkerung, was ein Grundeinkommen (nicht) ist, gehört an den Beginn aller weiteren Diskussionen. Gesellschaften sind nicht bereit, die Katze im Sack zu kaufen. Sie wollen Klarheit. Deshalb ist auch die Finanzierungsfrage zu beantworten. Wie hoch wäre ein Grundeinkommen und was würde es wen kosten? Müsste es über neue Steuern und Abgaben finanziert werden, oder macht es gar eine umfassende Reform des gesamten Steuerwesens erforderlich? Es gilt aufzuzeigen, ob es ergänzend oder ersetzend zu bisherigen Sozialleistungen treten soll.

Österreichisches Volksbegehren »Bedingungsloses Grundeinkommen«
In Österreich gab es verschiedene Initiativen für ein Grundeinkommen. Allerdings blieb die gesellschaftliche Unterstützung eher mau. So misslang 2018 ein Crowdfunding des Vereins Generation Grundeinkommen für eine Volksabstimmung. Ähnlich ging es dem im Jahr 2019 eingereichten Volksbegehren für ein bedingungsloses Grundeinkommen in

der Höhe von 1200 Euro für alle Staatsangehörigen.[34] Es sollte durch eine Finanztransaktionssteuer in der Höhe von 0,94 Prozent aller in Österreich getätigten Finanztransaktionen finanziert werden. Da jedoch lediglich etwas weniger als 70 000 Stimmberechtigte und damit nur 1 Prozent der stimmberechtigten Bevölkerung für eine Eintragung gewonnen werden konnten, scheiterte das Verfahren schon zu Beginn.

Aber auch in Österreich führten die Erfahrungen der Coronapandemie zu einem Umdenken. Ein Grundeinkommen habe nicht nur dafür zu sorgen, dass Menschen nicht gezwungen seien, zu arbeiten. Es solle auch finanziell absichern, wenn Menschen durch Lockdowns gezwungen würden, nicht zu arbeiten. So wurde es in der österreichischen Presse auf den Punkt gebracht.[35] Im Frühjahr 2021 habe sich die Zustimmung der Bevölkerung zu einem Grundeinkommen »signifikant erhöht« – auch wenn »ein paar gewichtige Fragen in der Debatte häufig unterbelichtet blieben«.[36] Wie stark allerdings der Gegenwind weiterhin bläst, wird durch die harsche Reaktion der Wirtschaftskammer Österreich verdeutlicht: »Bedingungsloses Grundeinkommen – unnötig, unfinanzierbar und schädlich. Bei Einführung würde rasch der Staatsbankrott drohen.«[37] Auch hier gilt es somit ganz offensichtlich, noch eine Menge Aufklärungsarbeit zu leisten.

»Pilotprojekt Grundeinkommen« in Deutschland …

In vielen Gesellschaften fand das Grundeinkommen in den vergangenen Jahren zunehmend Aufmerksamkeit. Stark beachtet wurde das finnische Experiment. 2017 und 2018 erhielten rund 2000 Langzeitarbeitslose zwischen 25 und 58 Jahren ein Grundeinkommen von monatlich 560 Euro ausbezahlt. Es zeigte sich, dass die Versuchspersonen zufriedener und gesünder waren, nicht »fauler« wurden, aber auch nicht häufiger wieder eine Erwerbsarbeit aufnahmen.[38] Allerdings bleiben die für andere Länder nutzbaren Einsichten des finnischen Feldversuchs beschränkt. Nicht zuletzt, weil es gerade nicht ein bedingungslos gewährtes Grundeinkommensmodell war. Die Begünstigten mussten Langzeitarbeitslose sein.

In Deutschland läuft ab Juni 2021 das »Pilotprojekt Grundeinkommen«. 122 Personen erhalten monatlich 1200 Euro pro Monat, ohne dafür arbeiten zu müssen – drei Jahre lang.[39] Mit dem Modellversuch wollen das Deutsche Institut für Wirtschaftsforschung (DIW) und der gemeinnützige Verein Mein Grundeinkommen aus einer Langzeitstudie fundierte wissenschaftliche Erkenntnisse gewinnen.[40] Insbesondere wird analysiert, ob überhaupt und wenn ja welche Effekte ein Grundeinkommen erzeugt. Dominiert eher das Gefühl, nicht gebraucht zu werden, oder führen mehr Freiheit und weniger Druck zu stärkerem Selbstvertrauen und besserer Gesundheit?

… und viele Feldstudien anderswo

Weltweit gab und gibt es mittlerweile eine Vielzahl konkreter Feldstudien.[41] Rebecca Hasdell von der Stanford University listet in ihrem Überblick 16 Grundeinkommensexperimente auf, die ab den 1970er-Jahren durchgeführt und zwischen 2009 und 2019 wissenschaftlich evaluiert wurden.[42] Um schon einmal eine ihrer Feststellungen vorwegzunehmen: »Die Ergebnisse sind im Allgemeinen positiv, Grundeinkommen-artige Programme lindern die Armut, verbessern die Gesundheits- und Bildungsergebnisse und haben nur geringfügige Auswirkungen auf die Arbeitsmarktbeteiligung.«[43]

Das in den nächsten Kapiteln vorgestellte Grundeinkommensmodell folgt einem ökonomischen Konzept. Ein politisch vorgegebenes Ziel soll mit wirtschaftlich geringstem Aufwand erreicht werden. Als gesellschaftlich gewünschte und akzeptierte Absicht gilt dabei Artikel 1 des deutschen Grundgesetzes: »Die Würde des Menschen ist unantastbar. Sie zu achten und zu schützen ist Verpflichtung aller staatlichen Gewalt.«[44] Seine praktische Umsetzung verlangt, Menschen niemals einem würdelosen Dasein auszusetzen. Dazu gehört auch, ihnen immer wieder von Neuem eine Chance auf Teilhabe zu geben. Ein lebenslang ohne Bedingung ausbezahltes Grundeinkommen ist eine perfekte Maßnahme, um dieses sozialpolitische Ziel bestmöglich und am kostengünstigsten zu erfüllen. Dabei baut es auf drei Säulen:

1. Es passt das Grundprinzip der sozialen Marktwirtschaft – also ökonomische Effizienz als Grundlage eines sozialen Ausgleichs – an die Lebenswirklichkeit des 21. Jahrhunderts an.
2. Es versteht die negative Einkommenssteuer als bestgeeignetes ökonomisches Instrument, um sozialpolitische Ziele bestmöglich zu erfüllen.
3. Es will dem Arbeitsethos den Heiligenschein nehmen, Sozialpolitik von der Fokussierung auf eine industrielle Arbeitswelt befreien und den Sozialstaat fit für eine Welt der Digitalisierung und Datenwirtschaft machen.

Das in diesem Buch nun vorgestellte ökonomische Grundeinkommenskonzept beansprucht nicht, fehlerfrei zu sein und alle Probleme ein für alle Mal abschließend perfekt zu lösen. Aber es hat den Anspruch, besser als jede Alternative anstehende Herausforderungen des 21. Jahrhunderts erfolgreich meistern zu können.

2. Wie funktioniert ein bedingungsloses Grundeinkommen?

Um die Funktionsweise eines bedingungslosen Grundeinkommens zu verstehen, ist es sinnvoll, mit dem Kern ganz einfach zu beginnen. Anschließend werden Schale für Schale weitere Schichten aufgetragen. Damit wird auch klar, dass eine konkrete Ausgestaltung in Deutschland, Österreich oder der Schweiz viele Freiräume für länderspezifische Anpassungen bietet. Nicht alle Erweiterungen müssen notwendigerweise von allen oder überall mitgetragen werden. Vielmehr kann von Land zu Land nach Belieben – bzw. politischer Ideologie oder ökonomischen Restriktionen oder gesellschaftlichen Wünschen – das eine dazukommen und das andere fallen gelassen werden.

Der Kern

- Der Staat überweist allen Staatsangehörigen vom Säugling bis zum Greis lebenslang Monat für Monat einen Geldbetrag, der für alle gleich hoch ist – für Professorinnen genauso wie für Hilfskräfte oder nicht erwerbstätige Personen. Weder spielen Alter, Familienstand, Ausbildung oder Qualifikation eine Rolle noch ob jemand in Lohn und Brot ist, arbeiten will oder nicht.
- Das Grundeinkommen bleibt für alle steuerfrei.
- Alle persönlichen Einkünfte jenseits des Grundeinkommens werden besteuert. Dazu gehören Löhne und Gehälter, Kapitalertragseinkommen und Mieten oder ausgeschüttete Gewinne und Kapitalentnahmen aus Firmen. Ebenso steuerpflichtig sind Zinsen, Dividenden, Tantiemen und Erträge aus Lizenzen, intellektuellem Einkommen wie Marken-, Vermarktungs- oder Buchrechte. Es gilt also weiterhin: Wer Geld verdient, bezahlt dafür Steuern.

- Es gibt keine Steuerfreibeträge für persönliche Einkünfte jenseits des Grundeinkommens. Denn das Grundeinkommen ist bereits ein Freibetrag, den – und das ist der große Unterschied zu heute – alle in vollem Umfang geltend machen können. Bis anhin profitiert vom Freibetrag nur, wer steuerpflichtig ist (also wer arbeitet oder sonst wie Geld verdient), und nicht, wer kein Einkommen erwirtschaftet und deshalb auch keine Steuern zahlt.

Ein so gestalteter Kern eines Grundeinkommens folgt dem Prinzip einer negativen Einkommenssteuer. »Negativ« bedeutet, dass alle zunächst einmal Geld vom Staat erhalten. Aus staatlicher Sicht entspricht dies vorerst einem »negativen« Abfluss und damit dem Gegenteil eines Steuerzuflusses. Gleichzeitig aber zahlen alle, die Einkommen erwirtschaften, auf alle Einkünfte Steuern. Gerade die Erfahrungen der Pandemie(bekämpfung) sprechen ganz grundsätzlich (und auch losgelöst von Grundeinkommensmodellen) für negative Einkommenssteuermodelle: Sie wirken in Krisenzeiten als automatischer Auffangmechanismus. Auf »unter Zugzwang mit heißer Nadel gestrickte Notprogramme« könnte dann verzichtet werden.[45]

Dass alle gleichbehandelt werden und alle den gleichen Geldbetrag erhalten, mag auf den ersten Blick wie ein Gießkannenverfahren erscheinen. Die Gleichbehandlung aller wirft die Frage auf, wieso denn auch Professoren ein Grundeinkommen erhalten, die es doch gar nicht nötig hätten. So verständlich diese Spontanreaktion ist, so irreführend wirkt sie. Denn abgerechnet wird bei der Steuerbelastung am Schluss. Am Ende zählt, was »netto« an den Staat abzuführen ist und was demzufolge tatsächlich in der Haushaltskasse bleibt. Das Grundeinkommen ist nämlich nur die eine Seite. Die andere Seite betrifft, was auf Einkünfte jenseits des Grundeinkommens an Steuern zu bezahlen bleibt. Diese »Brutto«-Steuerzahlungen müssen mit dem Grundeinkommen verrechnet werden. Erst wenn von allen »Brutto«-Steuern, die auf alle Einkünfte zu bezahlen sind, das Grundeinkommen abgezogen wird, erhält man die »Netto«-Steuerbelastung. Und da darf das Geheimnis jetzt schon gelüftet werden: Wer (wie der Professor) besser verdient, wird auch bei einem Grundeinkommen »netto« stärker zur Kasse gebeten, als wer weniger oder gar nichts verdient (wie Hilfskräfte oder Arbeitslose)!

Auch aus Sicht des Fiskus wird sich erst zum Jahresende Bilanz ziehen lassen, ob und wieweit ein »negatives« oder ein »positives« Ergebnis vorliegt. Der Nettosaldo – also »Ein« minus »Aus« – ist entscheidend, ob jemand alles in allem einen Betrag in die Steuerkasse einzahlte oder ob jemand mit einem Nettotransfer mit öffentlichem Geld aus der Staatskasse unterstützt wurde. Dazu müssen auf der einen Seite der Steuerbuchhaltung alle bezahlten Steuern mit dem Grundeinkommen auf der anderen Seite verrechnet werden. In der Praxis dürfte sich zeigen, dass der Saldo für die meisten Personen (und eben nicht den Staat!) negativ sein wird (so wie es auch heute der Fall ist). Der größte Teil der Bevölkerung wird auch mit einem Grundeinkommen weiterhin netto Steuern bezahlen! Da gibt es keinen Unterschied zu heute.

Schale 1: Wie hoch soll das bedingungslose Grundeinkommen sein?

Die Höhe des Grundeinkommens ist politisch festzulegen. So wie es heute mit den Sozialhilferegelungen der Fall ist. »Sozialhilfe ist das unterste Netz der sozialen Sicherheit und trägt wesentlich dazu bei, die Grundlagen unseres demokratischen Staates zu erhalten und den sozialen Frieden zu sichern.«[46] »Aufgabe der Sozialhilfe ist es, den Leistungsberechtigten die Führung eines Lebens zu ermöglichen, das der Würde des Menschen entspricht.«[47] Der entscheidende Unterschied von heute zum Grundeinkommen liegt in der Beweislast: Im heutigen Sozialstaat muss erst ein Problem entstehen, das dann mit der Sozialhilfe überbrückt wird. Dabei soll die Wirkung der Sozialhilfe die Ursachen beseitigen: Die Sozialhilfe soll die Empfänger »so weit wie möglich befähigen, unabhängig von ihr zu leben; darauf haben auch die Leistungsberechtigten nach ihren Kräften hinzuarbeiten.«[48]

Das Grundeinkommen hingegen wird im Voraus ausbezahlt, gerade um das Entstehen eines Problems zu verhindern. Es will präventiv vorbeugen und nicht nachträglich reparieren. Und: Es vertraut darauf, dass Menschen selbst besser wissen, was für sie das Richtige ist. Deshalb werden sie ermächtigt und die Sozialbürokratie entmachtet.

Nimmt man den Begriff »Grundeinkommen« wörtlich, müsste seine Höhe dem Existenzminimum entsprechen. Dabei zeigt sich sogleich die Problematik, nämlich festzulegen, was das genau bedeutet. Was meint die »Würde des Menschen« in der Praxis? Geht es darum, wenigstens den grundlegenden Lebensunterhalt bestreiten zu können – also um die Befriedigung materieller Bedürfnisse, etwa durch Nahrung, Kleidung und einer Wohnung? Oder ist ein soziokultureller Maßstab anzuwenden, um eine gesellschaftliche Ausgrenzung zu verhindern? So, dass auch immaterielle Güter und Dienstleistungen selbstverständlich dazugehören, um am politischen, sozialen und kulturellen Leben teilhaben und ein menschenwürdiges Dasein finanzieren zu können.

Die Schwierigkeit, das Existenzminimum festzulegen, hat jedoch nicht nur das Grundeinkommen zu meistern. Bereits heute muss diese Frage geklärt werden. Das gelingt dadurch, dass in Deutschland die Höhe des soziokulturellen Existenzminimums von der Bundesregierung periodisch festgelegt wird – das könnte auch beim Grundeinkommen so bleiben. Beispielsweise ergibt sich für einen (alleinstehenden) Erwachsenen ein Existenzminimum von 9744 Euro für das Jahr 2021 und von 9888 Euro für 2022.[49]

In der Schweiz ist die Sache etwas komplexer, weil jeder Kanton das Existenzminimum eigenständig festlegen kann. Auf Bundesebene gibt es keine allgemeingültigen Beträge. Zwar erlässt die Schweizerische Konferenz für Sozialhilfe (SKOS) Richtlinien dazu, was ein soziales Existenzminimum abdecken sollte.[50] Aber Richtlinien sind für die Kantone lediglich Empfehlungen zur Ausgestaltung und Berechnung der Sozialhilfe. Juristisch sind sie nicht verbindlich.

Da die SKOS-Richtlinien jedoch von den meisten Kantonen in der schweizerischen Sozialpolitik und in der Gerichtspraxis angewendet werden, können sie trotzdem als Richtgröße für die Festsetzung eines Existenzminimums dienen. Nimmt man die aktuellen Anpassungen des Grundbedarfs für den Lebensunterhalt in der Sozialhilfe als Ausgangslage, ergibt sich für Alleinstehende ein Betrag von 12 072 Franken für das Jahr 2022.[51] Das ist nicht sehr weit weg von den 1000 Euro, die für ein Grundeinkommen in Deutschland im Gespräch sind.

Genauso wie es heute passiert, könnte und müsste auch in Zukunft die Bundesregierung in Deutschland periodisch »einen Bericht über die Höhe des von der Einkommenssteuer freizustellenden Existenzminimums von Erwachsenen« vorlegen.[52] Und in der Schweiz könnten die Richtlinien der SKOS den Maßstab für das Grundeinkommen liefern. Darauf basierend hätte danach das Parlament die Höhe des Grundeinkommens verbindlich zu bestimmen.

Wird so vorgegangen, wird auch gleich die Sorge entkräftet, dass sich Parteien in populistischer Art vor Wahlen mit Versprechungen zur Anhebung des Grundeinkommens gegenseitig überbieten könnten, um sich damit die Unterstützung der Massen zu erkaufen. Genauso wenig, wie die Festlegung des Existenzminimums heute große politische Wellen oder gar in der Öffentlichkeit hitzige Diskussionen oder stürmische Proteste erzeugt, würde die Festlegung des Grundeinkommens zum großen Politikum werden. Und selbst wenn: Dann gehört genau diese Debatte ins Zentrum demokratischer Verfahren. Parteien können und sollen sich mit Versprechungen überbieten. Es liegt an der Bevölkerung, deren Einhaltung zu überprüfen und die daraus folgenden Schlüsse zu ziehen!

In einer Demokratie ist es selbstverständlich, das Volk entscheiden zu lassen, welches Paket es vorzieht: hohes Grundeinkommen und hohe Steuersätze oder geringes Grundeinkommen und geringe Steuersätze. Dass Parteien dabei mit allen Mitteln und Tricks für die ihnen am besten passende Option werben, ist weder außergewöhnlich noch anrüchig. Ein derartiger Wettbewerb um die Gunst der Bevölkerung gehört fundamental zu demokratischen Willensbildungsprozessen.

Und was ist mit Mietzuschlägen für Großstädte?

Bei der Ermittlung des Existenzminimums spielen richtigerweise Wohn- und Mietkosten eine zentrale Rolle. In Deutschland wird für Alleinstehende eine Wohnung mit einer Wohnfläche von 40 Quadratmetern als angemessen angesehen. Auf der Grundlage normierter Durchschnittswerte für ganz Deutschland ergibt sich, dass bei der Berechnung des Existenzminimums Alleinstehende eine Bruttokaltmiete von 3612 Euro (301 Euro/Monat) für das Jahr 2021 und von 3684 Euro (307 Euro/Monat) für 2022 geltend machen dürfen.[53]

Bei einem dem Existenzminimum entsprechenden Grundeinkommen entstehen nun gewichtige Unterschiede zwischen Stadt und Land, Zentrum und Peripherie. In attraktiven Metropolen reichen die budgetierten rund 300 Euro Monatsmiete in keiner Weise, weil bezahlbarer Wohnraum äußerst knapp ist. Deshalb plädieren viele für eine Beibehaltung heute geltender Wohngelder (jenseits der Sozialhilfen), auch nach Einführung eines Grundeinkommens. Oder aber es wird eine Anpassung entsprechend den lokalen Mietniveaus gefordert.

Natürlich könnte man so verfahren und das Grundeinkommen in attraktiven Städten erhöhen, um auch steigende Mieten bezahlen zu können. Allerdings erreicht man damit genau nicht, was man möchte, nämlich die Kaufkraft des Grundeinkommens zu sichern und Mieter vor Mietsteigerungen zu schützen. Im Gegenteil, man belohnt die preistreibenden Vermieter, weil dank eines höheren Grundeinkommens die Mieter in der Lage sind, auch höhere Mieten zu bezahlen. Das freut den Vermieter und bringt dem Mieter keine Entspannung.

Wirklich hilfreich ist hier, entweder das Angebot an Wohnraum zu steigern. Das kann durch einen Abbau an Bürokratie, verdichtetes Bauen, Erweiterung von Bauzonen, Absenkung von Steuerlasten für Neubauten bis hin zu staatlicher Förderung des Wohnbaus mit einer breiten Palette von Maßnahmen erreicht werden. Oder aber, es werden über steuerliche Anreize eines Finanzföderalismus oder über regionalpolitische Maßnahmen Menschen dazu ermuntert, die teuren Städte zu verlassen und auf das billigere Land zu ziehen. Dann steigt automatisch die Kaufkraft eines Grundeinkommens. Dass solche Entwicklungen gerade auch durch aktuelle Erfahrungen von Homeoffice und Fernunterricht während der Coronapandemie Aufwind erhielten, spricht für sich. Dezentrales Arbeiten und Wohnen in der Peripherie zu fördern, sind die passenden Antworten, die Werthaltigkeit eines Grundeinkommens zu erhalten.

Wieso 1000 Euro?

»1000 Euro pro Monat für alle« ist in Deutschland eine Größenordnung, die von dm-Chef Götz Werner und seiner Co-Autorin Adrienne Goehler vorgeschlagen wurde.[54] Sie hat sich zwischenzeitlich als eingängige Höhe für ein Grundeinkommen etabliert. Für die Plausibilität der monatlich 1000 Euro für alle spricht eine einfache Überschlagsrechnung. Das von amtlicher deutscher Stelle ermittelte Sozialbudget belief sich 2019 auf 1,04 Billionen Euro.[55] Würde also der heutige Sozialstaat komplett und vollständig durch ein Grundeinkommen ersetzt, ließe sich bei einer Wohnbevölkerung von 83,1 Millionen an alle gerade ein Grundeinkommen von wenig mehr als 1000 Euro pro Monat ausbezahlen. Diese Größenordnung wäre bei Wegfall des heutigen Sozialstaats kostenneutral finanzierbar. Sie ist gut geeignet, den Erwartungen der einen und der Kritik der anderen einen realistischen Rahmen zu geben.

In der Schweiz sieht die Sache etwas anders aus. Es war einer der Fehler der Volksinitiative »Für ein bedingungsloses Grundeinkommen«, die von den Schweizer Stimmbürgerinnen und Stimmbürgern im Juni 2016 mit einer Dreiviertelmehrheit abgelehnt wurde, keine konkreten Angaben zur Höhe eines Grundeinkommens zu machen.[56] Lediglich als inoffizielle Diskussionsgrundlage wurde ein monatlicher Betrag von 2500 Schweizer Franken für alle Erwachsenen und 625 Schweizer Franken für alle Kinder und Jugendlichen vorgeschlagen.[57] Dadurch wäre (für das Jahr 2012) ein Steuermehrbedarf von rund 153 Milliarden Franken entstanden, was 26 Prozent des Bruttoinlandsprodukts entsprochen hätte.[58]

Die Sankt Galler Ökonomen Florian Habermacher und Gebhard Kirchgässner errechneten, dass damit allein zur Finanzierung des Grundeinkommens die Einkommenssteuersätze auf 41 Prozent hochschnellen würden – und sie zur Finanzierung aller bisherigen Staatsleistungen dann etwa 66 Prozent erreichten.[59] Folglich kommen sie zum Schluss: »Eine Finanzierung des garantierten Grundeinkommens (ausschließlich) über die Einkommensteuer ist offensichtlich unmöglich.«

So richtig die Berechnungen sind, so einseitig bleiben die Folgerungen. Denn Habermacher und Kirchgässner konzentrieren sich auf die Bruttosteuersätze. Entscheidend jedoch ist die Nettobelastung. Sie ergibt sich, wenn dem Bruttosteuerbetrag das Grundeinkommen gegengerechnet wird. Und da zeigt sich ein Nullsummenspiel: Was die Bevölkerung mit der einen Hand an Steuern zahlt, erhält sie mit der anderen an Grundeinkommen zurück. Weder die Gesamt- noch die Durchschnittssteuerbelastung pro Kopf steigen jedoch.[60] Das Grundeinkommen muss nicht zwangsläufig zu einer insgesamt höheren Steuerbelastung einer Gesellschaft führen. Und deshalb sind auch immer wieder geäußerte Inflationsängste als Folge eines Grundeinkommens unbegründet. Es wird in der Summe nicht mehr Staatsgeld ins System gepumpt. Lediglich die Art, nicht aber die Höhe der Zuflüsse wandelt sich.

Was sich gegenüber der heutigen Situation allerdings fundamental ändern würde, sind die Nettosteuerbelastungen für unterschiedliche Einkommenshöhen. Besserverdienende hätten in der Schweiz gewaltig höhere, Geringverdienende deutlich geringere Nettosteuerlasten zu tragen, als es heute der Fall ist. Damit zeigt sich eines ganz deutlich: Ein Großteil des Streits für oder gegen ein Grundeinkommen dreht sich um (Um-)Verteilungseffekte und nicht um Finanzierungsmöglichkeiten. Es geht nicht darum, ob ein Grundeinkommen finanzierbar ist, sondern um die Frage, wer finanziert was und wen? Das gilt natürlich nicht nur für die Schweizer Steuerverhältnisse. Es trifft genauso auf Deutschland und Österreich zu.

Schale 2: Ergänzt oder ersetzt das Grundeinkommen alles Bisherige?

Bei der Frage, ob und wie weit ein Grundeinkommen den bisherigen Sozialstaat ergänzt oder ersetzt, gibt es ein breites Spektrum von Antworten. Keine davon ist die einzig richtige. Denn denkbar ist nahezu alles. Entscheiden jedoch wird der Praxistest. Wie teuer wird es, wenn ein Grundeinkommen auf das bestehende System aufgepfropft wird, und welche Steuersätze wären zu seiner Finanzierung erforderlich? Da zeigt schon ein rascher Blick in die öffentlichen Kassen, dass ein »Sowohl-als-auch« zu Bruttosteuersätzen führen würde, die jenseits dessen liegen, was die Bevölkerungen in Deutschland, Österreich oder der Schweiz akzeptieren (würden und ökonomischer Vernunft wegen sollten). Der Anreiz, Einkommen selbst zu erwirtschaften, würde derart abgewürgt, dass dem gesamten sozialstaatlichen System die Luft ausginge.

Bereits einfache, holzschnittartige Überschlagsrechnungen veranschaulichen zweifelsfrei, dass nur ein »Entweder-oder« die Akzeptanz von Wirtschaft und Gesellschaft finden kann. Das Neue muss das Alte ablösen – und das am besten kostenneutral. Ein Grundeinkommen würde den heutigen Sozialstaat zu ersetzen haben –, und zwar eher vollständig als nur in Teilen. Sollen einzelne Säulen stehen bleiben, müsste das in jedem Einzelfall überzeugend begründet und von der Bevölkerung insgesamt über Wahlen und Abstimmungen gutgeheißen werden.

So verstanden, entpuppt sich das Grundeinkommen als Universaltransfer. Es bündelt in einem einzigen Instrument alle personenbezogenen staatlichen Transfers und direkten steuerlichen Belastungen. Das bedeutet konkret, dass alle steuer- und abgabenfinanzierten Sozialleistungen durch das Grundeinkommen ersetzt werden müssten. Gesetzliche Renten- und Pflegeversicherung, Arbeitslosenversicherung und Arbeitslosengeld, Sozialhilfe, Wohn- und Kindergeld entfallen komplett und an ihre Stelle tritt die alleinige Absicherung über das Grundeinkommen.

Kranken- und Unfallversicherung könnten im Wesentlichen den heute in der Schweiz bereits bekannten und geltenden Grundprinzipien folgen, die nun auch in Deutschland und Österreich einzuführen wären. Demgemäß gilt eine Grundversicherungspflicht. Es gibt nur noch private und keine staatlichen Krankenkassen oder -versicherungen. Jede private Krankenversicherung muss allen Interessierten eine

Grundversicherung anbieten. Dafür darf sie nicht mehr als eine staatlich festgelegte Maximalprämie verlangen. Ein Wettbewerb um Grundversicherte kann somit nur über Leistungen, nicht aber über den Preis geführt werden. Bei der Grundversicherung gelten ein Diskriminierungsverbot (niemand darf von einem Vertrag ausgeschlossen werden) und ein Kontrahierungszwang (alle haben Anrecht auf einen Vertrag).

Bei einer derart konsequenten Neuorientierung des Krankenversicherungswesens gehört zwangsläufig der notwendige Beitrag für eine Grundversicherung zum Existenzminimum. Entsprechend müssen Grundversicherungskosten bei der Festlegung der Höhe des Grundeinkommens mitberücksichtigt werden.[61] Bei der Frage nach Teilhabe an Gesundheitsleistungen zeichnen sich viele Konflikte ab zwischen dem, was theoretisch möglich, ökonomisch machbar und moralisch-ethisch vertretbar ist. Das gilt insbesondere bei Entscheidungen, wieweit die immensen technologischen Fortschritte der Medizin(technik) und Pharmazie allen zugutekommen sollen. Die Coronapandemie hat drastisch vor Augen geführt, wie schwierig Abwägungen werden, wenn Intensivbetten in Krankenhäusern knapp werden. Zu beantworten, wer welche Anrechte auf begrenzte medizinische Ressourcen haben soll, hat wenig bis nichts mit dem Grundeinkommen an sich zu tun. Das Grundeinkommen macht lediglich Herausforderungen transparent, die so oder so künftig zu bewältigen sein werden.

Lohnfortzahlung im Krankheitsfall, Urlaubsgeld und ähnliche durch die Tarifpartner oder vertragliche Regeln zwischen Arbeitgebern und -nehmern vereinbarte Zusagen werden durch das Grundeinkommen nicht berührt. Sie bleiben weiterhin bestehen.

Die heute zu leistenden Beiträge an die Sozialversicherungen würden vollständig entfallen. Auf Löhne erhobene Abgaben an Renten-, Kranken-, Pflege- und Arbeitslosenversicherungsbeiträge gibt es nicht mehr. Die Sozialversicherungen in ihrer heutigen Form und Wirkungsweise könnten abgeschafft werden.

Schale 3: Was passiert mit bisherigen Ansprüchen?

Natürlich stellen viele zu Recht sogleich die Frage, was mit alten Ansprüchen ans bisherige Sozialsystem passieren soll. Um ganz klar zu antworten: Alle bisherigen Ansprüche werden rundum respektiert und garantiert. Ein Rechtsstaat muss ohne Abstriche zugesagte Verbindlichkeiten vollständig erfüllen. Das gilt auch bei einer Abschaffung des bisherigen Sozialsystems und dem Übergang zu einem Grundeinkommen.

Eine Doppelspurigkeit von altem System (das noch alte Zusagen zu erfüllen hat) und Grundeinkommen scheint schwierig und teuer zu werden. Das muss es aber nicht. Die einfachste und billigste Transformation gelingt mit einer Wahlmöglichkeit. Sie wird allen angeboten, die bereits Ansprüche gegenüber dem heutigen Sozialstaat erworben haben, also allen, die bisher schon Lohnabgaben in die Sozialversicherungen einbezahlt haben. Ihnen wird angeboten, entweder bis ans Lebensende im alten System zu bleiben und die ihnen zugesagten Ansprüche geltend zu machen. Dafür verzichten sie auf ein Grundeinkommen. Oder aber sie wechseln ins neue System. Dann verzichten sie auf eine Geltendmachung ihrer bisher erworbenen Ansprüche. Hingegen erhalten sie im Gegenzug ab sofort ein Grundeinkommen.

Für wen welche Option finanziell attraktiver ist, lässt sich für jeden Einzelfall einfach feststellen. Auf der einen Seite stehen die zu erwartenden monatlichen Rentenzahlungen ab Eintritt ins Rentenalter aus dem heutigen System. Auf der anderen Seite wäre das sogleich beanspruchbare Grundeinkommen gegenzurechnen. Wer rein ökonomisch kalkuliert, müsste wählen, was mehr verspricht. Die Option des Grundeinkommens wird gezogen, wenn die sogleich bis ans Lebensende fließenden Monatszahlungen in der Summe höher ausfallen als die bisher erworbenen Rentenansprüche. Das dürfte für alle jüngeren Personen der Fall sein. Für Ältere und Alte hingegen wird das kaum zutreffen. Sie würden dann also wohl im bisherigen System verbleiben. Somit ändert sich nichts für sie. Es bleibt alles, wie es ist. Sie erhalten, wie versprochen, bis ans Lebensende ihre Rente und kein Grundeinkommen.

Für einige Personen in einem Übergangsalter gilt es abzuwägen: Wollen sie lieber ab sofort ein Grundeinkommen, selbst wenn sie deswegen auf einen an sich höheren, aber erst später ausbezahlten Rentenanspruch verzichten müssten? Es sind hier ähnliche Überlegungen anzustellen, wie sie bei Lebensversicherungsmodellen gang und gäbe sind. Soll man sich für eine Einmalauszahlung oder für regelmäßige Monatsbeträge bis ans Lebensende entscheiden? Einigen kann der Spatz in der Hand lieber sein als die Taube auf dem Dach. Sie ziehen ein sogleich bis zum Lebensende zufließendes Grundeinkommen einer an sich höheren Rente vor, die sie aber erst (viel) später erhalten werden. Wer in einem fortgeschrittenen Alter ist, aber noch etwas Neues anfangen möchte, kann möglicherweise dank des Grundeinkommens jetzt schon und heute noch eine Veränderung finanzieren, die morgen zu einem höheren Einkommen führt. So steht im Alter insgesamt mehr Geld zur Verfügung, als allein durch die heutigen Rentenansprüche garantiert ist.

Schale 4: Sollen wirklich alle das Grundeinkommen erhalten?

Selbst die glühendsten Anhänger eines bedingungslosen Grundeinkommens sehen sich schon zu Beginn zu einer ganz fundamentalen Einschränkung gezwungen. Es gilt nämlich als Allererstes festzulegen, wer alles das Grundeinkommen erhalten soll. Die gesamte Weltbevölkerung kann es ja kaum sein. Vielmehr dürfte es sich um Staatsangehörige handeln. Wer aber ist damit gemeint, und soll ein Wechsel der Staatsangehörigkeit möglich sein?

Selbstverständlich finden sich gute Gründe dafür, das Grundeinkommen weltweit oder zumindest innerhalb Europas zur neuen Norm von Solidarität und Sozialpolitik zu machen. Denn schließlich sollte Humanität keine politischen Grenzen kennen. Mit einem Grundeinkommen könnten wohlhabendere Volkswirtschaften ärmeren in wirkungsvoller Weise direkte Unterstützung zukommen lassen. Und alle Argumente, die innerhalb von Gesellschaften dafürsprechen, müssten eigentlich genauso weltweit zwischen Gesellschaften Gültigkeit haben.

So plausibel derartige Überlegungen sein mögen: In der Praxis sind sie fern jeglicher Wirklichkeit. Deswegen haben sie nicht den Hauch einer Chance, realisiert zu werden. Zustimmung zu einem Grundeinkommen wird schon innerhalb einzelner Staaten hart zu erstreiten sein. Für ein grenzüberschreitendes, europa- oder gar weltweites Grundeinkommen breite politische Unterstützung zu erhalten, ist völlig ausgeschlossen. Zu groß sind die ökonomischen Differenzen, zu ausgeprägt bleiben die kulturellen, gesellschaftlichen Gegensätze und zu unzureichend erweisen sich Gemeinsamkeiten und Zusammengehörigkeitsgefühl. Also wird man von Anfang an die Staatsangehörigkeit zur Bedingung für den Bezug eines Grundeinkommens machen – es gibt somit keine absolute Bedingungslosigkeit!

Und was gilt für Menschen mit Migrationshintergrund?
Mit der Koppelung des Grundeinkommens an die Staatsangehörigkeit wird auch gleich einem unkontrollierten »Sozialtourismus« ein griffiger Riegel vorgeschoben. Wer unter welchen Bedingungen juristisch zum »Inländer« wird, ist nämlich einzig Thema des Zuwanderungs- und Staatsangehörigkeitsrechts. Mit dem Grundeinkommen an sich hat das nichts zu tun! Zuwanderungs- und Staatsangehörigkeitsrecht können jederzeit einen Stopp erlassen. Damit wird eine Zuwanderung allein des Grundeinkommens wegen verunmöglicht.

Aber damit ist man nicht am Ende aller Bedingungen. Denn nun gilt es, eine Reihe weiterer, unmittelbar mit dem Grundeinkommen zusammenhängender Probleme zu bewältigen. Dazu gehört beispielsweise die Frage, ob Deutschland, Österreich und die Schweiz angesichts der EU-Freizügigkeitsregeln tatsächlich EU-Angehörigen das bedingungslose Grundeinkommen verweigern dürf(t)en.[62] Oder ob EU-Angehörige nicht automatisch in das Sozialsystem des Aufnahmelands wechseln (sogenanntes Wohnsitzlandprinzip). Wenn Einzelpersonen aus ärmeren EU-Regionen (mit einem weniger gut ausgebauten Sozialstaat) nach Deutschland, Österreich oder der Schweiz kommen und hier ihren neuen Wohnsitz anmelden, stellt sich heute bereits die

Frage, was mit den in der Heimat zurückgelassenen Familienmitgliedern passieren soll. Erhalten die im fernen Ausland lebenden Kinder das deutsche Kindergeld in voller Höhe, obwohl Jugendliche in der Heimat nur einen Bruchteil der Kosten verursachen, die in Deutschland entstehen würden?

Die Frage nach sozialstaatlichen Ansprüchen ergibt sich ganz grundsätzlich, wenn Personen sich mehr oder weniger frei von einem in ein anderes Land bewegen dürfen und nach einer gewissen Zeit neben Steuerpflichten auch Ansprüche an den Sozialstaat anmelden. Hier drängt sich so oder so eine Neubewertung auf – auch unabhängig von Grundeinkommensmodellen. Insbesondere müsste das europarechtlich seit je für den Güterhandel geltende Herkunftslandprinzip nun auch für zugewanderte Personen zur Anwendung kommen.[63]

Eine stufenweise Warteregelung vermag in diesem Fall pragmatisch Abhilfe zu schaffen. Wer neu als »Ausländer(in)« einwandert, erhält nicht sogleich, sondern erst nach einer längeren Wartezeit und sukzessive in Abhängigkeit der legalen Aufenthaltsdauer im Aufnahmeland das volle Grundeinkommen. Dass ein solches Vorgehen auch mit Europarecht konform bleibt und bei der Sozialpolitik für Ausländerinnen und Ausländer ein Übergang vom Wohnsitzland- zum Herkunftslandprinzip möglich ist, hat sich bei den Verhandlungen der EU-Kommission mit dem Vereinigten Königreich im Vorfeld des Brexit-Referendums gezeigt. Da wurde ein entsprechender Wechsel vereinbart.[64] Ähnliche Überlegungen gab es auch im deutschen Bundesministerium für Arbeit und Soziales. So wurde geprüft, ob EU-Ausländer künftig fünf Jahre warten müssten, bis sie Anspruch auf Sozialhilfe haben.[65]

Ein ähnlicher Regelungsbedarf wird erforderlich sein, wenn es um die Frage der Ab- und Auswanderung geht. An sich sollten ja alle Staatsangehörigen von Geburt bis ans Lebensende ein bedingungsloses Grundeinkommen erhalten. Also auch, wer im Ausland lebt oder Wohnsitz hat, dürfte seine Ansprüche in voller Höhe geltend machen können. Im Ausland lebende Staatsangehörige behalten ihren vollen Anspruch, unbesehen des neuen Wohnsitzlands. Hier bedarf es der Regelung, wie Zugewanderte oder Eingebürgerte behandelt werden, wenn sie Deutschland, Österreich oder die Schweiz eines Tages wieder verlassen. Da wäre es wohl sinnvoll, die Fortzahlung des Grundeinkommens bei Auswanderung daran zu koppeln, wie lange man zuvor im Aufnahmeland gelebt hat (beispielsweise dass das volle Grundeinkommen nur erhält, wer zuvor 30 Jahre in Deutschland, Österreich oder der Schweiz verbracht hat).

Und was ist mit Kindern?

Natürlich kann – wenn politisch gewünscht – für Kinder ein verringerter Betrag eines Grundeinkommens ausbezahlt werden. Dafür spricht die empirische Feststellung, dass Kinder als Mitwohnende in einem Familienhaushalt geringere Alltagskosten verursachen als Erwachsene. Folglich liegt in kinderreichen Familien das Existenzminimum, berechnet auf eine einzelne Person, tiefer als bei Alleinstehenden.

Die heute geltenden Berechnungsmethoden tragen dem Sachverhalt Rechnung, dass sich in Mehrpersonenhaushalten die Mitglieder die gemeinsamen Fixkosten eines Haushalts teilen können, weil gewisse (Sanitär-)Räume, Küche, Einrichtungsgegenstände bis hin zu Heizung und Fahrzeugen sowohl allein wie auch ohne zusätzliche Kosten zusammen genutzt werden können. Entsprechend werden die Sozialleistungen für Jugendliche herabgesetzt.

Eher mehr als weniger Gründe sprechen jedoch für eine völlig andere Sichtweise. Demgemäß sind die direkten Unterhaltskosten für Kinder nur die Spitze des Eisbergs. Viel gravierender sind die indirekten Kosten. Sie entstehen insbesondere in Form des Zeitaufwands der Kinderbetreuung und -erziehung. Wer Kinder hat, tut sich oft schwer, jene Freiräume zu finden, die für berufliche Zwecke genutzt werden könnten. Oft gilt es, die Entscheidung »Kind oder Karriere« zu treffen. Dass die Verzichtskosten nicht nur Kleckerbeträge, sondern gewaltige Summen darstellen, wissen vor allem Frauen zur Genüge. Denn noch immer sind es meistens Mütter und nicht Väter, die wegen des Nachwuchses auf eigene Berufserfolge und die damit verbundenen höheren Gehälter verzichten.

Es ist paradox, auf der einen Seite über zu wenige Geburten und deshalb fehlendem Nachwuchs lauthals zu klagen und andererseits bei sozialen Überlegungen nur direkte, aber nicht indirekte Kosten einzubeziehen, die Kinder nun einmal verursachen. Wem Fachkräftemangel und demografische Alterung wirkliche Sorgen bereitet, muss zwangsläufig daran interessiert sein, dass mehr Kinder geboren werden, um Lücken schließen zu können. Schließlich sind es die Kinder von heute, die als Erwachsene von morgen die Renten der Seniorinnen und Senioren zu erwirtschaften haben werden.

Die Geburtenentwicklung lässt sich eigentlich als unbestechlicher Maßstab für den Gemütszustand einer Gesellschaft verstehen. Sie sagt durch Taten und nicht nur durch Absichten etwas darüber aus, wie der jüngere Teil der Bevölkerung die Zukunftsaussichten beurteilt. Angesichts der geringen Anzahl von Geburten in Deutschland, Österreich und der Schweiz müsste man da ins Grübeln kommen. Tatsächlich sollte die Erkenntnis offensichtlich werden, dass man gerade auch als Gesellschaft genau genommen nie zu viel, sondern nur zu wenig für Kinder und deren Eltern – vor allem der Mütter – tun kann. Deshalb spricht vieles dafür und wenig dagegen, dass Kinder ein Grundeinkommen in gleicher Höhe wie alle anderen erhalten.

Und was gilt für Menschen mit speziellen Bedürfnissen?

Menschen mit speziellen Bedürfnissen machen sich verständlicherweise besonders viele Sorgen, wie weit sie mit einem Grundeinkommen über die Runden kommen. Denn meistens bedeuten spezielle Bedürfnisse auch spezielle Kosten. Das für alle gleichermaßen berechnete Existenzminimum dürfte für Spezialfälle nicht genügen. Wer beispielsweise Seh- oder Gehilfen, besondere Lebensmittel oder Medikamente, eine rollstuhlgängige Wohnung oder Hilfe beim An- und Entkleiden, Einkaufen und Ausgehen benötigt, wird zusätzliches Geld jenseits des Grundeinkommens brauchen.

Ein erster Lösungsansatz besteht darin, spezielle Bedürfnisse über die Kranken- und Unfallversicherung abzudecken. Die heutige

Invalidenversicherung (in Deutschland als Teil der staatlichen Rentenversicherung, in der Schweiz als Ergänzung zur Alters- und Hinterlassenenversicherung AHV) würde in die privaten Kranken- und Unfallversicherungen als Pflichtbestandteil integriert. Alle Anbieter hätten Basisleistungen für alle anzubieten und dürften dabei eine Maximalhöhe der Beiträge nicht überschreiten. Alle müssten sich versichern und niemand darf abgewiesen werden.

Sollten neben den pflichtversicherten speziellen Bedürfnissen noch weitere Kosten entstehen, beispielsweise um Wohnungen rollstuhlgängig zu machen oder um zusätzlichen Pflegebedarf zu finanzieren, spricht nichts dagegen, in begründeten Einzelfällen das Grundeinkommen um eine »Invaliditätskomponente« zu erweitern. Sollte es gesellschaftlich gewünscht sein, bleibt es der Politik unbenommen, für Härtefälle aufgrund physischer oder psychischer Beeinträchtigungen, die für die Betroffenen zusätzliche Kosten für Behandlungen oder bauliche Maßnahmen erforderlich machen, das Grundeinkommen zu erhöhen. Es ließe sich ein Hebesatz einführen, der dem Grad einer Behinderung Rechnung trägt. Nach diesem Prinzip wird in Deutschland heute schon vorgegangen, wenn es gilt, die Voraussetzungen für Leistungen nach dem Neunten Sozialgesetzbuch – Rehabilitation und Teilhabe behinderter Menschen (SGB IX) – festzustellen. Ein ähnliches Verfahren wird bei der privaten Unfallversicherung im Invaliditätsfall in Form der »Gliedertaxe« praktiziert.[66]

Und was ist mit Menschen, die ein Grundeinkommen gar nicht nötig haben?

Dass allen, den Besser- wie den Geringverdienenden, also der gut verdienenden Professorin genauso wie einer schlecht bezahlten Putzhilfe, ein gleich hohes Grundeinkommen ausbezahlt wird, ist weder ungerecht noch unnötig. Es ist nichts anderes als ein Verrechnungsvorgang zum Zweck der bürokratischen Vereinfachung. Alle erhalten zunächst eine Steuergutschrift. Alle zahlen danach auf alle Einkünfte Steuern –

Besserverdienende mehr als Geringverdienende, die Professorin mehr als die Putzhilfe.

Entscheidend ist einzig und allein, was für eine Nettobilanz am Ende – also nach den Steuerzahlungen auf alle Einkünfte – besteht, ob also jemand mehr oder weniger Einkommenssteuer zahlt, als er oder sie Grundeinkommen erhalten hat. In der Praxis wird sich dann zeigen, dass die Mehrheit der Bevölkerung auch mit einem Grundeinkommen netto – also über alles gerechnet – weiterhin Steuern zahlt. Wer viel verdient, wird weit mehr Steuern an den Staat abführen, als er oder sie in Form des Grundeinkommens vom Staat an Transfers erhält. Professorinnen werden netto Steuerzahlerinnen sein und bleiben. Das Grundeinkommen mindert lediglich deren Nettosteuerlast.

Wer wenig oder gar nichts verdient, wie Putzhilfen, wird weniger Steuern bezahlen als das Grundeinkommen. Putzkräfte werden somit zu Zuschuss- oder Transferempfängern. Sie erhalten in der Summe (also »netto«) vom Staat mehr Geld (in Form des Grundeinkommens), als sie Steuern an den Staat abführen. Aus Sicht der Staatskasse ist ihr Nettosteuerbeitrag negativ.

Wie viel Steuern Besserverdienende mehr zahlen sollen als Geringverdienende, damit unterschiedlichen Gerechtigkeitsvorstellungen entsprochen wird, ist eine Frage, die politisch beantwortet werden muss. Mit dem Grundeinkommen an sich hat das nichts zu tun. Das Grundeinkommen ist lediglich das Instrument zur Umsetzung politischer Entscheidungen.

Schale 5: Wie bedingungslos soll das Grundeinkommen sein?

»Gegen das bedingungslose Grundeinkommen spricht vor allem die Bedingungslosigkeit.«[67] Ja, für viele ist es unvorstellbar, dass das Kindergeld nicht mit dem Ende der Jugend vorbei ist, sondern als »Kindergeld für alle« auch an Erwachsene ausbezahlt wird. Warum eigentlich?

Das Kindergeld von heute liefert doch bestes Anschauungsmaterial dafür, was wie zu tun ist. Es wird ohne jede kritische Diskussion richtigerweise bedingungslos an alle Kinder gewährt, unbesehen davon, ob die Eltern wohlhabend oder arm sind. Es folgt der Überzeugung, dass Investitionen in Prävention und Selbstermächtigung die beste aller Strategien sind. Kinder sollen befähigt werden, als Erwachsene selbstständig ihren Weg zu gehen. So sind sie später in der Lage, Einkommen zu erwirtschaften und Steuern zu bezahlen. Die Gesellschaft geht in Vorkasse, im Wissen und im Vertrauen darum, dass die Investition von heute zu staatlichen Steuereinnahmen von morgen führt.

Das Kindergeld muss zum ebenso selbstverständlichen Lebensgeld für alle in jeder Lebenslage werden. Eine Gesellschaft sollte nicht nur in junge Menschen das Vertrauen haben und mit Investitionen in die Bildung in Vorleistung gehen. Was für Kinder Gültigkeit hat, muss auch für Erwachsene gelten: erst fördern, dann fordern.

Menschen ist auch in fortschreitendem Alter immer wieder eine neue Chance zu geben, dazuzulernen, um mit neuen Herausforderungen zweckmäßig umgehen zu können. Eine Anpassung an neue Lebensumstände kann sich weniger denn je nur auf junge Jahre beschränken. Sie wird zur wiederkehrenden lebenslangen Daueraufgabe. Verbesserte Teilhabe und größere Chancengleichheit setzen jedoch Entscheidungsfreiheit voraus. Hier trägt die Gesellschaft eine finanzielle Mitverantwortung – nicht nur bei Jugendlichen, sondern auch bei Erwachsenen. Es bedarf in jeder Lebenslage zeitlicher Freiräume und finanzieller Mittel. Beides ist mit einem Grundeinkommen gewährleistet.

3. Wie lässt sich ein Grundeinkommen finanzieren?

Um es gleich auf den Punkt zu bringen: Ein Grundeinkommen ist für den Staat kostenneutral finanzierbar. Weder bedarf es zusätzlicher Steuern noch muss die Bevölkerung insgesamt höhere Steuerlasten tragen. Das Grundeinkommen kann als steuerneutrales Nullsummenspiel organisiert werden (wenn das politisch gewollt und gesellschaftlich gewünscht wird). Was aus der einen Tasche mehr an Steuern zu bezahlen ist, kann in Form des Grundeinkommens in vollem Umfang in die andere Tasche zurückfließen. Der Nettoeffekt für die Gesellschaft insgesamt ist dann ein Saldo von null – deshalb auch der Begriff Nullsummenspiel. Die Kostenneutralität liefert ein Beleg dafür, dass es den Kritikern des Grundeinkommens mit dem Argument der Unbezahlbarkeit sehr oft nicht um das große Ganze, sondern um Interessen Direktbetroffener geht. Sie wollen das heutige System bewahren, das ohne jeden Zweifel Kapitaleinkünfte gegenüber Arbeitseinkommen und Männer gegenüber Frauen bevorteilt.

Das Radikale des Grundeinkommens liegt in der Verlagerung der Steuerlasten innerhalb der Bevölkerung und damit zwischen den Gesellschaftsschichten. Diese Veränderungen sind in der Tat gewaltig. Kapitaleinkünfte werden stärker belastet. Arbeitseinkommen wird entlastet. Deshalb gehört die Frage, wer vom Grundeinkommen netto wie viel gewinnen oder verlieren würde, an den Anfang einer politischen Debatte. Ohne die Finanzierungsfrage zu klären, wird das Grundeinkommen für alle zur Katze im Sack, die niemand kaufen will. Diesen Zusammenhang missachtet zu haben, war einer der wesentlichen Gründe für das Scheitern der Volksinitiative in der Schweiz.

Eine Neuorientierung des Steuerwesens ist an sich keine unverzichtbare Voraussetzung für die Einführung eines bedingungslosen

Grundeinkommens. Ein Grundeinkommen kann im Prinzip mit jedem vorstellbaren Steuersystem finanziert werden. Die Negativsteuer findet jedoch ihren Reiz darin, dass sie das steuerliche »Ein« und »Aus«, also alle Steuerzahlungen und alle Steuergutschriften, miteinander verrechnet und zusammenfasst. Deshalb führt eigentlich kein Weg daran vorbei, nicht nur die eine Seite der Steuergutschrift, sondern auch die andere Seite der Steuerzahlungen transparenter, einfacher und damit nachvollziehbarer zu machen. Nur so wird am Ende für alle berechenbar, wer wie von einem Grundeinkommen in welchem Ausmaß be- oder entlastet wird.

Abschaffung von Parallelstrukturen

Die erste Notwendigkeit einer Neuorientierung des Steuersystems ergibt sich dadurch, dass das Grundeinkommen alle heute bestehenden sozialpolitischen Transfers, also Rentenzahlungen, Arbeitslosengeld, Sozialhilfe und Pflegedienste ersetzen soll. Damit entfallen auch die Sozialabgaben. Es gibt neben dem über Steuern finanzierten Grundeinkommen keine durch Lohnabgaben gespeiste sozialstaatliche Parallelstruktur mehr. Damit wird der Anachronismus beseitigt, dass heutzutage nur für einen Teil der Bevölkerung bis zu einer gedeckelten Beitragsbemessungsgrenze eine Sozialversicherungspflicht gilt – nämlich für die unselbstständig Beschäftigten – für alle anderen aber nicht.[68]

Dabei darf nicht unterschlagen werden, dass Sozialversicherungsabgaben für Geringverdienende die härteste Steuerlast verursachen. Anders als bei der Einkommenssteuer gibt es nämlich bei den Sozialabgaben keine Freibeträge. Lediglich geringfügige Einkommen unter 450 Euro im Monat bleiben beitragsfrei. Für höhere Einkommen jedoch müssen Sozialversicherungsbeiträge ab dem ersten Euro bezahlt werden. Vielfach zeigt sich dadurch im heute geltenden System ein »Eigernordwand-Phänomen« der Grenzbesteuerung.[69] Da in der Regel mit dem Lohn für eigene Arbeit staatliche Hilfe entfällt, aber bereits ab dem ersten selbst verdienten Euro die Sozialversicherungsabgaben in vollem Umfang anfallen, bleibt netto oft ein unfassbar kleiner zusätzlicher Betrag in der Haushaltskasse übrig. Dass dadurch Anreize zur Aufnahme einer regulären Arbeit gering werden, dürfte selbstredend sein. Leistung lohnt sich zu wenig. Es kommt zu einer »Arbeitslosenfalle«, die rasch auch zu einer »Armutsfalle« werden kann.

Das bedingungslose Grundeinkommen dreht hier die Anreize komplett um. Es entkoppelt die Existenzsicherung von der Erwerbsarbeit. Es schafft somit unbedingte soziale Sicherheit in allen Lebenslagen. Staatliche Hilfe wird vom Status der Nichterwerbstätigkeit vollständig abgetrennt. Sie erfolgt unabhängig davon. Wer arbeitet, verbessert seine Einkommenssituation spürbar ab dem ersten selbst verdienten Euro. Das »Eigernordwand-Phänomen« verschwindet.

Auch die Wertschöpfung der Roboter, der Automaten oder Maschinen wird heute nicht in die Solidarpflicht der Sozialversicherungen genommen – zumindest in der Theorie. Auf ihren Erträgen werden keine Abgaben an die Sozialsysteme erhoben. In der Praxis jedoch müssen die Sozialversicherungssysteme lange schon substanziell durch Zuflüsse aus der allgemeinen Steuerkasse alimentiert werden (in die auch Kapitalertragssteuern aus Roboter- oder Maschinenarbeit fließen).

Sollen Digitalisierung und Datenökonomie den Wohlstand aller mehren, muss – auch völlig losgelöst von einer Einführung eines Grundeinkommens – über eine völlig neue Architektur des Steuerwesens nachgedacht werden. Weder ist das Grundeinkommen hier Ursache noch erfordert es notwendigerweise diese Diskussion. Aber es macht viele Sachverhalte transparenter und die Klärung von Problemen offensichtlicher. Vor allem aber ermöglicht das Grundeinkommen mit logischen und schlüssigen Argumenten einen Neubau des Steuerwesens aus einem Guss.

Soll eine Konsumsteuer das Grundeinkommen finanzieren?

Es wäre am einfachsten, wenn das Grundeinkommen statt mit einer Besteuerung der Einkommen mit einer Besteuerung des Konsums finanziert würde. Dieser Vorschlag ist in der Theorie immer wieder diskutiert worden. In der Praxis wurde er von dm-Chef Götz Werner in seinem Grundeinkommensmodell gefordert. In der Tat finden sich dafür viele sehr gute Gründe.

Ein ganz offensichtlicher Vorteil einer Konsumsteuer würde darin bestehen, dass Verbraucherinnen und Verbraucher einer Steuerbelastung nicht so einfach ausweichen können. Sie sind, relativ gesehen, weniger grenzüberschreitend mobil als Firmen. Der Wohnsitz ist für Personen schwieriger ins Ausland zu verlagern als für Unternehmen der Steuersitz. Der Konsum privater Endkunden ist vergleichsweise einfach erfassbar, denn Menschen geben das meiste Geld an gut feststellbaren physischen Orten fürs Wohnen, bei der Arbeit, in der Freizeit oder für alltägliche Einkäufe in Geschäften, Restaurants, Hotels oder Reisen aus. Selbst wenn sie im Internet einkaufen, werden am Ende Pakete nach Hause oder zu festen Orten geliefert, sodass auch dort die Umsätze national erfasst und damit besteuert werden könnten. Das gilt auch, wenn Netflix oder Spotify den Nutzern Rechnungen senden, auch hier gibt es eindeutig identifizierbare Leistungen, deren Kaufsummen örtlich präzise zugerechnet werden könnten.

Eine Konsumsteuer würde mehr oder weniger automatisch auch gleich die Wertschöpfung der Roboter und der künstlichen Intelligenz mit besteuern. Das würde die heute bestehende Schieflage korrigieren. Sie besteht darin, dass bei einer Einkommenssteuer zwar Arbeiter, nicht aber Roboter besteuert werden. Zudem müssen Menschen Lohnabgaben entrichten, Maschinen und Automaten bleiben davon befreit. Wird die Einkommensverwendung anstatt die Einkommensentstehung besteuert, werden Menschen und Maschinen vom Fiskus gleichermaßen zur Kasse gebeten.

Der Nachteil einer Konsumbesteuerung liegt darin, dass sie im Vergleich zu heute zu einem enormen Anstieg der indirekten Besteuerung führen würde. Dadurch würden erstens Anreize zu Umgehungsgeschäften provoziert. Und zweitens könnte ein negativer Teufelskreis ausgelöst werden.

Umgehungsgeschäfte wie Schattenwirtschaft, Nachbarschaftshilfe, Naturaltausch, Tauschringe, private Tauschwährungen oder

Regionalgeldsysteme würden attraktiv werden, um der indirekten Besteuerung zu entgehen. Ebenso entstünden Anreize eines Einkaufstourismus im nahe gelegenen Ausland. Eine internationale Angleichung der Konsumsteuersätze auf hohem Niveau (als Kompensation für abgesenkte Einkommenssteuersätze) oder Ideen, über Umsatzsteuern die Gewinne der Datenökonomie im Land des Konsums zu besteuern, sind bestenfalls im Anfangsstadium. Die Details sind jedoch noch nicht einmal ansatzweise ausgearbeitet. Somit bleibt richtig, dass zwar »eine international koordinierte Lösung wünschenswert wäre – aber diese wird nicht leicht zu erreichen sein«.[70]

Eine steigende Konsumsteuer schmälert die Kaufkraft des Grundeinkommens. Werden indirekte Steuern auf die Kunden umgewälzt (womit an den meisten Stellen zu rechnen ist), wird alles teurer. Bei steigenden Preisen wertet sich jedes nominelle Grundeinkommen real ab. Für 1000 Euro lässt sich nicht mehr so viel kaufen wie zuvor. Um das Existenzminimum abzusichern, müsste das Grundeinkommen somit erhöht werden. Das wiederum würde den Finanzbedarf nach oben treiben und eine erneute Anhebung der Konsumsteuer zur Folge haben. So entsteht ein Teufelskreis-Dilemma.[71]

Zudem fällt ein wesentliches Merkmal der Konsumsteuer negativ ins Gewicht. Sie wirkt regressiv und damit anders als progressive Einkommenssteuern (mit Freibeträgen). Regressiv bedeutet, dass Haushalte mit geringerem Einkommen eine höhere Steuerlast zu tragen haben als Besserverdienende – zwar nicht in absoluten, aber eben doch in relativen Größen. Das hat damit zu tun, dass Ersparnisse und deren Erträge genauso wie andere Kapitaleinkünfte – also Zinsen, Mieten und Gewinne – zunächst einmal steuerfrei bleiben und der Fiskus erst dann seine Taschen füllen kann, wenn Geld für Konsum ausgegeben wird. Wer wenig verdient, muss jedoch alles Geld für den alltäglichen Lebensunterhalt ausgeben, er trägt also die volle Steuerlast. Wer besser verdient, kann einen Teil des Einkommens sparen und wird vorerst verschont.

Über viele Generationen mag sich die Belastung über Konsumsteuern für Reiche und Arme langfristig ausgleichen. Irgendwann werden auch Reiche ihr Geld ausgeben und sich Luxusgüter oder Immobilien kaufen, die dann auch mit einer Konsumsteuer zu belasten wären. Allerdings stellt sich somit auch die Frage, wie die Selbstnutzung eigener Immobilien (also der sogenannte Eigenmietwert) oder eigener Verkehrsmittel (wie Privatflugzeuge oder Luxusautos) steuerlich zu belangen und zu bewerten ist.[72] In der Summe kann eine regressive Konsumsteuer zu einer Ungleichbehandlung führen, die gesellschaftlich als unfair bewertet wird.

Nicht Unternehmen, sondern Unternehmer besteuern

Die Hundesteuer diente Professoren bei Generationen von Studierenden als illustratives Lehrstück, um gängige Fehlschlüsse über die Wirkungsweise von Steuern offenzulegen. Als Running Gag wurde gefragt: »Wer wird durch die Hundesteuer eigentlich belastet?« Und nicht einmal die größten Kritiker ökonomischer Analysemethoden konnten widersprechen, dass nicht der Hund, sondern sein Halter die finanzielle Last einer Hundesteuer zu tragen hat. Deshalb ist der Halter, nicht der Hund für das Finanzamt von Interesse.

Exakt die gleiche Logik wie bei der Hundesteuer greift auch bei der Unternehmenssteuer. Nicht Unternehmen, sondern deren Halter, also die Eigentümer, sollten im Fokus des Fiskus stehen. Unternehmen sind keine Personen, deshalb zahlen sie – wie Hunde – keine Steuern. Am Ende tragen immer ausschließlich Menschen und nicht Unternehmen die Last von Unternehmenssteuern. Unternehmen führen lediglich in Form von Gewinn-, Körperschafts- oder Gewerbesteuern das Geld an den Fiskus ab. Das ist ein rein technischer Vorgang. Aber hinter den Unternehmen stehen immer deren Besitzer. Genauso wie der Hundehalter das Geld anstatt für die Hundesteuer für andere Zwecke hätte ausgeben können, »verlieren« die Eigentümer der Unternehmen als Folge der Steuerleistungen ihrer Firmen Geld, das sie entweder als Profite oder Dividenden an sich selber oder in Form höherer Löhne an die Belegschaften hätten ausschütten können.

Aber auch hier trügt der erste Schein. Es sind nämlich nicht zwangsläufig die Unternehmensbesitzer, die durch Gewinn-, Körperschafts- oder Gewerbesteuern belastet werden. Entscheidend ist vielmehr, wie einfach Unternehmen die ihnen aufgebürdeten Steuerlasten auf andere abwälzen können. Denn auch wenn vordergründig der Halter und nicht der Hund die Hundesteuer ans Finanzamt überweist, bleibt offen, ob nicht der Hundehalter beispielsweise seinem Arbeitgeber vorjammert, dass er mehr Lohn haben müsse, weil seine Lebenshaltungskosten (als Folge einer Hundesteuer) höher sind. Genauso ist es bei Unternehmen. Sie dürften versuchen, die heiße Steuerkartoffel weiterzugeben. Entweder erhöhen sie ihre Absatzpreise, oder aber sie üben Druck auf die Zulieferer aus, um für Vorleistungen weniger bezahlen zu müssen. Es kommt zu einem Sesseltanz und alle versuchen, anderen die Steuern aufs Auge zu drücken.

Am Ende einer Kaskade der Steuerüberwälzung zeigt sich etwas ganz anderes, als ursprünglich geplant. Wie der Chef des Münchner ifo-Instituts für Wirtschaftsforschung, Clemens Fuest, und seine Co-Autoren eindrücklich nachweisen, belasten im heutigen System Unternehmenssteuern weniger die Unternehmenseigner als vielmehr die Beschäftigten.[73] Höhere Unternehmenssteuern führen vor allem bei niedrig qualifizierten oder jungen Arbeitnehmern und Frauen zu signifikant geringerem Lohnwachstum.

Aus der Hundesteueranalogie wird deutlich, wieso es ein großer Fehler ist, Unternehmen zu besteuern und dabei zu glauben, man tue etwas Gutes für Wirtschaft und Gesellschaft. Das Gegenteil ist richtig. Ein vollständiger Verzicht auf eine Unternehmensbesteuerung wäre für Beschäftigung, Wachstum und damit Wohlstand die klügste Strategie. Das gilt insbesondere und in steigendem Maß im Zeitalter einer digitalisierten Datenwirtschaft, die ohnehin die örtliche Festlegung von Unternehmensaktivitäten erschwert.

Unabhängig von der Rechtsform, ob Personen- oder Kapitalgesellschaft, sind Unternehmen hauptverantwortlich dafür, dass in einer Volkswirtschaft die Masse der Menschen Arbeit findet. Sie sorgen für eine Wertschöpfung, die den Belegschaften in Form von Löhnen und den Kapitalgebern in Form von Zinsen zugutekommt. Beides kann vom Staat als Einkommen besteuert werden, sobald Löhne oder Kapitalerträge an Privatpersonen bezahlt werden. Neben dem Selbstzweck dienen Firmen somit ganz automatisch einem gesamtwirtschaftlichen Nutzen. Wieso sollen sie da noch Steuern zahlen?

Klüger, als eine aus vielen Gründen international kaum realisierbare Standardisierung der Firmenbesteuerung anzustreben, dürfte ein anderes Vorgehen sein. Es ist darauf ausgerichtet, nicht die Unternehmen, sondern deren Eigentümer – also ausgeschüttete Kapitaleinkünfte und nicht das Kapital in den Firmen – zu besteuern, so wie man auch den Halter und nicht den Hund belastet. Und es folgt der Überzeugung, dass es im 21. Jahrhundert grundsätzlich ein falscher Ansatz ist, Firmen zu besteuern.[74] Denn er provoziert Überwälzungs- und Ausweicheffekte, die zu effektiven Steuerlasten führen, die weder gewollt noch gerecht sind.

Erzielen Unternehmen Gewinne, sollen diese dann, aber eben erst dann und nicht früher, besteuert werden, wenn sie an Personen ausgeschüttet werden. Einbehaltene Gewinne bleiben steuerfrei. Sobald Dividenden, Tantiemen, Boni oder andere Auszahlungen jedoch fließen, kann und soll der Fiskus zugreifen. Das gilt auch, wenn Unternehmen Löhne und Gehälter an ihre Beschäftigten, Fach- und Führungskräfte auszahlen oder wenn Selbstständige oder Familienbetriebe Geld, in welcher Form auch immer, aus ihren Firmen entnehmen. Anders als bei der momentan vielerorts als neue Unternehmensform propagierten »Gesellschaft mit gebundenem Vermögen« ist einmal investiertes Eigenkapital nicht für alle Zeiten unwiderruflich »verloren«. Es kann jederzeit an die Eigentümer zurückfließen.[75] Dann ist es jedoch als Einkommenszufluss zu versteuern.

Bei einer »Gesellschaft mit gebundenem Vermögen« würde das Verantwortungseigentum anstelle der bisherigen Eigentümerverantwortung treten. Das Eigenkapital gehört steuerlich der Firma und nicht deren Besitzern. Die gleiche Sicht prägt das Prinzip, Unternehmer und nicht Unternehmen zu besteuern. Solange Kapital »Working Capital« ist und im Unternehmensbereich (re)investiert bleibt, soll es nicht besteuert werden. Erst wenn Eigentümer Eigenkapital der Firmen in Privatvermögen umwandeln, wird diese Transaktion als Einkommenstransfer steuerlich relevant und mit dem für alle Einkünfte gleichermaßen geltenden Steuersatz belastet.

Die Begünstigten müssten jeden Zufluss von Geld und somit auch die Ausschüttungen von Unternehmensgewinnen zu ihrem übrigen Einkommen schlagen. Die Summe aller Einkünfte bildet dann die Grundlage, auf der die Finanzbehörde die fällig werdenden Einkommenssteuern berechnet. Im Wesentlichen entspricht dieses Vorgehen dem heute für Personengesellschaften und Selbstständige gültigen Verfahren der Gewinnbesteuerung. Nun würde es auch für Kapitalgesellschaften gelten.

Steuerfreiheit für Unternehmen löst mehrere Probleme

Stellt man Unternehmen steuerfrei und besteuert stattdessen die Eigentümer bzw. jene Personen, die von den Gewinnen und Auszahlungen profitieren, trifft man mehrere Fliegen auf einen Schlag:

- Die Unternehmen werden steuerlich entlastet, was ihre internationale Wettbewerbsfähigkeit stärkt. Ebenso steigt der Anreiz für multinationale Konzerne, Hauptsitze in Staaten und an Standorten ohne Unternehmensbesteuerung anzusiedeln. Beides wirkt sich positiv auf die Beschäftigungslage aus, was wiederum den Staatshaushalten zugutekommt, weil alles Einkommen natürlicher Personen weiterhin national besteuert werden könnte.
- Solange Gewinne von Unternehmen einbehalten werden, sollten sie steuerfrei bleiben. Einbehaltene Gewinne sind für die Unternehmen die einfachste und billigste Möglichkeit, die Eigenkapitaldecken zu verstärken, Finanzierungsrisiken zu verringern und neue Investitionen zu finanzieren. Das verbessert auch die makroökonomische Stabilität und sorgt gesamtwirtschaftlich für Nachhaltigkeit bei Wachstum, Wertschöpfung und Beschäftigung. Der Verzicht einer direkten Unternehmensbesteuerung führt somit für den Fiskus indirekt zu höheren Steuereinnahmen in der Zukunft.
- Das Thema einer Erbschaftssteuer bei einer Unternehmensnachfolge fällt weg. Solange bei einer Betriebsfortführung die Erben auf

eine Auszahlung verzichten, verbleibt alles, wie es ist und es wird nichts besteuert. Der Eigentümerwechsel bleibt steuerfrei. Insbesondere können keine Probleme entstehen, sollten Erben nicht in der Lage sein, eine Erbschaftssteuer auf das Betriebsvermögen zu bezahlen. Es gibt keine Erbschaftssteuer bei einer Unternehmensnachfolge.

- In Deutschland sorgt eine Abgeltungssteuer für eine ungleiche Besteuerung von Kapitalerträgen, Arbeitseinkommen und übrigen Einkünften. Seit 2009 müssen Kapitalerträge nicht mehr in der individuellen Steuererklärung angegeben werden. Sie werden direkt an der Quelle erhoben – allerdings mit einem Steuersatz von pauschal 25 Prozent. Für Besserverdienende liegt die Steuerbelastung damit deutlich unterhalb der Lohnsteuersätze. Mit dem Prinzip, alle Einkünfte von Personen mit demselben Steuersatz zu belasten, würde die Ungleichbehandlung von Unternehmensgewinnen und privaten Kapitaleinkünften beseitigt (insbesondere gilt das für eigenfinanzierte Unternehmensinvestitionen).
- Die Körperschaftssteuer entfällt. Sie wird bis anhin in Deutschland mit einem Steuersatz von 15 Prozent auf das Einkommen juristischer Personen (also Unternehmen, die eine eigene Rechts- und Geschäftsfähigkeit besitzen wie Aktiengesellschaften oder Gesellschaften mit beschränkter Haftung [GmbH]) erhoben. Selbstredend verliert sie beim Prinzip, natürliche und nicht juristische Personen zu besteuern, ihre Rechtfertigung.
- Die Gewerbesteuer wird eine Lenkungssteuer ohne fiskalische Nebenabsichten. Sie wird ausschließlich als Nutzungsentgelt eingefordert. Sie soll der Preis sein für die Inanspruchnahme (lokaler) öffentlicher Güter – wie die Anbindung an Energie-, Verkehrs- und Kommunikationsnetzwerke. Denn selbstverständlich sollen alle Firmen, unabhängig ob in- oder ausländische, dafür bezahlen, dass sie die Infrastruktur nutzen und vom Rechtsstaat, den öffentlichen Einrichtungen und dem friedlichen Miteinander profitieren. Dafür aber sind nutzer- und verursachergerechte Gebühren und Abgaben präzisere Instrumente, um Nutzen und Kosten in Einklang zu brin-

gen. Mit einer konsequenten Anwendung des Äquivalenzprinzips ließe sich gleich auch eine grundlegende Reform der Gewerbesteuer angehen, die ja eigentlich ein Entgelt dafür sein sollte, dass die Gemeinden den Unternehmen Infrastrukturleistungen wie Wasser- und Energieversorgung, Abwasser- und Müllentsorgung, Verkehrsanbindung, ein funktionierendes Verwaltungs- und allgemeines Bildungssystem zur Verfügung stellen. In der Realität hat sich die Gewerbesteuer jedoch längst von einer nutzungsorientierten Abgabe zu einer Ertragssteuer der Kommunen entwickelt. Deshalb »besteht heute ein weitgehender Konsens darüber, dass die Gewerbesteuer eine schlechte Steuer sei. ... Besser wäre es, sie durch ein Gebührensystem zu ersetzen, das diese Nutzungen widerspiegelt.«[76] Ein Konzept »Preise anstatt Steuern« bzw. »Nutzergebühren anstatt Unternehmenssteuern« würde einen sachgerechten Orientierungsrahmen bieten.

Vereinfachung des Steuerwesens wird möglich

Das Prinzip, anstelle von Unternehmen deren finanzielle Ausschüttungen an Eigentümer, Management und Beschäftigte zu besteuern, entspricht der Forderung nach einer wesentlichen Vereinfachung des Steuerrechts. Alles Einkommen, das von Unternehmen an Personen fließt, müsste gleichermaßen besteuert werden, unabhängig davon, ob es als Löhne durch Menschen, als Kapitalerträge durch Roboter und Maschinen oder eben als Gewinne durch Unternehmen geschaffen wurde. Das würde auch dem Sachverhalt Rechnung tragen, dass im Zeitalter der Digitalisierung die Arbeit von Menschen nicht anders als die Arbeit von Robotern sowie physische Dinge nicht anders als virtuelle Daten zu besteuern sind.

Vor allem würde eine konsequente Besteuerung von Personen statt Firmen zu einer radikalen Vereinfachung des Steuerwesens führen. Das allein ist sowohl effektiv wie gerecht. Es ist deshalb effektiv, weil es aus ökonomischer Sicht schlicht ein Unding ist, per Gesetz oder Regulierung zwischen gutem oder schlechtem, produktivem oder unproduktivem, nützlichem oder schädlichem Kapital zu unterscheiden und dessen Ertrag unterschiedlich zu besteuern. Genauso wenig ökonomischer Sinn steckt hinter einer steuerlichen Ungleichbehandlung von Firmen nach Größe, Eigentümerstruktur oder irgendwelchen anderen mehr oder wenige willkürlichen normativen Rechtfertigungen.

Alle Firmen sind unabhängig von Unternehmens- und Rechtsform gleichzubehandeln und nicht zu besteuern. Die Vielfalt unterschiedlichster Unternehmensformen, die einzig aus steuerlichen Gesichtspunkten gewählt werden, muss entfallen. Das erlaubt Kosteneinsparungen bei den Firmen und den Steuerbehörden. Ein teures Katz-und-Maus-Spiel zwischen Steuervermeidung, Steuerumgehung, Steuerbetrug und deren Verhinderung, Aufdeckung und Sanktionierung wird überflüssig.

Gerecht ist ein Steuersystem, das einfach und transparent ist. Ein Wirrwarr von steuerlich motivierten Differenzierungen führt zu Intransparenz. Wer über genügend Geld verfügt, kann sich teure Beratung leisten, um von steuerlichen Tricks zu profitieren. Alle anderen haben dazu nicht die finanziellen Mittel.

So wie es auch beim heutigen Steuersystem gang und gäbe ist, würde es natürlich auch bei einer Besteuerung von Personen statt Firmen zu einer Vielzahl von Strategien zur Steuervermeidung und -hinterziehung kommen. Insbesondere bestehen immense Anreize für Natural(lohn)leistungen. Anstatt Personen Geld auszubezahlen (das von der Quellensteuer erfasst wird), könnten auf Firmenkosten privat genutzte Güter, Dienstleistungen, Autos und Ferien finanziert werden. Diese geldwerten Vorteile müssten steuerlich erfasst werden. Das ist nicht einfach. Was aber mit dem in der Schweizer Steuerpraxis gehandhabten Eigenmietwert machbar ist, müsste generell auch für firmenfinanzierte, jedoch privat genutzte Sachbezüge oder Naturalleistungen möglich sein.[77]

Auf eine Besteuerung der Unternehmen zu verzichten, wird vorschnell als Kapitulation vor der Macht der Unternehmen bewertet. Denn damit würden die Menschen stärker belastet. Sie müssten nun alles und die Firmen nichts zum Steueraufkommen beitragen – so ein gängiges Gegenargument. Das stimmt, bedeutet aber nicht, dass es deswegen weniger gerecht zugehen würde. Denn richtig ist auch, dass »Steuerlasten grundsätzlich nur von Personen getragen werden können, nicht von ›Unternehmen‹«.[78]

Unternehmenssteuern abzuschaffen, dafür aber Unternehmensbesitzer stärker zu besteuern, ist weder verrückt noch ungerecht noch ein Weg in eine fiskalische Sackgasse. Es ist eine zeitgemäße und eine für alle wohlstandsfördernde Herangehensweise an fundamentale strukturelle Transformationsprozesse. Richtig ist, dass damit nicht alle Probleme gelöst und eine Umgehung oder gar Betrug verhindert werden können. Natürlich ist beispielsweise die Mietwertbesteuerung selbst genutzter Liegenschaften eine Herausforderung.[79] Aber sie ist in der Praxis lösbar, das zeigt sich in der Schweiz. Einen Eigenmietwert zu schätzen und als Vermögensertrag der Steuerpflicht zu unterstellen, ist genauso unverzichtbar wie ein Einbezug aller anderen Naturaleinkommen und privater Sachbezüge. Nur so kann der Grundsatz verfolgt werden, nicht das Vermögen (also die Substanz), sondern dessen Erträge (wozu eben auch Mieten gehören) zu besteuern.

4. Eckpfeiler eines konkreten Grundeinkommens

Um die Funktionsweise eines Grundeinkommens zu erkennen und seine Folgewirkungen nachvollziehen zu können, sollen nun ein paar ganz konkrete Beispiele vorgestellt werden. Zwangsläufig sind dabei Annahmen über die Höhe des Grundeinkommens und die Ausgestaltung des Steuersystems zu treffen. Dabei stehen Plausibilitätsüberlegungen im Vordergrund. Dass in der Praxis Alternativen dazu diskutiert und auch für klüger und besser passend bewertet werden, ist selbstverständlich.

Annahmen

Eigentlich genügt es, zwei Annahmen zu treffen, eine für die Höhe des Grundeinkommens und eine für die Höhe des Steuersatzes zu seiner Finanzierung.

- Alle Staatsangehörigen erhalten ein ganzes Leben lang Monat für Monat ein aus der allgemeinen Staatskasse finanziertes bedingungsloses Grundeinkommen von 1000 Euro. Warum 1000 Euro? Dieser Betrag entspricht ziemlich genau der Geldsumme, die in Deutschland heute schon pro Person und Monat an staatlichem Sozialaufwand betrieben wird. Insgesamt hat das Sozialbudget ein Volumen von rund einer Billion. Bei einer Bevölkerung von 83,1 Millionen Menschen ergibt sich daraus ein Durchschnittsbetrag von fast exakt 12 000 Euro pro Jahr oder 1000 Euro pro Monat.
- Einkommen aller Art (Lohn, Kapitaleinkünfte wie Zinsen, Dividenden oder ausgeschüttete Gewinne sowie Mieten, Tantiemen und Lizenzerträge oder Erträge aus intellektuellem Einkommen wie Marken-, Vermarktungs- oder Buchrechte) werden an der Quelle

erfasst und vom ersten bis zum letzten Euro mit einem einheitlichen und für alle Einkünfte gleichbleibenden Steuersatz von 50 Prozent belastet.

Erläuterung

- Der Gesetzgeber kann problemlos bestimmen, wie der Steuersatz auszugestalten ist und ob er linear oder progressiv verlaufen soll. Der konstante Steuersatz ist für ein Grundeinkommen nicht systembedingt unverzichtbar. Es ist auch mit variablen Steuersätzen oder mit Stufensteuersätzen vereinbar. Die Konstanz der Steuersätze hat lediglich immense administrative Vorteile. Sie ermöglicht eine einfache Steuererhebung an der Quelle und damit den Verzicht auf eine Steuererklärung. Eine Steuererklärung muss dann insbesondere nur noch für die im Ausland erzielten Einkünfte erfolgen (da das Ausland nicht die Quellensteuer für Personen aus Deutschland, Österreich oder der Schweiz einsammeln dürfte, um sie dann an deren Fiskus zu überweisen). Dabei gilt für Auslandseinkünfte, dass sie mit dem für alle Einkommen geltenden Satz besteuert werden – in den nachfolgenden Beispielen also mit 50 Prozent.
- Werbungskosten – also Kosten, die für Personen mit dem Wertschöpfungsprozess verbunden sind (wie beispielsweise Kosten fürs Pendeln oder für Berufskleidung) – müssen gegenüber dem Arbeitgeber oder dem Auftraggeber und somit an der Quelle der Wertschöpfung direkt als Spesen geltend gemacht werden. Werbungskosten sind letztlich immer Aufwendungen, die eine Folge des Einkommenserwerbs sind. Also sind eigentlich weder der Staat noch das Finanzamt involviert. Somit bedarf es auch keiner staatlichen Einmischung oder steuerlichen Kompensation. Im Klartext: Werbungskosten werden als Spesen behandelt. Sie sollen als steuerlicher Abzugsgrund komplett entfallen. Das gesamte Einkommen ist als verfügbares Bruttoeinkommen zu behandeln und vollumfänglich und ohne Abzug an der Quelle zu besteuern.

Beispiele[80]

Im Folgenden soll nun anhand verschiedener Einkommenshöhen beispielhaft aufgezeigt werden, wie sich ein Grundeinkommen quantitativ auswirkt. Ganz allgemein gelten dabei folgende Formeln zur Berechnung von Bruttoeinkommen (BE), Nettoeinkommen (NE) sowie Bruttosteuern (BS) und Nettosteuern (NS), wobei ein für alle gleich hohes bedingungsloses Grundeinkommen (BGE) ausbezahlt und alle Einkünfte mit einem für alle Einkommensarten gleichbleibenden Bruttosteuersatz t (in Prozent ausgedrückt und deshalb mit Kleinbuchstaben dargestellt) besteuert werden:

Bruttosteuer (BS) = t × Bruttoeinkommen (BE)

Nettosteuer (NS) = Bruttosteuer (BS) minus Grundeinkommen (BGE)

$= (t \times BE) - BGE$

Nettoeinkommen (NE) = Bruttoeinkommen (BE) minus Nettosteuer (NS)

$= BE - [(t \times BE) - BGE] = (1 - t) \times BE + BGE$

Wird beispielhaft angenommen, dass an alle (unabhängig von den durch eigene Anstrengungen erwirtschafteten Einkommen) ein BGE von 1000 Euro im Monat oder 12 000 Euro pro Jahr ausbezahlt und ein direkter Bruttosteuersatz (t) für alle Einkommensarten von 50 Prozent (Flat Tax) an der Quelle erhoben wird, zeigt sich in Abbildung 1 folgender Verlauf des Nettoeinkommens (NE) für unterschiedliche Bruttoeinkommen (BE) von jährlich 0 Euro bis 48 000 Euro.

Unter den getroffenen Annahmen (Grundeinkommen jährlich 12 000 Euro, direkter Steuersatz 50 %) bildet das Bruttoeinkommen von 24 000 Euro die Grenze, die die Bevölkerung in Nettosteuerzahlende und Nettotransferempfänger teilt. Wer weniger verdient, erhält vom Staat netto Geld. Wer mehr verdient, zahlt netto Steuern an den Staat.

Um den Mechanismus zwischen Brutto- und Nettoeinkommen noch besser verstehen und insbesondere auch erkennen zu können, wie hoch die Nettosteuerbelastung (NS) tatsächlich ausfällt, soll nun an ein paar konkreten Beispielen die Wirkungsweise des bedingungslosen Grundeinkommens auf das Nettoeinkommen veranschaulicht werden.

Abbildung 1: Verlauf des jährlichen Nettoeinkommens für unterschiedliche Bruttoeinkommen (aus eigener Leistung) von 0 Euro bis 48 000 Euro bei einem Grundeinkommen von 12 000 Euro pro Jahr und einem Brutto-Einkommenssteuersatz von 50 Prozent.

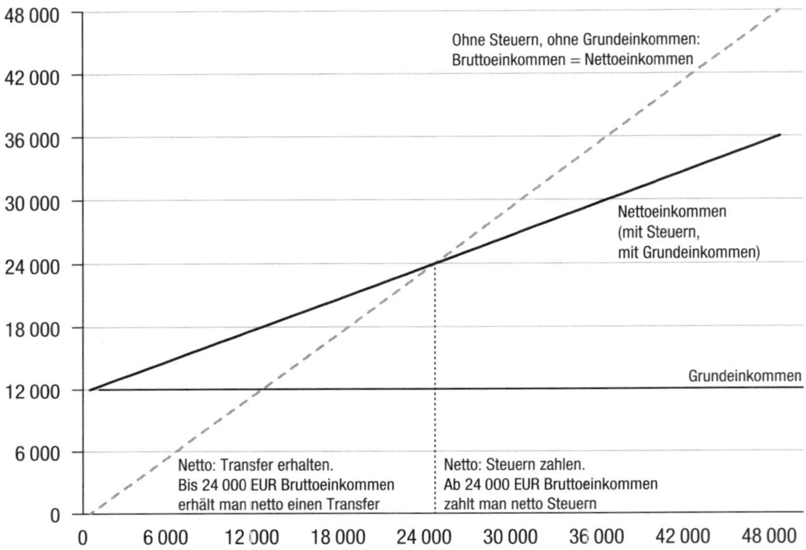

Beispiel 1: Arbeitslose Person ohne jegliches Einkommen durch eigene Leistung

Wer aus eigener Leistung gar kein Bruttoeinkommen erwirtschaftet, zahlt auch keine Steuern, erhält aber pro Jahr ein Grundeinkommen von 12 000 Euro. Somit beträgt auch das Nettoeinkommen 12 000 Euro. Keine Steuern zu zahlen, aber 12 000 Euro zu erhalten, bedeutet, dass diese Person einen Nettotransfer (Geschenk) vom Staat in Höhe von 12 000 erhält, mit dem das persönliche Existenzminimum finanziert werden kann.

Beispiel 2: Aushilfskraft mit einem jährlichen Einkommen durch eigene Leistung in Höhe von 12 000 Euro

Wer aus eigener Leistung ein jährliches Bruttoeinkommen von 12 000 Euro erwirtschaftet, zahlt (bei einem Einkommenssteuersatz von 50%) 6000 Euro Steuern. Damit schmilzt das Nettoeinkommen vorerst auf 6000 Euro (12 000 Bruttoeinkommen minus 6000 Euro Steuern). Die Person erhält aber gleichzeitig (wie alle anderen auch) pro Jahr ein Grundeinkommen von 12 000 Euro. Somit ist das tatsächliche Nettoeinkommen 18 000 Euro. Nämlich 6000 Euro, die vom eigenerwirtschafteten Einkommen nach der Steuerzahlung verbleiben, plus die 12 000 Euro Grundeinkommen. Insgesamt erhält diese Person einen Nettotransfer (Geschenk) vom Staat in Höhe von 6000 Euro. Sie hat nämlich 6000 Euro Steuern bezahlt, aber 12 000 Euro Grundeinkommen erhalten, was im Saldo eben ein Geschenk in Höhe von 6000 Euro bedeutet.

Beispiel 3: Wachdienst mit einem jährlichen Einkommen durch eigene Leistung in Höhe von 24 000 Euro

Wer aus eigener Leistung ein jährliches Bruttoeinkommen von 24 000 Euro erwirtschaftet, zahlt (bei einem Einkommenssteuersatz von 50%) 12 000 Euro Steuern. Damit schmilzt das Nettoeinkommen vorerst auf 12 000 Euro (24 000 Bruttoeinkommen minus 12 000 Euro Steuern). Die Person erhält aber gleichzeitig (wie alle anderen auch) pro Jahr ein Grundeinkommen von 12 000 Euro. Somit ist das tatsächliche Nettoeinkommen 24 000 Euro. Nämlich 12 000 Euro, die vom eigenerwirtschafteten Einkommen nach der Steuerzahlung verbleiben, plus die 12 000 Euro Grundeinkommen. Insgesamt zahlt diese Person weder Steuern noch erhält sie einen Nettotransfer (Geschenk) vom Staat. Sie hat nämlich 12 000 Euro Steuern bezahlt, aber auch 12 000 Euro Grundeinkommen erhalten, was einen Saldo von null ergibt.

Beispiel 4: Bankangestellte mit einem jährlichen Einkommen durch eigene Leistung in Höhe von 48 000 Euro

Wer aus eigener Leistung ein jährliches Bruttoeinkommen von 48 000 Euro erwirtschaftet, zahlt (bei einem Einkommenssteuersatz von 50%) 24 000 Euro Steuern. Damit schmilzt das Nettoeinkommen vorerst auf 24 000 Euro (48 000 Bruttoeinkommen minus 24 000 Euro Steuern).

Die Person erhält aber gleichzeitig (wie alle anderen auch) pro Jahr ein Grundeinkommen von 12 000 Euro. Somit ist das tatsächliche Nettoeinkommen 36 000 Euro. Nämlich 24 000 Euro, die vom eigenerwirtschafteten Einkommen nach der Steuerzahlung verbleiben, plus die 12 000 Euro Grundeinkommen. Insgesamt zahlt diese Person Steuern in Höhe von 12 000 Euro. Sie hat nämlich 24 000 Euro Steuern bezahlt, aber nur 12 000 Euro Grundeinkommen erhalten, was in der Endabrechnung eine Nettosteuerbelastung in Höhe von 12 000 Euro ergibt.

Beispiel 5: Ingenieurin mit einem jährlichen Einkommen durch eigene Leistung in Höhe von 96 000 Euro

Wer aus eigener Leistung ein jährliches Bruttoeinkommen von 96 000 Euro erwirtschaftet, zahlt (bei einem Einkommenssteuersatz von 50 %) 48 000 Euro Steuern. Damit schmilzt das Nettoeinkommen vorerst auf 48 000 Euro (96 000 Bruttoeinkommen minus 48 000 Euro Steuern). Die Person erhält aber gleichzeitig (wie alle anderen auch) pro Jahr ein Grundeinkommen von 12 000 Euro. Somit ist das tatsächliche Nettoeinkommen 60 000 Euro. Nämlich 48 000 Euro, die vom eigenerwirtschafteten Einkommen nach der Steuerzahlung verbleiben, plus die 12 000 Euro Grundeinkommen. Insgesamt zahlt diese Person Steuern in Höhe von 36 000 Euro. Sie hat nämlich 48 000 Euro Steuern bezahlt, aber nur 12 000 Euro Grundeinkommen erhalten, was in der Endabrechnung eine Nettosteuerbelastung in Höhe von 36 000 Euro ergibt.

Vergleicht man aus den Beispielberechnungen den Verlauf von Brutto- und Nettoeinkommen, zeigt sich folgendes Bild (s. Abbildung 2):

Bei einem jährlichen Grundeinkommen von 12 000 Euro erhalten alle, die pro Jahr weniger als 24 000 Euro Einkommen aus eigener Leistungsfähigkeit erzielen, vom Staat einen Nettotransfer. Er beträgt im Maximalfall 12 000 Euro (bei einem Bruttoeinkommen von null). Sobald jemand ein Bruttoeinkommen erwirtschaftet, schmilzt er gegen null. Alle anderen, also alle mit einem jährlichen Bruttoeinkommen von mehr als 24 000 Euro, zahlen netto Steuern – erst wenig, mit zunehmendem Bruttoeinkommen immer mehr.

Abbildung 2: Verlauf des jährlichen Nettoeinkommens für unterschiedliche Bruttoeinkommen (aus eigener Leistung) von 0 bis 240 000 Euro bei einem Grundeinkommen von 12 000 Euro pro Jahr und einem Brutto-Einkommenssteuersatz von 50 Prozent.

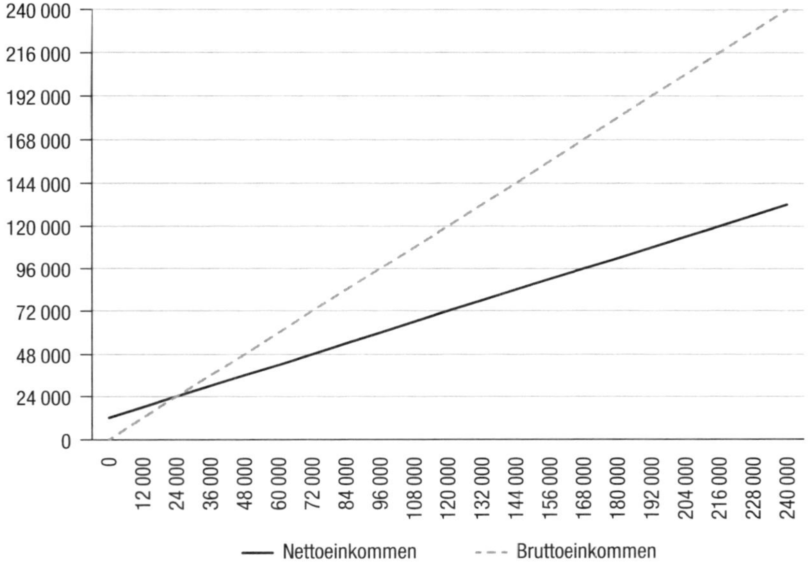

Es ist also nichts anderes als eine Mär, dass bei einem bedingungslosen Grundeinkommen niemand mehr Steuern bezahlen würde. Die Mehrheit der Bevölkerung (nämlich bei einem Grundeinkommen von 12 000 Euro und einem Bruttosteuersatz von 50 % alle mit einem Bruttoeinkommen von mehr als 24 000 Euro) würde – wie das auch heutzutage der Fall ist – Steuern bezahlen, und zwar netto, das heißt, sie zahlt einen Steuerbetrag, der höher als das erhaltene Grundeinkommen ausfällt.

Richtig ist, dass sich für unterschiedliche durch eigene Leistungen erwirtschaftete Einkommen auch unterschiedliche Brutto- und Nettosteuerbelastungen ergeben, wie Tabelle 1 (beispielhaft für Einkommenshöhen von 0 bis 600 000 Euro) verdeutlicht.

Tabelle 1: Brutto- und Nettoeinkommen, Brutto- und Nettosteuerschuld sowie Nettosteuersatz für verschiedene Einkommenshöhen bei einem Grundeinkommen von 1000 Euro pro Monat (bzw. 12 000 Euro pro Jahr) und einem Bruttosteuersatz von 50 Prozent auf alle Einkommensarten.

Bruttoeinkommen	0	24 000	48 000	72 000	96 000	120 000	240 000	360 000	480 000	600 000
Bruttosteuerschuld	0	12 000	24 000	36 000	48 000	60 000	120 000	180 000	240 000	300 000
Nettosteuerschuld	–12 000	0	12 000	24 000	36 000	48 000	108000	168 000	228 000	288 000
Nettosteuersatz		0 %	25 %	33 %	38 %	40 %	45 %	47 %	48 %	48 %
Nettoeinkommen	12 000	24 000	36 000	48 000	60 000	72 000	132 000	192 000	252 000	312 000

Annahmen:
Grundeinkommen für alle Bruttoeinkommen identisch: 1000 Euro pro Monat bzw. 12 000 Euro pro Jahr
Direkter Bruttosteuersatz für alle Einkommensarten: 50 Prozent (Flat Tax) an der Quelle erhoben
Bruttosteuerschuld = 0,5 × Bruttoeinkommen
Nettosteuerschuld = Bruttosteuerschuld minus Grundeinkommen
Nettosteuersatz = Nettosteuerschuld in Prozent des Bruttoeinkommens
Nettoeinkommen = Bruttoeinkommen minus Nettosteuerschuld

Es zeigt sich: Wer brutto mehr verdient, zahlt netto auch mehr Steuern. Zudem steigt der Nettosteuersatz mit zunehmendem Bruttoeinkommen an – der Steuersatz ist mithin progressiv. Aber der Nettosteuersatz liegt immer unterhalb dem für alle Einkommen gleichermaßen geltenden und gleichbleibenden Bruttosteuersatz (von im Beispiel angenommenen 50%). Für große Bruttoeinkommen nähert sich der Nettosteuersatz dem Bruttosteuersatz.

Warum erhält auch die Professorin ein Grundeinkommen?

Viele halten es für ungerecht, dass auch Gutverdienende das Grundeinkommen erhalten. Wer viel Geld hat, muss doch nicht vom Staat unterstützt werden! Im Gegenteil: Er soll Steuern bezahlen. Es lässt sich problemlos veranschaulichen (so etwa durch die Beispiele in Tabelle 1), dass das Grundeinkommen auch und gerade deshalb ein gerechtes Steuermodell ist, da im Endeffekt stärker belastet wird, wer besser verdient. Besserverdienende bezahlen nicht nur netto mehr Steuern (in absoluten Beträgen). Auch ihre Nettosteuersätze sind höher (in Prozent ausgedrückt) als für schlechter Verdienende. Der entscheidende Punkt für das Verständnis liegt darin, dass es sich immer um Netto- und nicht Bruttoeffekte handelt. Abgerechnet muss am Ende werden. Dabei gilt es, alle Steuerzahlungen mit dem Grundeinkommen zu verrechnen.

Die nachfolgenden Zahlenbeispiele verdeutlichen, dass eine Kombination aus Grundeinkommen und einheitlichem Bruttosteuersatz, der auf allen Einkünften erhoben wird – unbesehen der Ursachen (also unabhängig davon, ob durch eigene Arbeit oder durch Renditen auf angelegtem Vermögen erwirtschaftet) –, zu einer progressiven Besteuerung sowohl bei der Nettosteuerschuld als auch beim Nettosteuersatz führt. Das Grundeinkommen wirkt wie eine Steuergutschrift. Somit entspricht es für den überwiegenden Teil der Bevölkerung eher einem steuertechnischen Verrechnungseffekt bei der Bezahlung einer Steuerschuld.

Im Beispiel geht es um eine Professorin, einen Filialleiter und eine Putzhilfe. Angenommen wird, dass alle drei ein Grundeinkommen von 1000 Euro im Monat oder 12 000 Euro pro Jahr erhalten. Zudem soll ein für alle Einkommensarten gleichermaßen geltender und unabhängig von der Einkommenshöhe konstant bleibender direkter (Brutto-) Steuersatz von 50 Prozent erhoben werden. Wer zahlt am Ende unter diesen Umständen wie viel (Netto-)Steuern und welchen Anteil am Gesamteinkommen beanspruchen die (Netto-)Steuerzahlungen?

- Die Professorin mit einem Monatsgehalt von brutto 10 000 Euro, demzufolge einem Jahreseinkommen von 120 000 Euro, zahlt – wie alle anderen – 50 Prozent davon, also 60 000 Euro, an Steuern und erhält – wie alle anderen – ein Grundeinkommen von 12 000 Euro. Somit leistet sie eine Nettosteuer von 48 000 Euro, was – bezogen auf das Jahresgehalt von 120 000 Euro – einem Nettosteuersatz von 40 Prozent entspricht. Pro Jahr steht der Professorin also ein Nettoeinkommen von 72 000 Euro zur Verfügung.
- Der Filialleiter mit einem Monatsgehalt von brutto 5000 Euro, demzufolge einem Jahreseinkommen von 60 000 Euro, zahlt – wie alle anderen – 50 Prozent davon, also 30 000 Euro, an Steuern und erhält – wie alle anderen – ein Grundeinkommen von 12 000 Euro.

Somit leistet er eine Nettosteuer von 18 000 Euro, was – bezogen auf das Jahresgehalt von 60 000 Euro – einem Nettosteuersatz von 30 Prozent entspricht. Pro Jahr steht dem Filialleiter ein Nettoeinkommen von 42 000 Euro zur Verfügung.

- Die Putzhilfe mit einem Monatsgehalt von brutto 2000 Euro, demzufolge einem Jahreseinkommen von 24 000 Euro, zahlt – wie alle anderen – 50 Prozent davon, also 12 000 Euro, an Steuern und erhält – wie alle anderen – ein Grundeinkommen von 12 000 Euro. Somit leistet sie eine Nettosteuer von 0 Euro, was auch einem Nettosteuersatz von 0 Prozent entspricht. Pro Jahr steht der Putzhilfe ein Nettoeinkommen von 24 000 Euro zur Verfügung.
- Vergleicht man die Professorin mit dem Filialleiter und der Putzhilfe, zeigt sich, dass die Professorin brutto doppelt so viel verdient wie der Filialleiter, netto aber nur 71,4 Prozent mehr davon hat. Denn die Professorin zahlt netto mehr Steuern als der Filialleiter, in absoluten Größen 30 000 Euro mehr (48 000 Euro gegenüber 18 000 Euro), und sie zahlt netto sogar 48 000 Euro mehr Steuern als die Putzhilfe (nämlich 48 000 Euro gegenüber 0 Euro). In relativen Größen wird die Professorin mit einem Nettosteuersatz von 40 Prozent belastet, der Filialleiter nur mit 30 Prozent. Die Putzhilfe wird steuerlich überhaupt nicht belastet, hat also einen Nettosteuersatz von 0 Prozent.

Abbildung 3 veranschaulicht die Nettosteuereffekte eines Grundeinkommens und vergleicht sie mit der heutigen Situation für Deutschland. Sie zeigt die durchschnittlichen Nettosteuersätze (in Prozentsätzen ausgedrückt) für (Brutto-)Jahreseinkommen zwischen 0 und 240 000 Euro:

- Wer weniger als 24 000 Euro verdient, zahlt netto keine Steuern. Im Gegenteil: Er erhält vom Staat Geld – im Maximalfall 12 000 Euro (bei einem Bruttoeinkommen von 0 Euro).
- Wer mehr als 24 000 Euro verdient, zahlt netto Steuern.
- Die Besserverdienenden zahlen netto mehr Steuern als die Geringverdienenden.

- Die Besserverdienenden werden auch netto relativ stärker belastet. Mit steigendem Bruttoeinkommen steigt der Nettosteuersatz an – nämlich von 0 Prozent bei einem Bruttojahreseinkommen von 24 000 Euro auf 17 Prozent bei 36 000, auf 25 Prozent bei 48 000, auf 30 Prozent bei 60 000 sowie auf 40 Prozent bei 120 000 Euro Bruttojahreseinkommen. Bei sehr hohen Bruttojahreseinkommen nähert sich der Nettosteuersatz einem Höchstsatz von etwa 50 Prozent an.

Aus der Darstellung in Abbildung 3 ergibt sich die folgende Quintessenz: Das Grundeinkommen ist ein progressives Steuersystem.[81]

Anders als bei einem flüchtigen Blick vermutet, ist das bedingungslose Grundeinkommen keine Gießkanne, die allen einen warmen Regen beschert. Im Gegenteil: Das Grundeinkommen ist zielge-

Abbildung 3: Durchschnittlicher Nettosteuersatz für unterschiedliche jährliche Bruttoeinkommen, einem jährlichen Grundeinkommen von 12 000 Euro und einem Bruttosteuersatz von 50 Prozent (und im Vergleich dazu der deutsche Nettosteuersatz für 2021).

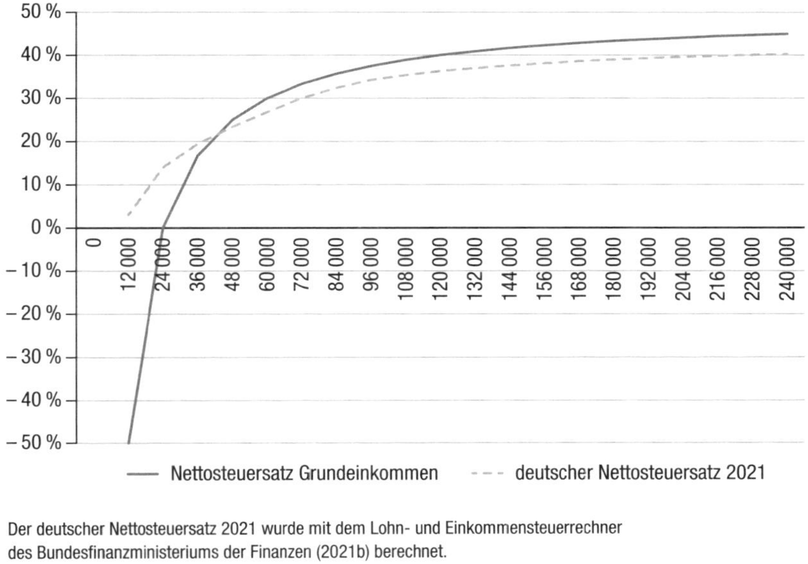

Der deutscher Nettosteuersatz 2021 wurde mit dem Lohn- und Einkommensteuerrechner des Bundesfinanzministeriums der Finanzen (2021b) berechnet.

nau. Die Analyse der Nettosteuerbelastung macht klar, dass Schwache unterstützt und Starke auch stärker belastet werden. Wer kein eigenes Einkommen hat, erhält vom Staat Geld; wer viel Einkommen hat, bezahlt (netto) viel.

Darüber hinaus macht Abbildung 3 deutlich, dass sich der durchschnittliche Nettosteuersatz mit steigendem Bruttoeinkommen immer mehr dem Grenzsteuersatz nähert. Bei einem Grundeinkommen ist der Grenzsteuersatz konstant. Er bleibt für alle Einkommen vom ersten bis zum letzten selbst verdienten Euro unverändert. Beispielsweise liegt er in Abbildung 3 stets und immer bei 50 Prozent. Es gibt somit keine überrissenen und damit leistungsverhindernden Grenzsteuersätze für Personen, die aus der Sozialhilfe oder einer Phase ohne Beschäftigung wieder ins Erwerbsleben zurückkehren.

Schließlich erlaubt Abbildung 3 einen Vergleich der durchschnittlichen Nettosteuersätze mit der heutigen Realität (unter der Annahme, dass alles selbst verdiente Einkommen mit 50 % besteuert wird und das Grundeinkommen jährlich 12 000 Euro beträgt). Es zeigt sich für deutsche Verhältnisse, dass der durchschnittliche Nettosteuersatz für kleinere Einkommen unterhalb des heutigen Niveaus liegt. Wer jährlich mehr als 42 250 Euro verdient, würde stärker als bisher belastet. Allerdings müssen viele Beschäftigte heute zusätzlich noch die gewaltigen Sozialversicherungsbeiträge stemmen. Sie schlagen seit Januar 2021 mit insgesamt 38,65 Prozent des Bruttoverdiensts zu Buche. Somit wird eines in aller Klarheit offensichtlich: Lediglich für hohe Einkommen, weit jenseits der heutigen Sozialversicherungspflichtgrenze (von momentan jährlich 58 050 Euro), dürfte die durchschnittliche Nettosteuerbelastung mit einem Grundeinkommen über dem heutigen Niveau von Steuer- und Sozialversicherungsabgaben liegen. Einer der wesentlichen Gründe für die substanzielle Entlastung der Geringverdienenden findet sich in der Gleichbehandlung aller Einkünfte. Dass Kapitalerträge nicht wie heute mit einer Abgeltungspauschale von 25 Prozent, sondern mit demselben Steuersatz von 50 Prozent wie Löhne besteuert werden, macht die steuerliche Entlastung der Arbeitseinkommen möglich.

Modifikationen sind jederzeit möglich!

Es obliegt dem politischen Prozess, ein idealtypisches Grundeinkommen so zu modifizieren, dass normativ gesetzte politische und gesellschaftliche Ziele besser erfüllt werden können. So ist es denkbar, das Grundeinkommen für Kinder und Jugendliche bis zum Alter X niedriger anzusetzen. Die Rechtfertigung für die Schlechterstellung könnte darin liegen, dass in einem gemeinsamen Haushalt mit den Eltern (oder einem alleinerziehenden Elternteil) lebende Kinder geringere Lebenshaltungskosten verursachen. Beispielsweise können in weitem Maß fixe Kosten wie Wohnungsmiete, Internet und elektronische Geräte oder Fahrzeuge gemeinsam genutzt werden ohne dass dadurch zusätzliche Kosten entstehen. Mit zunehmender Anzahl zusammenlebender Personen reduzieren sich alle Fixkosten pro Kopf.[82] Allerdings kosten eine gute Kinderbetreuung, Schulbildung, Berufslehre oder Studium auch sehr viel Geld, sodass von einem geringeren Grundeinkommen für Kinder und Jugendliche eher Abstand genommen werden sollte.

5. Wer geht noch arbeiten?

Die Fundamentalkritik an Grundeinkommensmodellen ist gewaltig.[83] Mit Akribie und Verve wird aufgezeigt, wieso »Geld für alle« nicht funktionieren könne. Würden jedoch alle Alternativen mit ähnlicher Gründlichkeit hinterfragt, wäre rasch erkennbar, dass gängige Sozialstaatsmodelle genauso kritisch zu sehen sind. Ebenso bemerkenswert ist die Einseitigkeit der Ablehnung. Würde genauso intensiv nach zustimmenden Argumenten gesucht und gefragt »warum nicht?«, wäre eine ausgewogenere Bewertung möglich.

Die Abwehrfront der Gegner eines bedingungslosen Grundeinkommen lässt sich in zwei große Strömungen teilen: die Theoretiker und die Praktiker. Die Theoretiker halten ein bedingungslos gewährtes Grundeinkommen für eine »abstruse Idee mit starken Fehlanreizen«.[84] Sie argumentieren mit ökonomischen Modellen, deren Ideologie allerdings aus längst vergangenen Zeiten der Agrar- oder Industriegesellschaften stammen, um mit deren Hilfe »nachzuweisen«, wieso ein bedingungsloses Grundeinkommen nicht funktionieren könne, nicht finanzierbar sei und der Wirklichkeit komplett widerspreche: »Die Arbeitsmoral würde zerrüttet, die Grundlagen der Arbeitsethik … würden zerstört.«[85] Nichts sei kostenfrei, und niemand dürfe ohne jede eigene Anstrengung unterstützt werden. Wann eigentlich haben diese Kritiker das letzte Mal überprüft, wieweit ihre eigenen Ideologien den Realitätstest einer digitalisierten Datenökonomie im 21. Jahrhundert bestehen?

Bereits beim heftig geführten Streit über einen Mindestlohn hat sich die Untauglichkeit alter Konzepte offenbart. Viele herkömmlich arbeitende Makroökonomen hatten von Mindestlöhnen dramatisch negative Rückwirkungen erwartet und das mit guten theoretischen

Begründungen.[86] Das faktische Ergebnis war: Es passierte wenig bis nichts und in jedem Fall weniger als erwartet! So hält die deutsche Mindestlohnkommission in ihrem Gutachten aus dem Jahr 2020 fest: »Die vor Einführung des gesetzlichen Mindestlohns getroffenen Vorhersagen von substanziellen negativen Beschäftigungseffekten durch den Mindestlohn sind somit jedenfalls bislang nicht festzustellen.«[87]

Deshalb ist auch die stets vorgebrachte makroökonomische Kritik gegenüber einem bedingungslosen Grundeinkommen zu relativieren.[88] Vieles dazu basiert auf theoretischen Überlegungen, die einer praktischen Überprüfung nicht wirklich standhalten. Ähnlich wie beim Mindestlohn ist auch bei einem Mindesteinkommen zu erwarten, dass die individuellen Reaktionen auf allen Ebenen nur sehr schwer vorhersagbar sind. Entsprechend vorsichtig gilt es mit den ablehnenden Prognosen umzugehen. Manches ist da eher Glaube und Ideologie und weniger harte empirisch valide Wissenschaft!

Erste Erkenntnisse aus Feldversuchen mit dem Grundeinkommen haben bestätigt, was zu erwarten war: »Die empirische Evidenz deutet auf minimale Auswirkungen bei der Arbeitsmarktbeteiligung hin, wobei einige Studien einen Anstieg der Erwerbsbeteiligung berichten.«[89] So fasst Rebecca Hasdell von der Stanford University die Analyse der 16 Grundeinkommensmodelle zusammen, die zwischen 2009 und 2019 in der Praxis getestet und evaluiert wurden. Bei so tiefgreifenden Veränderungen – wie der Einführung eines bedingungslosen Grundeinkommens – passen sich Menschen auf sehr vielfältige Art und Weise über sehr verschiedene Wege an die neuen Begebenheiten an.

Der herkömmlichen Makroökonomik sind ohnehin und jenseits einer Diskussion über ein Grundeinkommen ihre Grenzen aufzuzeigen. Ganz offensichtlich hilft eine herkömmliche Ökonomik (als Wissenschaft, die die Ökonomie analysiert) nicht (mehr), um zu erkennen, wie die Ökonomie von heute funktioniert (als Objekt, das analysiert wird). Zu vieles, was theoretisch erwartet wird, trifft in der Realität nicht ein. Zu oft liegen Annahmen und Überlegungen zu weit neben den wirklichen Alltagserfahrungen. So wird manches, was Ökonominnen und Ökonomen erforschen, zu einer reinen Elfenbeinturmakrobatik – theoretisch alles richtig gemacht, aber ebenso völlig unwichtig wie unbrauchbar für die Praxis. Digitalisierung und Datenökonomie haben die Lebensumstände derart fundamental verändert, dass eine neue Ökonomie einer neuen Ökonomik bedarf.

Stilllegungsprämie oder gar Verschwörung des Kapitals?

Neben der Kritik der Theoretiker gibt es ebenso heftig(st)en Widerstand gegen Grundeinkommensmodelle aus der Praxis. Einige erkennen im Grundeinkommen sogar eine große Verschwörung der Kapitalisten gegen die Interessen der Bevölkerung. Sie kommen zu dieser Folgerung, weil sich prominente Führungskräfte der amerikanischen Big-Tech-Giganten für ein Grundeinkommen ausgesprochen haben. So etwa Facebook-Gründer Mark Zuckerberg oder Tesla-Chef Elon Musk.[90] Und auch in Deutschland haben bekannte Unternehmensvertreter wie Telekom-Chef Timotheus Höttges oder der Ex-Siemens-Chef Joe Kaeser Sympathie für ein Grundeinkommen geäußert. Altgestandene Kapitalismuskritiker erkennen darin jedoch einen ganz perfiden Plan einer Unterwanderung des Sozialstaats von oben. Sie werden nicht müde, das Grundeinkommen als »Stilllegungsprämie« zu brandmarken.[91] Wenn der Staat das Existenzminimum aller abgesichert habe, würde er sich aus seiner Verantwortung für die Problemgruppen zurückziehen (können). »Eine durch den Staat vermittelte neue Chance auf gesellschaftliches Fortkommen würde es nicht mehr geben.«[92]

Verschwörungstheorien haben in Wahrheit immer kurze Beine. Dennoch ist natürlich richtig, dass es wohl kein Zufall ist, dass ausgerechnet Persönlichkeiten, die als Führungskräfte täglich mit der Digitalisierung und ihren fundamentalen Veränderungen auf Wirtschaft und Gesellschaft zu tun haben, einem bedingungslosen Grundeinkommen gegenüber positiv eingestellt sind. Sie erkennen als Allererste, wie grundsätzlich sich das Zusammenspiel von Mensch und Maschine gerade verändert. Dass da alte Ideologien nicht weiterhelfen, ist nur allzu offensichtlich. Vielmehr bedarf es einer wirtschafts- und sozialpolitischen Rundumerneuerung, die einer digitalen Datenökonomie

Rechnung trägt. Genau diese Umorientierung vermag ein Grundeinkommen zu leisten.

Aus gewerkschaftlicher Sicht dominiert die Sorge um den (eigenen) Machtverlust die Bewertung des bedingungslosen Grundeinkommens. »Was vielen Erwerbslosen irrigerweise als ›Schlaraffenland ohne Arbeitszwang‹ erscheint, wäre in Wirklichkeit ein Paradies für Unternehmer, in dem Arbeitnehmer weniger Rechte als bisher und Gewerkschaften keine (Verhandlungs-)Macht mehr hätten.«[93] Ähnlich kritisch stehen Insider der bisherigen Sozialbürokratie und der Wohltätigkeitsorganisationen dem Grundeinkommen gegenüber. Georg Cremer, langjähriger Generalsekretär des Deutschen Caritasverbands, erkennt in der »Diskreditierung des heutigen Sozialstaats« den »vielleicht problematischsten Aspekt der Debatte zum bedingungslosen Grundeinkommen«.[94]

Wem nützt der Paternalismus älterer Männer?

Oft spricht aus der Kritik gegen ein Grundeinkommen eine tiefe Bewunderung für einen von oben paternalistisch geführten »aktivierenden« Sozialstaat.[95] Damit einher geht Besserwisserei. Behauptet wird, eine mächtige Sozialbürokratie erkenne genauer als betroffene Personen selbst, was zu tun sei, um die eigene Zukunft zu gestalten. Paternalismus trieft vor »Anmaßung des Wissens«.[96] Er widerspricht genau deshalb zutiefst einem liberalen Menschenbild. Dieses nämlich zählt auf mündige Bürgerinnen und Bürger, die durchaus in der Lage sind, eigene Entscheidungen selbstverantwortlich zu treffen.

Paternalismus ist eine beliebte Waffe zur Bewahrung bestehender Zustände. Deshalb überrascht es nicht wirklich, dass als lauteste Gegenstimmen zu einem Grundeinkommen vor allem ältere Männer zu hören sind. Vergleichsweise dazu sind von Frauen und Jüngeren kaum kritische Töne vernehmbar. Im Gegenteil: Gerade Junge stehen dem Grundeinkommen besonders aufgeschlossen gegenüber. Wie differenzierte Analysen nach soziodemografischen Merkmalen belegen, geht die Zustimmung zu einem Grundeinkommen oft mit jungem Alter einher.[97]

Die alters- und geschlechtsspezifische Asymmetrie ist kein Wunder. Denn das heutige Sozialstaatsmodell ist frauenfeindlich und in keiner Weise auf die Interessen der Jungen und deren Kindeskinder ausgerichtet. Im Gegenteil: Der heutige Sozialstaat privilegiert ältere Männer gegenüber Jungen und Frauen. Dass die härtesten Kritiker des Grundeinkommens eher männlich als weiblich und eher älter als jünger sind, nährt somit den Verdacht, dass es ihnen darum geht, die durch ein altes System geschaffenen (eigenen) Privilegien zu verteidigen. Und dass dabei paternalistisches Gedankengut als scheinbar stichhaltige Argumente getarnt werden, lässt sich somit auch einfach erklären.

Manche der ärgsten Widersacher haben jahr(zehnte)lang den bestehenden Sozialstaat verwaltet. Sie haben in wirklich verdienstvoller Weise gegen seinen Abbau gekämpft. Anderen geht es darum, ganz grundsätzlich Kapitalismus und Marktwirtschaft abzuschaffen. Sie wünschen und erhoffen sich ein alternatives (sozialistisches) Wirtschaftssystem. Somit sind sie gegen alles, was die Marktwirtschaft stärkt und wiederbelebt – also auch ein Grundeinkommen. Nicht wenige schließlich sind schlicht nicht willens, ihr durch die Erfahrungen der Nachkriegszeit geprägtes Bild von Wirtschaft und Gesellschaft an die Wirklichkeit des 21. Jahrhunderts anzupassen.

Wenn schon, dann kritisiert auch alle Alternativen

Selbstverständlich ist es unverzichtbar und entsprechend notwendig, das bedingungslose Grundeinkommen nach allen Regeln der Kunst von allen Seiten kritisch zu durchleuchten. Jede einzelne Problematik muss ans Licht gezerrt und als Argument für ein Nichtfunktionieren verwendet werden. Eine kritische Analyse ist unverzichtbar, rundum notwendig und mehr als gerechtfertigt. Aber wenn mit der gleichen Akribie und Hartnäckigkeit alle Alternativen zum Grundeinkommen auf den Prüfstand gestellt würden, dann würden viele der zweifelsfrei bestehenden Mängel relativiert. Das Grundeinkommen ist nicht perfekt. Das aber sind alle anderen Systeme auch nicht. Jedoch liefert das Grundeinkommen für mehr Zukunftsfragen bessere Antworten als die alten Sozialversicherungsmodelle, deren Wurzeln in den Agrar- und Industriegesellschaften des 19. Jahrhunderts liegen!

Natürlich führen die zahlreichen Gruppierungen, die sich aus jeweils ganz eigenen Motiven für ein bedingungsloses Grundeinkommen stark machen, zu einem kunterbunten Strauß unterschiedlich(st)er Vorschläge, wie es auszugestalten sei.[98] Die größten Diskrepanzen bestehen bei den Fragen, wie hoch ein bedingungsloses Grundeinkommen zu sein habe und ob es wirklich als Universaltransfer alle anderen Sozialleistungen komplett und vollständig oder nur teilweise ersetzen oder ergänzen soll.

Alle diese Streitpunkte sind richtig, wichtig und überhaupt nicht einfach zu klären. Entscheidend ist jedoch, dass sich viele dieser Fragen genauso beim heutigen Sozialstaat stellen. Dort allerdings begnügt man sich dann mit relativ flapsigen Behauptungen. Etwa, wenn postuliert wird, dass »Renten sicher« seien, ohne groß zu hinterfragen, auf welcher Höhe und mit welchen Kosten für künftige Steuerzahlende. Oder dass wir zwar einen Pflegenotstand hätten, eine Lösung aber schon irgendwie hinzukriegen wäre. Würden Versprechungen des heutigen Sozialstaats mit derselben Intensität geprüft – auch aus der Perspektive kommender Generationen –, zeigten sich ähnlich tiefe Risse, wie sie viele beim bedingungslosen Grundeinkommen zu erkennen glauben.

Holzschnittartige Überschlagsrechnungen über Kosten und Einsparungen, Wirkungsweisen und Anreizveränderungen eines Grundeinkommens sind hilfreich. Aber sie sind naturgemäß eher statischer als dynamischer Natur.[99] Sie vernachlässigen Anpassungsreaktionen und Veränderungen in den Verhaltensweisen. Sie blenden Widerstände und Verharrungskräfte aus. Deshalb können Beispielrechnungen lediglich helfen, ein Gefühl für die Größenordnungen von Systemveränderungen zu entwickeln.

Auch der Versuch, Modelle zu dynamisieren, hilft da nicht wirklich weiter. Denn auch eine noch so exakte und unter Berücksichtigung aller Details durchgeführte Abschätzung der quantitativen Folgeeffekte und der Reaktionen aller Beteiligten wäre durch große Berechnungsrisiken belastet.[100] Das bedingungslose Grundeinkommen ist ein derartiger Systemwechsel, dass alle relevanten Verhaltensfaktoren ihre Strukturkonsistenz verlieren. Das heißt, die Zukunft wäre von der Vergangenheit so verschieden, dass Erfahrungen und Erkenntnisse aus früheren Tagen nicht auf künftige Zeiten extrapoliert werden dürfen.[101]

Wer wird die Arbeit erledigen?

Die größte Schwierigkeit besteht darin abzuschätzen, wie sich das Grundeinkommen auf den Arbeitswillen auswirkt. Werden die Menschen mehr oder weniger leisten, wenn sie nicht mehr aus Überlebensgründen zur Arbeit gezwungen sind? Gegner eines bedingungslosen Grundeinkommens unterstellen, dass niemand mehr arbeitet, wenn er nicht arbeiten muss, um damit die eigene Existenz zu finanzieren. Wer hat noch Lust auf Arbeit, wenn es keinen Arbeitszwang gibt?

Stellt man der Bevölkerung genau diese Frage, offenbaren die Antworten eine verblüffende, wenn auch nicht wirklich überraschende Paradoxie. So wurden im Herbst 2016 in einer repräsentativen forsa-Umfrage deutschen Erwerbstätigen folgende Fragen gestellt:[102] »Würden Sie persönlich aufhören zu arbeiten, wenn Sie ein bedingungsloses Grundeinkommen vom Staat in Höhe von monatlich 1000 Euro bekämen, oder würden Sie trotzdem weiter einer Erwerbstätigkeit nachgehen wollen? Die Antwort: Unabhängig von Geschlecht und Alter würden 95 Prozent aller Befragten weiterarbeiten. Lediglich bei der Einkommenshöhe gibt es unterschiedliche Sichtweisen, die allerdings nicht wirklich überraschen: Bei einem monatlichen Haushaltseinkommen von netto weniger als 2000 Euro würden fast 10 Prozent nicht mehr zur Arbeit gehen, bei 2000 bis 4000 Euro wären es nur 6 Prozent und bei 4000 Euro oder mehr nur noch 3 Prozent, die aufhören würden zu arbeiten.

Danach wurden die gleichen Leute gefragt: »Was glauben Sie: Würden die meisten Erwerbstätigen aufhören zu arbeiten, wenn es in Deutschland ein solches bedingungsloses Grundeinkommen in Höhe von Euro 1000 monatlich gäbe oder wäre das Ihrer Einschätzung nach nicht der Fall?« Hier sind durchweg ein Fünftel bis sogar ein Viertel der Befragten der Meinung, dass der Arbeitswille bei einem Grundeinkommen stark zurückgehen würde.

Die Ergebnisse bestätigen auch frühere repräsentative Befragungen.[103] Selbst will fast niemand die Hände in den Schoß legen wollen. Die meisten würden auch bei einem bedingungslos gewährten Grundeinkommen weiterarbeiten – vielleicht nicht im selben Job, aber nicht mit minderer Motivation. Von anderen jedoch erwartet man weit öfter das Gegenteil. Da glauben manche, dass viele deutlich weniger oder gar nicht mehr arbeiten würden.

Natürlich ist von einfachen Befragungen, bei denen die Antworten ohne Folgekosten bleiben, bis zur tatsächlichen Verhaltensweise ein weiter Weg. Dennoch zeigt sich, dass die eigene Arbeitsmotivation größer ist, als von allen anderen befürchtet. Arbeit ist eben für die meisten weit mehr als nur ein Zwang, deren einziger Zweck darin besteht, das ökonomische Überleben zu sichern.

Ist Arbeit mehr als eine Einkommensquelle?

Einkommen und Existenzabsicherung sind bei manchen der wichtigste Antrieb, zu arbeiten. Aber das gilt nicht für alle. Arbeit kann Genugtuung spenden. Einige sehen in ihrem täglichen Tun einen Sinn, der ihnen wichtig ist. Und für andere bietet Arbeit Anerkennung, Wertschätzung und Zugehörigkeit. Sie wollen sich in einem Team oder für andere nützlich machen und sich nicht zu Hause langweilen. Gerade auch Ältere wollen noch gebraucht werden und nicht zum rostigen Eisen gehören.

Eine so radikale Steuerreform wie das Grundeinkommen provoziert immense Reaktionen auf die Löhne und damit auf das Verhältnis von Arbeitskosten und Kapitalkosten (beispielsweise beim Einsatz von Robotern). Gewinnaussichten, Produktionstechnologien und Standortentscheidungen von Unternehmungen müssen angepasst werden. Erwartete und beabsichtigte, aber auch ungeplante und ungewollte Folgeeffekte für Beschäftigung, öffentliche Haushalte und gesamtwirtschaftlichen Wohlstand sind die Folgen. Deshalb ist es schwierig abzuschätzen, wie stark und in welche Richtung ein Grundeinkommen Anreize verändert, zu arbeiten.

Niemand kann mit Sicherheit vorhersagen, wie Menschen reagieren, wenn sie nicht mehr erwerbstätig sein müssen, um zu überleben. Und sicher ist es richtig, dass die Höhe des Grundeinkommens einen entscheidenden Einfluss auf das Verhalten und die Anpassungsreaktionen der Menschen ausübt. Je höher es ist, umso geringer werden Anreiz und Bereitschaft, gefährliche, gesundheitsschädigende oder schlecht bezahlte Jobs anzunehmen. Und anders als heute haben Menschen mit einem Grundeinkommen mehr Verhandlungsmacht, Angebote abzulehnen. Also dürften für ungeliebte Beschäftigungen entweder die Löhne steigen oder die Arbeit wird durch Maschinen anstatt Menschen zu erledigen sein. Gerade bei gefährlichen gesundheitsgefährdenden Jobs dürfte die Verdrängung des Menschen durch Maschinen für alle von Vorteil sein. Nicht nur Betroffene, auch Wirtschaft und Gesellschaft profitieren, wenn die Gesundheit vor Schaden bewahrt wird.

Die Lohnkosten dürften vor allem für Pflegeleistungen, Kinder- oder Altenbetreuung, haushaltsnahe Dienstleistungen (wie Reinigung, Gartenarbeiten, Housekeeping usw.) steigen. Warum eigentlich nicht? Weshalb sollen diese teilweise einfachen, teilweise aber auch hoch anspruchsvollen Dienstleistungen nur deshalb so billig sein, weil Menschen aus reiner Überlebensnotwendigkeit zwangsweise bereit sein müssen, für wenig Geld Dinge zu erledigen, die niemand sonst machen würde? Wer Kinder oder Ältere betreut, ist besser motiviert, wenn die Bezahlung als fair(er) empfunden wird. Damit steigt die Qualität der Dienstleistung, was den höheren Preis dann auch mehr als rechtfertigt.

Das Grundeinkommen vereinfacht in jeder Lebensphase eine Neuorientierung – sei es aufgrund persönlicher Interessen oder aufgrund veränderter Anforderungen des Arbeitsmarkts. Es mindert die Folgekosten eines Erwerbsausfalls. Ein berufliches Scheitern oder ein Jobverlust gefährden nicht die Existenz. Das dürfte vielen Menschen ein stärkeres Sicherheitsgefühl geben. Geringere Zukunftsängste können andere ermutigen, höhere Risiken einzugehen, wenn es um Veränderungen geht. Dadurch werden Anreize und Bereitschaft erhöht, sich beruflich neu zu orientieren. Stärkere Mobilität und größere Flexibilität sind sowohl mikro- wie auch makroökonomisch positive Entwicklungen.

6. Ist das Grundeinkommen gerecht?

Der heutige Sozialstaat basiert auf Ideologien des 19. Jahrhunderts. In der protestantischen Ethik ist Arbeit gottgefällig. Der Arbeitslohn ist Zeichen und Maßstab höherer Anerkennung. »Die durch Arbeit vermittelte Teilhabe an der Gesellschaft gehört zum christlichen Verständnis menschenwürdigen Lebens.«[104] Es gelten das Recht und die Pflicht, durch eigene Arbeit den eigenen Lebensunterhalt zu verdienen. »Wer nicht arbeiten will, der soll auch nicht essen.«[105] Das ist die protestantische DNA. Sie prägt Arbeitsethos und Solidarität. Deshalb laufe »ein Grundeinkommen für jedermann einem Grundgedanken der christlichen Soziallehre zuwider: dem Prinzip der Subsidiarität«.[106]

Nach protestantischem Verständnis kommt zuerst die Selbsthilfe. Danach folgt die Unterstützung durch Familie und Verwandtschaft. Nur wer alle privaten Rettungsanker geworfen hat und dennoch unverschuldet in existenzgefährdende Turbulenzen gerät, darf Hilfe von Gesellschaft und Staat erwarten. Als Voraussetzung dafür wird allerdings eingefordert, dass er oder sie Mitglied des Sozialsystems ist und zuvor durch eigene Beiträge zur Finanzierung der Sozialversicherungen beigetragen hat.

Dem Arbeitsethos folgend, haben sich staatliche Sozialleistungen am Arbeitseinkommen auszurichten. Sie sind als Abgabe aus dem Arbeitseinkommen zu finanzieren. Das ist auch der Plan bei der gesetzlichen Rentenversicherung. Beschäftigte sollen ein ganzes Arbeitsleben lang einzahlen, um dann im Ruhestand eine wohlverdiente auskömmliche Rente genießen zu können.[107]

Das Grundeinkommen geht über den sozialen Ausgleich der Sozialen Marktwirtschaft hinaus. Denn es wird nicht nur subsidiär unterstützt, wer unverschuldet in Not geraten und zu schwach ist, sich selbst zu helfen.[108] Diese scheinbare Großzügigkeit hat viel damit zu tun, dass »unverschuldete Not« in kommenden Zeiten steigender Ungewissheit nicht mehr so eindeutig und klar festgestellt werden kann, wie das in der Vergangenheit möglich war.

Vielmehr ist das Grundeinkommen als Grundversicherung konzipiert. Es anerkennt ein stets und bedingungslos gewährtes Grundrecht auf gesellschaftliche Mindestteilhabe. Es verzichtet auf Kontrolle und Gegenleistung und gibt damit jedem Bürger einen Vertrauensvorschuss. Damit schafft es für viele Menschen eine finanzielle Basis für Teilhabe, verantwortliches Handeln und gesellschaftliches Engagement.

Erst fördern, dann fordern

Das bedingungslose Grundeinkommen erzwingt eine radikale Loslösung von bisherigen Gepflogenheiten des »Forderns und Förderns«. Es verlangt, Personen erst zu fördern, damit sie danach gefordert werden können – so wie das in jungen Jahren mit Kindern selbstverständlich ist. Mit dem Perspektivenwechsel wird am Heiligenschein des Arbeitsethos gekratzt. Das halten manche für eine ungeheure, ja schon fast frevlerische Abkehr vom Pfad sozialer Tugenden. Andere sehen damit fundamentale Gerechtigkeitsprinzipien massiv verletzt. Letztlich bietet aber gerade das Grundeinkommen einen Anstoß dazu, normative Werturteile ganz grundsätzlich zu hinterfragen. In jedem Fall und unabhängig von konkreten sozialstaatlichen Modellen wäre es gesellschaftlich sinnvoll und ökonomisch notwendig, alte Ideologien dem Praxistest zu unterziehen. Was erwarten die Menschen von einem Sozialstaat des 21. Jahrhunderts? Was halten sie für gerecht, was für fair? Wie ist mit dem Spannungsfeld von Freiheit, Gerechtigkeit und Sicherheit umzugehen? Wie weit soll Solidarität reichen, wie weit Subsidiarität?

Gerechtigkeit hat viele Facetten. Es gibt eine Bedarfs-, eine Chancen-, eine Verteilungs-, eine Leistungs- und eine subsidiäre Befähigungsgerechtigkeit.[109] Ähnlich vielfältig sind die Meinungen, was unter einer gerechten Sozialpolitik zu verstehen sei. Deshalb hängt die Bewertung, wie weit das bedingungslose Grundeinkommen gerecht ist, stark von der normativen Position ab, die von Person zu Person divergiert. Entsprechend hitzig wird über die Frage der Gerechtigkeit gestritten und werden Definitionen oder Erkenntnisse anderer verworfen.

Wer jedoch aus Gründen der Verteilungs(un)gerechtigkeit das Grundeinkommen ablehnt, macht dieses für Ergebnisse verantwortlich, die nichts mit ihm zu tun haben.[110] Das bedingungslose Grundeinkommen ist Instrument, nicht Ziel und auch nicht Selbstzweck. Es ist ein nüchternes Steuer-Transfer-System. Ob viel oder wenig umverteilt werden soll, entscheidet einzig die Politik durch die Festlegung der Höhe des Grundeinkommens und der daraus abgeleiteten Steuersätze zu seiner Finanzierung.

Nicht nur, dass mit Ralf Dahrendorf ein großer Liberaler »auf der Suche nach einer neuen Ordnung« bei einem »Grundausstattungs-Marktliberalismus« fündig wurde.[111] Es gibt eine Reihe weiterer Bausteine, die zeigen, dass ein Grundeinkommen nicht nur mit dem Leistungsbegriff, sondern durchaus auch mit der sozialen Verantwortung liberaler Freiheitsforderungen vereinbar ist.[112]

Weder kann noch will ein Grundeinkommen Gerechtigkeits- oder Freiheitsdiskussionen abschließend beantworten. Aber es liefert Referenzwerte, an denen andere Sozialstaatskonzepte zu messen sind. Und hier ist die Wahrscheinlichkeit hoch, dass das bedingungslose Grundeinkommen zwar radikal ist. Aber dem Spannungsfeld von Freiheit, Sicherheit und Gerechtigkeit dürfte es im 21. Jahrhundert effektiver, liberaler und gerechter als jede Alternative Rechnung tragen.

Teil 2: Warum ein Grundeinkommen?

Wie weiter nach Covid-19? Zur Entscheidung stehen zwei grundsätzliche Positionen. Die einen möchten so rasch wie möglich zurückstreben zur Normalität alter Zeiten vor dem Coronavirus. Ein fundamentaler Erneuerungsbedarf im Verhältnis von Markt und Staat, Sozialem und Privatem wird nicht erkannt. Mehr oder weniger alles soll wieder werden und bleiben, wie es vor Covid-19 war. So gesehen, wäre die Pandemie nur ein kurzer Betriebsunfall der Geschichte gewesen. Die Erschütterungen waren zwar heftig. Aber sie würden keine grundsätzlichen Richtungsänderungen erforderlich machen. »Weiter so, wie gewohnt«, vielleicht an der einen oder anderen Stelle mit leichten Anpassungen, aber sicher nicht mit grundsätzlich neuer Ausrichtung.

Andere bewerten die Veränderungsnotwendigkeit weit dramatischer. Manche erkennen sogar ein systemisches Staatsversagen. Linde-Chef Wolfgang Reitzle, einer der bekanntesten deutschen Manager, kommt zu einem vernichtenden Urteil: »Nach 16 Jahren Merkel ist Deutschland in vielen Bereichen ein Sanierungsfall.«[113] Er trifft damit auf breite Unterstützung. Markus Feldenkirchen erkennt ein »multiples« Politikversagen, Daniel Stelter sogar ein grundsätzliches »strukturelles Versagen« des Staats.[114] Aber auch die Marktwirtschaft kommt nicht ungeschoren davon. Timothy Garton Ash, einer der führenden liberalen Vordenker, attestiert: »Wir stecken in einer schweren Krise des Liberalismus … ich fürchte vor allem die wirtschaftlichen und sozialen Spätfolgen der Pandemie: Staatsverschuldung, Arbeitslosigkeit, soziale Unsicherheiten, möglicherweise die Rückkehr der Inflation.«[115]

Vieles spricht dafür, dass die Coronapandemie nicht die letzte Krise war, die Deutschland, Österreich oder die Schweiz bedrohen könnte. Im Gegenteil: Unsicherheit und Ungewissheit nehmen zu. Gravierende Umwälzungen ökologischer, ökonomischer, politischer und sozialer Sphären zeichnen sich heute bereits ab. Dazu gehören etwa der Klimawandel, das Artensterben, der Vormarsch der künstlichen Intelligenz, die Cyberkriminalität oder der geopolitische Kampf zwischen den USA und China um die Vorherrschaft in der Welt(wirtschafts)politik.

Bei aller Ungewissheit ist dennoch eines sicher: Künftige Herausforderungen werden sich mit alten Weisheiten nicht bewältigen lassen. Das gilt in besonderem Maß für die heutige Sozialpolitik. Sie ist auf Fundamenten des 19. Jahrhunderts aufgebaut. Dass da im Lauf der Zeit einiges marode wurde, ist eigentlich keine Überraschung. Auch nicht, dass komplett neue Umstände des 21. Jahrhunderts eine Rundumerneuerung erforderlich machen. Es gilt nun zu belegen, dass bei einer zeitgemäßen Architektur von Wirtschafts- und Sozialsystem ein Grundeinkommen entscheidend zur Rettung eines »Wohlstands für alle« beitragen kann.[116]

7. Disruption steht am Anfang, nicht am Ende

Vielen Millionen Menschen ist zu Beginn der 2020er-Jahre von einem Tag auf den anderen der Boden der Sicherheit unter den Füßen weggebrochen. Über Nacht standen sie ohne eigenes Dazutun oder gar Selbstverschulden vor dem Nichts. Sie mussten ihren Kosmetiksalon schließen, das Reisebüro, das Restaurant, das Hotel. Dabei lief zuvor alles wunderbar rund. Die Orderbücher waren voll, Praxis und Büros ausgelastet, die Umsätze stimmten. Konzerte oder Festivals, Ferienwohnungen und Hotels waren auf Jahre ausgebucht. Dann brach die Coronapandemie aus. Und alles wurde anders – schneller als vorhersehbar, dramatischer als vorstellbar. Kontakte wurden verboten, Reisen untersagt, Präsenzunterricht unterbunden, Freiheitsrechte eingeschränkt und Lockdowns verordnet. Von oben per Zwang durchgesetzte Spielregeln bestimmten, wer zu Hause zu bleiben hatte, andere treffen durfte, Betriebe öffnen konnte oder Einkaufszentren schließen musste.

Der Bevölkerung wurde bewusst, was der für viele zuvor doch sehr abstrakte Modebegriff »Disruption« in der Praxis meint.[117] Auf den entscheidenden Punkt zusammengefasst, drückt das Schlagwort aus, dass die Zukunft rasant und radikal völlig anders als die Vergangenheit sein wird. Was gestern noch galt, verliert heute seine Gültigkeit. Erfolgreiche Geschäftsmodelle der Vergangenheit schützen nicht vor künftigen Pleiten. Alte Gewissheiten helfen nicht weiter. Völlig neue Orientierungshilfen müssen gefunden werden.

Verursacher disruptiver Entwicklungen können Krisen (wie auf den Finanzmärkten Ende der Nullerjahre) oder Schocks (wie Pandemien) sein. Aber genauso führt technologischer Fortschritt zu Brüchen mit bisherigen Produktionsverfahren. Beispielsweise wurden im Welthandel Segelboote erst durch Dampfschiffe, danach durch Motorboote und schließlich Containerschiffe abgelöst. Entsprechend weitreichend mussten sich alle an Seetransporten Beteiligten den neuen Gegebenheiten anpassen. Denn entscheidend für disruptive Prozesse ist, dass die Veränderungen in dynamischen Sprüngen und nicht im Kriechgang vorankommen. Das Neue ist so komplett anders als alles Alte, dass in kurzer oder gar kürzester Zeit bisher erfolgreiche Strategien nicht mehr greifen.

Disruptive Prozesse sind nicht nur ein Phänomen der Wirtschaft. Sie kennzeichnen genauso gesellschaftliche und zwischenmenschliche Verhaltensweisen. Apps für alles und jedes, soziale Medien oder virtuelle Assistenzsysteme wie Alexa oder Siri liefern genügend Anschauungsmaterial dafür, wie tiefgreifend neue Technologien die Art und Weise der privaten wie auch geschäftlichen Kommunikation verändern. Sprechen und Schauen ergänzen und verdrängen Schreiben und Lesen. Warum noch mühsam Rechtschreibregeln lernen, wenn automatische Korrekturprogramme für fehlerfreie Texte sorgen? Wieso noch lesen, wenn es Hörbücher, Erklärvideos und Dokumentarfilme gibt? Wieso noch Fremdsprachen büffeln, wenn Software perfekte Verständigung mit allen ermöglicht? In Beruf und Geschäft, in Freizeit und Alltag, in Familien und unter Freunden wird alles auf den Kopf gestellt, was zuvor die Gesprächskultur prägte.

Ebenso findet sich Disruption in der politischen Sphäre – etwa wenn Ministerinnen und Abgeordnete über Twitter statt im Parlament miteinander streiten. Wer nicht auf sozialen Medien erfolgreich unterwegs ist, verliert den Anschluss. Onlineangebote, Blogs, Podcasts und Streamingdienste laufen Zeitungen oder dem Fernsehen den Rang ab. Die Tagesschau staatlicher Rundfunkanstalten gerät im Wettbewerb um Aufmerksamkeit durch private Nachrichtensender, Propagandakanäle, Fake News und Influencer aller Art unter Druck. Mittlerweile besteht bei Abstimmungen und Wahlen Misstrauen, wieweit Hackerangriffe, autonome Bots und Geheimdienste Ergebnisse (ver)fälschen.

Wer sich disruptiven Prozessen nicht stellt, wird schwerlich mithalten können. Eher droht ein Untergang. Nicht nur Personen, sondern auch Gesellschaften insgesamt sind dann gefährdet. Der US-amerikanische Physiologe und Evolutionsbiologe Jared Diamond beschreibt in seinem Buch *Kollaps* eindrücklich, wie Kulturen und Gesellschaften, die eine Anpassung an geänderte Umstände nicht erfolgreich schafften, im Lauf der Weltgeschichte zusammengebrochen und verschwunden sind.[118]

Disruption kann alle treffen

Disruption ist nichts, was nur Einzelne oder einige trifft. Sie verändert die Rahmenbedingungen und Spielregeln für alle, mehr oder weniger ohne Vorwarnung. Ihre Folgen sind nicht graduell (also vernachlässigbar) oder marginal (also schwach), sondern sie machen sich grundsätzlich und radikal bemerkbar. Brüche mit dem Bisherigen sind eine Konsequenz.

Disruptive Prozesse lassen sich durch kleinteilige Anpassungen alter Gewohnheiten nicht auffangen. Der österreichische Ökonom Alois Schumpeter, der Urvater des Disruptionskonzepts, liefert zur Unmöglichkeit, mit kleinen Trippelschrittchen auf weite Technologiesprünge erfolgreich reagieren zu wollen, ein eingängiges Beispiel: »Man mag noch so viele Postkutschen hintereinanderstellen – und man wird doch nie eine Eisenbahn erhalten.«[119]

Wer Disruption ökonomisch überleben will, muss rechtzeitig angemessene Reaktionen auf noch weitgehend unbekannte Entwicklungen finden. Wer das nicht schafft, ist existenziell gefährdet. Die einst blühende Schreibmaschinenindustrie weiß davon ein Lied zu singen. Sie wurde erst durch Computertastaturen ersetzt, danach überrollt vom Siegeszug der Laptops, der Notebooks und schließlich der Smartphones mit ihren Touchscreens. Anstatt so wie früher alles auf Papier zu schreiben, erfolgt der Informationsaustausch heute hauptsächlich online. Wer mit Voicemails, digitalen Fotos und Onlinevideos auf sozialen Medien kommuniziert, wird kaum mehr wissen, was eine Schreibmaschine ist und was sie soll.

Disruption verlangt neue Anpassungshilfen

Disruption zwingt oft ganze Sektoren, sich vollständig anders als zuvor auszurichten. So etwa hat die Automobilindustrie der unverzichtbaren Dekarbonisierung gerecht zu werden. Genauso müssen Presse und Fernsehen der Konkurrenz aus Internet und Mediatheken oder Streamingdiensten und Newsplattformen standhalten können. Sind Branchen oder Regionen insgesamt von disruptiven Prozessen betroffen, helfen individuelle Eigenmaßnahmen nur sehr begrenzt weiter.

Der Matrose, der weiß, wie man segelt, ist noch lange kein brauchbarer Maschinist für Dampfschiffe. Ein Umzug aus strukturschwachen Agrarregionen in prosperierende Metropolregionen oder eine Umschulung vom Segelmacher zum Schiffsmaschinenbauer kosten Zeit und Geld. Beides fehlt bei Direktbetroffenen häufig. Denn bei einem Kutscherlohn dürfte in der Regel nicht so viel übrig bleiben. Da lässt sich kaum genügend Geld für eine Ausbildung zum Lokführer zur Seite legen.

Gegen gesamtwirtschaftliche, regionale oder sektorale Disruption können sich einzelne Personen kaum wehren oder im Vorfeld absichern. Zu rasch und zu gewaltig sind Wucht und Intensität der Veränderungen. Viele Betroffene sind nicht in der Lage, sich so rasch und flexibel, wie es an sich notwendig wäre, neuen Umständen anzupassen. Sie können nicht im selben Tempo umsatteln, wie sich Technologien verändern. Erst fallen sie zurück. Danach folgen ökonomischer und, damit einhergehend, sozialer Abstieg. Der Spirale nach unten gilt es mit einem Grundeinkommen einen Riegel zu schieben.

Auch an sich gut (aber eben bezogen auf komplett geänderte Voraussetzungen »falsch«) qualifizierte Personen sind vor disruptiven Verwerfungen nicht gefeit. Wenn Firmen als Folge disruptiver Prozesse nicht nur ein paar Beschäftigte entlassen, sondern die gesamte Produktion neu organisieren oder ins Ausland outsourcen, haben alle Beschäftigten gleichermaßen Probleme. Wenn der Postbote nicht vom Fahrrad aufs Auto umsteigt, sondern überhaupt nicht mehr gebraucht wird, weil Briefe elektronisch verschickt oder Pakete per Drohne zugestellt werden, wenn nicht mehr Personen, sondern Roboter und nicht mehr menschliche, sondern künstliche Intelligenz das Sozialprodukt erwirtschaften – dann verlieren viele ihren Job, nahezu unbesehen ihrer Qualifikationen.

An dieser Stelle beginnt die Argumentationskette für die Bedingungslosigkeit eines Grundeinkommens. Disruption erzwingt das Eingeständnis, dass Menschen unverschuldet und unvorhersehbar den Boden unter den Füßen verlieren können. Deshalb müssen Sicherheitsnetze Menschen auffangen, bevor sie fallen. Eine Sozialpolitik soll dafür sorgen, dass sich Personen präventiv stets von Neuem auf eine noch weitgehend unbekannte Zukunft vorbereiten können. Sie hat vorauseilend zu ermächtigen, nicht hinterher hinkend zu reparieren. Diese Notwendigkeit auch als Gesellschaft zu erkennen, ist ein erster Schritt auf einem langen Weg der Anpassung an disruptive Zeiten.

Das Grundeinkommen ermöglicht, das Dilemma zu überwinden, dass diejenigen, die von Disruption am stärksten negativ betroffen sind, am wenigsten eigene Möglichkeiten haben, sich gegen die Folgen disruptiver Entwicklungen zu wehren – also vorzusorgen und sich abzusichern. Das Grundeinkommen unterstützt Menschen, bevor sie Probleme haben. Es stärkt die Fähigkeit, selbst und im Voraus vorzubeugen. Es finanziert die Freiräume, rechtzeitig und immer wieder neuen Anforderungen und geänderten Umständen gerecht werden zu können. Und es ermöglicht, Anpassungszeit zu kaufen, nicht einmal, sondern immer wieder – so wie auch Disruption im 21. Jahrhundert nicht die Ausnahme bleibt, sondern zur Regel werden dürfte.

8. Gläserne Menschen und das Ende privater Versicherungen

Die Coronapandemie hat der Digitalisierung und Datenwirtschaft einen Schub gegeben. Der sich in Westeuropa ohnehin – wenn auch nur im Kriechgang – abspielende ökonomische Strukturwandel von einer Güter- zu einer Dienstleistungs- und weiter zu einer Digitalisierungswirtschaft wurde während der Bekämpfung des Coronavirus enorm beschleunigt. Onlinebestellungen machten das Einkaufen in Supermärkten überflüssig. In Schulen und Universitäten trat Fernunterricht anstelle von Präsenzlehre. Homeoffice führte zu leeren Geschäftsbüros. Videobesprechungen erübrigten Fernreisen.

An vielen Stellen ersetzt heute ein Datentransfer den Warenhandel. Beispielsweise wenn Musik nicht mehr haptisch in Form von Schallplatten oder CDs, sondern über Spotify online daherkommt. Digitalisierung wird zum Schlüssel, der die Tür zu einer völlig neuen Welt der Datenökonomie öffnet. Sobald Menschen digital miteinander kommunizieren und arbeiten, online einkaufen und lernen, betreten sie das Spielfeld, auf dem Algorithmen, künstliche Intelligenz und selbstlernende Systeme das Sagen haben und die Regeln bestimmen. Dort wird alles und jedes stets und immerzu gemessen, bewertet und verglichen.

Permanente Datenanalysen lassen Menschen transparent und als Kunden »gläsern« werden. Bedürfnisse, Wünsche und Verhaltensweisen oder Aktivitäten werden für andere mehr oder weniger vollständig offengelegt. Wenig bis nichts bleibt wirklich privat und geheim. iPhone und iPad, Smartphone und Apps, Kunden- und Kreditkarten, Laptop und Computer sind die trojanischen Pferde der Datenwirtschaft. Sie erlauben, den Menschen mehr oder weniger komplett auszuspionieren.

Ein Blick in den (elektronischen) Warenkorb genügt den (Online-) Händlern, um mit klugen Algorithmen die Kunden oft besser einzuordnen, als es der Selbsteinschätzung gelingt. Das kann so weit gehen, dass Big-Data-Analysen, weit früher als betroffene Menschen selbst, wissen, was Sache ist – etwa wenn Frauen schwanger geworden sind, ein Haustier zur Familie stößt, eine Ferienreise geplant ist oder eine private Trennung oder berufliche Neuorientierung bevorsteht.

Gleiche »Allwissenheit in Echtzeit« gilt, wenn implantierte, am Handgelenk getragene oder wie und wo auch immer mitgetragene Messgeräte permanent Blutdruck, Insulinspiegel, Alkoholpegel oder Herzrhythmus überprüfen. Die Daten lassen sich laufend in Gesundheitszentren auswerten. Dann kann die Ärztin an der Haustür klingeln, bevor ein Infarkt oder ein Blutzuckermangel den Menschen schädigt – also durchaus ein positiver Effekt vollständiger Transparenz. Von der Zeugung bis zum Lebensende und selbst darüber hinaus, etwa wenn es um die Organspende Verstorbener geht, wird alles und jedes, was Menschen tun oder lassen, mehr oder weniger vollständig von Sensoren, (Überwachungs-)Kameras, persönlichen Assistenzsystemen (wie Siri oder Alexa) sowie lückenloser Informationserfassung und -verarbeitung festgehalten, bewertet, verdichtet, vernetzt und in Datenbanken archiviert – zum Vor- genauso wie zum Nachteil der Betroffenen.

Wenn der »Schleier der Ungewissheit« fällt

Wenn Menschen gläsern werden, führt das zum Ende privater Versicherungen. Private Versicherungen sind auf einen »Schleier der Ungewissheit« angewiesen.[120] Sie können nur funktionieren, wenn für die Gesamtheit, aber nicht für den Einzelfall im Speziellen, bekannt ist, ob ein bestimmtes Ereignis eintritt. Es bedarf also einer gewissen Zufälligkeit, wen ein Schaden trifft und wer verschont bleibt. Nur so wird es zu Solidargemeinschaften kommen, die sich gemeinsam gegen gewisse Risiken versichern wollen, die alle treffen können, nicht aber alle treffen werden.[121]

Dazu ein Beispiel: Wenn es darum geht, eine Versicherung gegen die Behandlungskosten von Beinbrüchen abzuschließen, dann haben private Versicherungen eine gut begründete Vermutung, wie viele Schadensfälle in einer Gesellschaft insgesamt eintreten und welche Kosten dadurch in Summe entstehen. Auf der Grundlage errechnet sich dann die für alle maßgebende durchschnittliche Versicherungspolice, die von allen Versicherten zu berappen ist. Unbestimmt muss jedoch bleiben, welche Personen es dann wirklich trifft. Somit werden die glücklich Verschonten die unglücklich Verunfallten querfinanzieren.

Bei gläsernen Menschen jedoch geht die Solidargemeinschaft der Personen mit gleichartigen Risiken (Beinbruch), aber unbekanntem unterschiedlichem Einzelrisiko verloren. Big Data ersetzt den Zufall. Sicherheit tritt anstelle der Ungewissheit. Die individuellen Wahrscheinlichkeiten sind so präzise bekannt, dass im Voraus bekannt wäre, wer von einer Versicherung profitiert und wer bezahlt. Also würden alle genau nach ihrem Einzelrisiko versichert werden wollen. Niemand mehr wäre bereit, mehr zu bezahlen, als es dem individuellen Risiko entspricht. Wer Extremsituationen (und damit einen Beinbruch) billigend in Kauf nimmt, wird stärker belastet, als wer stets mit viel Vorsicht unterwegs ist. Aus der Police würde ein Preis. Das aber bedeutet das Ende der Versicherbarkeit persönlicher Risiken.

Das Verschwinden des Zufalls ist deshalb für die Zukunft von herausragender Bedeutung, weil einzelne Personen dadurch noch einmal abhängiger von Entwicklungen werden, die sie als Einzelne kaum oder überhaupt nicht beeinflussen oder gar verhindern können. Absehbar ist, dass Versicherungen früher oder später eine vollständige Transparenz ihrer Kunden erzwingen und diese damit in Abhängigkeiten bringen werden, die bisher nur aus Science-Fiction-Filmen vorstellbar waren.

Die Nischen der Privatheit, der individuellen menschlichen Unvollkommenheit – im Guten wie im Schlechten – und der glücklichen oder auch unglücklichen Verhaltensweisen werden immer heller ausgeleuchtet werden. Wenn es jedoch keine Geheimnisse mehr gibt, werden Menschen zum einfachen Spielball für Interessen anderer. Sie werden berechenbar, manipulierbar und instrumentalisierbar.

Gläserne Menschen sind schwache Opfer
In einer digitalisierten Datenwirtschaft werden Menschen zu Hampelmännern der Big-Data-Konzerne degradiert. Sie sind so transparent, dass nicht mehr vermutet werden muss, was sie wann tun oder lassen werden. Kluge Algorithmen und künstliche Intelligenz wandeln in vielen Fällen Unsicherheit zu Gewissheit. Das ist oft sehr positiv, etwa wenn dadurch schwerwiegende Erkrankungen frühzeitig erkannt werden. Aber es ist eben auch häufig sehr negativ, weil dadurch Gesundheitsrisiken auch für Außenstehende offengelegt werden.

Versicherungen sind bereits auf den Zug zunehmender Transparenz aufgesprungen. Sie locken Kunden mit Boni, niedrigeren Versicherungsprämien und besseren Leistungen dazu, freiwillig persönliche Daten preiszugeben, Gesundheits-Apps zu nutzen, sich intelligente Sensoren zu implantieren oder eine vernetzte Blackbox ins Auto einbauen zu lassen.[122] Die Kunden haben dann die Wahl: Entweder sie bewahren sich ihre Intimsphäre und bezahlen immer höhere Versicherungsbeiträge, oder aber sie werden zu gläsernen Menschen, die deutlich weniger für den Versicherungsschutz zu bezahlen haben.[123]

Von Transparenz und Allwissenheit ist es nur noch ein kleiner Schritt hin zu einem Anreizsystem mit Bonus und Malus. Wer sich – auch präventiv – korrekt verhält, gesund ernährt, nicht trinkt, genug schläft, sich häufig bewegt und andere risikodämpfende Verhaltensweisen pflegt, wird mit geringeren Versicherungsprämien belohnt. Wer hingegen Risiken willentlich in Kauf nimmt, muss mehr bezahlen. Das wird sich beispielhaft nach der Coronapandemie beim Impfverhalten zeigen. Wer gegen Vireninfektionen immunisiert ist, wird an vielen Stellen tun können, was Ungeimpften verwehrt bleibt.

In vielen Fällen wird der transparente Mensch einen »Paternalismus des korrekten Verhaltens« provozieren. Allwissende Versicherungsriesen werden die Spielregeln diktieren. Wer nicht spurt, wird nicht versichert. Glasklar ersichtliche Risiken machen es für alle erkennbar, wer auf Kosten anderer zum Profiteur und wer zum Zahlmeister werden würde. Der Wegfall eines privaten Versicherungsschutzes erzeugt besonders für weniger Wohlhabende einen Teufelskreis:

Kreditunwürdigkeit verhindert oft ein Leben in Würde. Wer einmal am Boden liegt, wird es schwer haben, unterstützende Hände zu finden, die beim Wiederaufstehen helfen. Ohne Versicherung ist für viele mögliche Helfer das Risiko eines Scheiterns zu groß (und zu offensichtlich). Da wird nur noch der Staat als letzter Sicherungshafen einspringen können. Ein Grundeinkommen wird so zum Notnagel, der den Wegfall des privaten Versicherungsschutzes kompensiert.

9. Künstliche Intelligenz verdrängt menschliche Dummheit

Der heutige Sozialstaat ist das Erbe der Industrialisierung. Bei seiner Entstehung strebten sowohl Arbeitgeber als auch Arbeitnehmer nach einer lebenslangen Vollbeschäftigung als Normalfall. Beide Seiten wollten, solange wie möglich, gemeinsam von Bildungsanstrengungen, erworbenen On-the-Job-Fähigkeiten und Berufserfahrung der Belegschaften profitieren. Alle Beteiligten waren deshalb an langjährigen, wenn möglich lebenslangen Beschäftigungsverhältnissen, tragfähigen Arbeitsnetzwerken und dauerhafter Betriebszugehörigkeit interessiert. Diese sorgten für eine beidseits geschätzte Symbiose: Firmen waren sich ihrer Belegschaften sicher, Beschäftigte ihrer Jobs. Es herrschte Planungssicherheit. Sie galt für beide Seiten – für Arbeitgeber verbunden mit einem gewissen Angebotsmonopol, für Arbeitnehmer um den Preis einer gewissen Abhängigkeit. Sozialpolitik war darauf ausgerichtet, diesen sozialen Frieden zu erhalten, Beschäftigungsverhältnisse zu schützen und Arbeitskräfte vor materieller Not abzusichern.

Heute ist die Industrialisierung Geschichte. Der Digitalisierung und Datenwirtschaft gehört die Zukunft. Künstliche Intelligenz, maschinelles Lernen und autonome Automaten prägen die neue Arbeitswelt des 21. Jahrhunderts. Mittlerweile können Maschinen fast alles, was Arbeitskräfte tun – aber in der Regel besser und ohne Pausen rund um die Uhr, werk- wie sonn- oder feiertags, wochen- oder monatelang, und das problem- und klaglos. Noch sind manche der modernen Ausdrücke schillernde Begriffe. Vieles bleibt für Laien eine Blackbox. Der Einfachheit halber soll hier deshalb künstliche Intelligenz lediglich die Fähigkeit von Apparaten meinen, Informationen (Daten, Fakten, Zahlen, bisheriges Wissen) eigenständig zu nutzen. Wichtig ist dabei die

Eigenschaft, alle verfügbaren Informationen zu verarbeiten und weiterzuentwickeln – rasant schnell, rund um die Uhr und fehlerfrei. Nebensächlicher kann vorerst bleiben, ob es selbstdenkende Roboter, selbstlernende Maschinen, selbstrechnende Netzwerke, selbstfahrende Transportmittel oder selbstentscheidende Automaten sind, die von allein und ohne menschliches Dazutun eigenmächtig Entscheidungen treffen und selbstständig Probleme lösen.

Für die Praxis ist entscheidend, dass künstliche Intelligenz aus »dummen« Apparaten »kluge« Geräte macht. Das selbstständige Lernen ermöglicht es, mit rasender Geschwindigkeit in einer unstrukturierten und sogar unvollständigen Information Muster zu erkennen. Prozesse lassen sich von selbstlernenden Maschinen eigendynamisch anschieben, steuern, überwachen, korrigieren und dadurch stetig verbessern. Zusammenhänge zwischen Aktion und Reaktion oder Ursache und Wirkung können präzise festgestellt und danach optimiert werden. Fehler werden erkannt und automatisch bereinigt. Erwartungen und Folgerungen oder Entscheidungen und Verhaltensweisen sind laufend überprüfbar, bewertbar und anpassbar.

Die Coronapandemie liefert eingängigen Anschauungsunterricht, wohin die Reise gehen wird. Sie hat offengelegt, wie sehr Roboter und Maschinen, das Internet und Onlinedienste menschliche Arbeit ergänzen und ersetzen oder eine persönliche Präsenz unnötig machen. In Schulen und an Universitäten lässt sich exemplarisch aufzeigen, wie Distanzunterricht, Fernlehre und Onlineseminare zur alltäglichen Gewohnheit werden. Ortsunabhängige dezentrale Lehrangebote ermöglichen rund um die Uhr einen maßgeschneiderten Zugang zum Wissen der besten Pädagoginnen und klügsten Gelehrten und zu deren feinsten und besten Ideen. Wer braucht bei so exzellenten digitalen Unterrichts- und Studienbedingungen überhaupt noch Lehrangebote, die zu fixen Zeiten an festen Orten in überfüllten Hörsälen oder baufälligen Klassenzimmern von oft wenig motivierten, überforderten oder schlecht vorbereiteten Lehrkräften angeboten werden?

Menschen machen Fehler, Maschinen nicht

Unternehmen sind während der Coronapandemie sensibler geworden für die unterschiedlichen Abwesenheitsrisiken von Menschen und Robotern. Menschen machen Fehler, Roboter nicht. Menschen können erkranken, Roboter nicht. Menschen müssen zu Hause bleiben (in Quarantäne oder aus Vorsichtsgründen), Roboter nicht. Menschen leiden unter Covid-19 und dessen Bekämpfung, Roboter nicht. Die Manager haben die Lektion gelernt. Noch schneller und umfassender, als sie das die nächsten Jahre ohnehin getan hätten, werden sie Arbeitskräfte durch Automaten und Maschinen ersetzen. So können sie sich besser gegen kostspielige Fehlzeiten von Schlüsselpersonen absichern. Denn Roboter sind rund um die Uhr immer zur Stelle. Menschen hingegen können mehr oder weniger überraschend und entsprechend unkalkulierbar ausfallen.

»Wenn Computer sich weiterhin gemäß Moores Gesetz entwickeln und also ihre Geschwindigkeit und Speicherkapazität alle 18 Monate verdoppeln, dann hat das zur Folge, dass Computer wahrscheinlich früher oder später in den kommenden 100 Jahren die Menschen hinsichtlich der Intelligenz überholen werden.«[124] Künstliche Intelligenz wird menschliche Dummheit verdrängen und der Arbeit einen völlig neuen Stellenwert beimessen.

Selbst wenn es aus heutiger Sicht noch weitgehend unbekannt bleibt, wann, wo und in welcher Erscheinungsform sich Arbeitswelt, Arbeitsethos und Arbeitspolitik verändern werden, ist der generelle Trend so offensichtlich wie unstrittig: Digitalisierung wirkt wie eine abrupte Vermehrung des Arbeitsangebots. Wie es zu Zeiten der Globalisierung mit der Billigarbeit aus fernen Ländern geschah, kommen in riesigen Massen Hände, in Form der Greifarme von Automaten, und Hirnzellen sowie in Form künstlicher Intelligenz, zum bisherigen Angebot hinzu.

Menschliche Arbeit wird in vielen Fällen durch digitale Dienste ersetzbar und damit schlicht überflüssig. Das gilt bei Weitem nicht nur für einfache, geringe Qualifikationen voraussetzende Aktivitäten wie Routine- oder Fließbandarbeit, standardisierte Kontroll-, Überwachungs- oder Sortiertätigkeiten. Was der virtuelle Assistent Alexa für den alltäglichen Hausgebrauch leistet, erfüllen elektronische Assistenzsysteme bei Auskunftsstellen, Bestell- und Lieferverfahren oder beim Kundendienst, etwa für Klagen und Reparaturen oder wenn es um Anfragen und Beratung, Buchungen, Finanzierungen und Versicherungen oder komplexe Problemlösungen insgesamt geht. Die Assistenzdienste funktionieren (weitgehend) ohne Personal, nur über Zuruf oder digitale Signale.

Auch Berufe und Tätigkeiten, die höhere Qualifikationen und Fachkenntnisse verlangen, werden – mehr oder weniger vollständig – neu auszurichten sein. Steuer- oder Versicherungsberater werden durch elektronische Softwareprogramme, Bankangestellte durch Onlinebanking, Strafrechtler durch standardisierte Prüfverfahren, Fahrer durch auto-mobile Transportmittel erst unterstützt, immer mehr aber auch verdrängt werden. Um es auf den Punkt zu bringen: Automation in der Industrie hat vor allem einfache Arbeit wegfallen lassen. Automation in der Digitalwirtschaft trifft nun mehr und mehr auch Fachkräfte und Hochqualifizierte. Nun werden nicht nur Hände eingespart, sondern zunehmend auch Gehirne.

Wenn Arbeit weniger wichtig wird, wird sie ökonomisch weniger wertvoll. So knallhart sind die ökonomischen Gesetze von Angebot und Nachfrage. Sie gelten sowohl für geringer als auch für höher Qualifizierte. Zudem verlieren Arbeitskräfte als Folge des technologischen Fortschritts Marktmacht. Sie lassen sich einfacher als früher durch Automaten oder digitale Lösungen ersetzen. Damit ist vorgezeichnet, dass die Polarisierung zwischen unverzichtbaren Fach- und Führungskräften und (einfachen) Standardtätigkeiten größer und damit die Verteilungskämpfe heftiger werden. Denn anders als einfache Arbeit bleiben spezielle Kompetenzen Mangelware. Was aber knapp ist, wird teurer.

Der Kuchen wird größer, nicht aber alle Stücke

Digitalisierung und Datenwirtschaft bewirken für die Gesellschaft eine gute und eine schlechte Nachricht. Die gute lautet, dass sie für einen insgesamt größeren Kuchen sorgen. Mehr Roboter werden mit weniger Menschen (die im Wesentlichen nur noch die Roboter kontrollieren) ein insgesamt höheres Sozialprodukt erwirtschaften. Etwas abstrakter formuliert: Mehr Kapital macht Menschen produktiver – aber auch überflüssig(er). Dabei ist wichtig, dass mehr Kapital nicht nur mehr Sachkapital – also Roboter, Maschinen oder Automaten – meint, sondern auch mehr Humankapital – also eine bessere Qualifikation der Beschäftigten. Hier liegt die Chance, aber auch die Verpflichtung für politisches Handeln.

Wer mit den Robotern zusammenarbeitet, darf auf höhere Löhne hoffen. Personen mit Wissen und Können, die es weiterhin brauchen wird, um die neuen Technologien anzuwenden und zu verbessern, haben auch in Zukunft gute – ja vielleicht sogar bessere – Aussichten auf eine Tätigkeit mit steigendem Gehalt. Viele, aber eben längst nicht alle, werden davon profitieren – manche eher wenig, einige eher mehr.

Die schlechte Nachricht jedoch lautet, dass von Digitalisierung und Datenwirtschaft nicht alle gleichermaßen profitieren können. In der Massenproduktion werden niemals mehr so viele Arbeitskräfte benötigt werden, wie es in der Vergangenheit der Fall war. Automaten erledigen standardisierte Tätigkeiten so unwahrscheinlich günstig, dass es mikroökonomisch keinen Sinn mehr macht, Menschen dafür einzusetzen, es sei denn, man blendet alle heutigen Mindestanforderungen an Bezahlung und Behandlung der Beschäftigten aus, was aber aus normativen Gründen niemand auch nur ernsthaft in Betracht ziehen sollte.

Die Polarisierung der Lohnentwicklung sollte man sich eingestehen und aufhören, sich einen Konvergenzverlauf der Einkommen schönzureden, den es so nicht geben wird. Der Vormarsch der Roboter wird die Gesellschaft spalten. Fachkräfte mit viel speziellem Wissen und Können dürfen hoffen. Hilfskräfte müssen bangen. Für die einen steigen die Löhne, für die anderen sinken sie – vielleicht nicht in absoluten Größen, aber in relativen Anteilen.

Wer von Robotern verdrängt und ersetzt wird, verliert zunächst einmal den Job und damit das Einkommen. Das dürfte früher oder später nahezu flächendeckend für einfache Standard- und sich oft wiederholende Routinearbeiten der Fall sein. Gerade für Geringqualifizierte wird bei aller Unschärfe disruptiver Entwicklungen erkennbar, dass sie weniger denn je davon ausgehen können, ihren Lebensunterhalt in einem menschenwürdigen Umfang mit eigener Arbeit finanzieren zu können. Wer jedoch einen Roboter als Gehilfen zur Seite weiß, wird leistungsfähiger und somit pro Zeiteinheit mehr schaffen. Die höhere Arbeitsproduktivität lässt die Löhne steigen. Wer die eigene Arbeitskraft durch mehr und besseres Humankapital aufpeppt (sprich: bessere Bildung aufweist, die zu mehr exklusivem Wissen und mehr spezifischem Können führt), wird mithalten können und dürfte besser verdienen. Allerdings ist auch hier Vorsicht geboten. War mehr Bildung in der Vergangenheit die beste Versicherung gegen Arbeitslosigkeit oder schlechte Bezahlung, schmilzt der menschliche Vorsprung gegenüber selbstlernenden Automaten und künstlicher Intelligenz zusehends – und zwar praktisch in allen Bereichen der Wirtschaft.

Polarisierung kompensieren, alle profitieren lassen

Die meisten neuen Jobs werden künftig im Dienstleistungsbereich entstehen. Dieser aber ist gerade dadurch gekennzeichnet, dass die Arbeitsproduktivität für sehr viele »dienende« Tätigkeiten bei Weitem nicht so rasch steigen wird, wie es in der Industrie der Fall ist (für jene wenigen, die dort neben den Robotern überhaupt noch gebraucht werden!). Nur wer Dienstleistungen anbietet, für die es eine entsprechend hohe Zahlungsbereitschaft gibt, kann mithalten – sei es in der Forschung für Innovation, im Gesundheitswesen für spezielle Behandlungen, im Bildungswesen für attraktive Qualifizierungsangebote, in Kunst, Kultur und Sport für Spitzenleistungen und bei einfacheren persönlichen Dienstleistungen für angemessene Qualität. Alle anderen fallen zurück.

Das *Forellenquintett* für vier Streicher und Piano von Franz Schubert liefert eine wunderbare Veranschaulichung, wieso der Produktivitätsfortschritt bei Dienstleistungen so viel geringer ist als in der Industrie. Denn die Arbeitsproduktivität der fünf Musizierenden ist – aller Computerisierung, Roboterisierung und Digitalisierung zum Trotz – auf Punkt und Komma genau dieselbe wie vor 200 Jahren bei der Uraufführung. Wie zu Schuberts Zeiten lassen sich weder Klavier, Violine, Viola, Violoncello noch Kontrabass einsparen – alle fünf Musizierenden sind unverzichtbar – gestern genauso wie heute und morgen – technischer Fortschritt hin oder her. Ebenso wenig kann einer der fünf Sätze weggelassen werden. Bestenfalls lassen sich die Pausen zwischen den Sätzen kürzen, und es kann etwas rascher gespielt werden. Aber insgesamt dürfte die Spieldauer von 38 Minuten höchstens um ein paar wenige Sekunden verkürzt werden. Ein tatsächlicher Produktivitätsfortschritt jedoch sieht anders aus.

Was für die Musizierenden gilt, trifft natürlich auf eine Vielzahl von Aktivitäten im Dienstleistungswesen genauso zu. Im Gesundheitswesen werden Big Data und kluge Algorithmen die Produktivität der Ärztinnen bei der Problemerkennung, Diagnose und Therapie gewaltig steigern, weil viel Bürokratie, Wiederholung oder Papierkram entfallen und künstliche Intelligenz menschliches Suchen nach Ursachen und Wirkungen verbessert. Aber bereits bei der Betreuung und Beratung, der Krankenpflege und erst recht in der Altenpflege oder Psychiatrie wird es schwieriger, persönliche Anteilnahme, Empathie oder Seelsorge durch Roboter und Maschinen zu ersetzen.

Genauso wenig lässt sich die Arbeitsproduktivität in Kindergärten und Grundschulen steigern. Wie auch? Wohl könnte die Anzahl der zu betreuenden (Klein-)Kinder oder der zu unterrichtenden Jugendlichen pro Lehrkraft erhöht werden. Das würde zwar in den Statistiken als Produktivitätsanstieg verbucht. In der Realität allerdings dürfte die Qualität von Anteilnahme und Unterricht schlechter und nicht besser werden, wenn statt 15 Kindern 30 oder mehr Kinder in derselben Tagesgruppe oder Schulklasse sitzen.

Wer in Dienstleistungsbereichen tätig sein wird, deren Arbeitsproduktivität, wenn überhaupt, dann nur schleichend vorankommt, kann nicht mit stark steigenden Löhnen rechnen. Viele Dienstleistende in

Pflege und Gesundheitswesen, in Sozialeinrichtungen, Tagesstätten und Kinderheimen, bei Polizei-, Wach- und Notfalldiensten haben dann zwar einen (neuen) Job, arbeiten hart, verdienen vielleicht sogar etwas mehr als früher, werden aber trotzdem abgehängt.

Um der Polarisierung wirkungsvoll zu begegnen, bedarf es neuer Konzepte und nicht alter Klagen. Arbeitsmarkt- und Sozialpolitik sollten den spaltenden Entwicklungen, die zwangsläufig mit klugen Robotern, intelligenten Automaten und selbstlernenden Maschinen einhergehen, schleunigst Rechnung tragen. Unterlässt man es, frühzeitig Abhilfe zu schaffen, dürfte sich das schneller rächen als erwartet. Wenn Einkommen auseinanderdriften, darf sich niemand wundern, dass eine Polarisierung der Einkünfte auch hierzulande zu einer Spaltung der Gesellschaft führt – mit einem wachsenden Anteil der Bevölkerung, der Marktwirtschaft und Kapitalismus ablehnt.

Die Digitalisierung sollte nicht gebremst, sondern beschleunigt werden. Sie ist die unverzichtbare Voraussetzung für mehr Wohlstand für alle. Zu verhindern ist jedoch, dass es der Digitalisierung ähnlich ergeht wie der Globalisierung und immer mehr Menschen dagegen sind, weil sie vermuten, dass die Erfolge ungleich und damit unfair verteilt werden. Es gilt sicherzustellen, dass die unstrittig positiven Effizienzgewinne von Digitalisierung und Datenwirtschaft allen zugutekommen. Am Ende dürfen nicht ein paar wenige besser und viele schlechter dastehen. Alle müssen profitieren. Genau dieses Signal kann und wird mit einem bedingungslosen Grundeinkommen ausgesendet werden.

10. Wenn Arbeitslosigkeit Erfolg und nicht Problem ist

Es ist richtig, dass das Grundeinkommen einen Trend fördern dürfte, weniger zu arbeiten. Das ist gut so und durchaus gewollt. Denn in einer digitalisierten Datenwirtschaft wird nämlich gar nicht mehr so viel Arbeit gebraucht. Automaten können vieles besser, schneller und fehlerfrei erledigen. Mit weniger Arbeitsstunden kann ein größerer ökonomischer Mehrwert erwirtschaftet werden. Damit wird der Mensch im 21. Jahrhundert durch den technologischen Fortschritt vom Zwang der Arbeit als unverzichtbare Notwendigkeit des Überlebens zumindest teilweise befreit.

Neue Technologien sorgen dafür, dass Menschen Arbeit verlieren, aber Zeit gewinnen. Der Mensch ist nicht mehr aus Existenznot in einen »Kreis der Tätigkeit gesperrt, der ihm aufgedrängt wird, aus dem er nicht heraus kann; er ist Jäger, Fischer oder Hirt oder kritischer Kritiker, und muss es bleiben, wenn er nicht die Mittel zum Leben verlieren will«. Nun wird ihm möglich, »heute dies, morgen jenes zu tun, morgens zu jagen, nachmittags zu fischen, abends Viehzucht zu treiben, nach dem Essen zu kritisieren, wie ich gerade Lust habe; ohne je Jäger, Fischer, Hirt oder Kritiker zu werden« – so formulierte es der junge Karl Marx in der Einleitung zur Deutschen Ideologie.[125] »Eine Drei-Stunden-Schicht oder eine Fünfzehn-Stunden-Woche … werden für die meisten von uns genug sein, den alten Adam in uns zufrieden zu stellen«, so ergänzte es knapp 100 Jahre später John Maynard Keynes.[126] Noch einmal ein Jahrhundert später bietet sich kommenden Generationen eine Chance, die Utopie einer Wirtschaft jenseits der Arbeitsgesellschaft Wirklichkeit werden zu lassen.

Kein Ende der Arbeit …

Natürlich wird Arbeit auch im 21. Jahrhundert in Wirtschaft und Gesellschaft die zentrale Rolle spielen. Sie wird für die meisten Menschen der zentrale Dreh- und Angelpunkt des Lebens bleiben. Das mit eigener Anstrengung erarbeitete Einkommen wird für die Masse weiterhin die wichtigste Quelle zur Finanzierung des persönlichen Konsums sein. Daran würde auch ein bedingungsloses Grundeinkommen wenig bis nichts ändern. Menschen werden auch künftig arbeiten müssen (und wollen), um mehr als nur das Nötigste finanzieren zu können.

Aber Arbeit wird im Zeitalter der Disruption einen anderen Stellenwert einnehmen als bisher. Sie wird in verschiedenen Phasen eines länger werdenden Lebens unterschiedliche Bedeutung haben. Eine vom Berufseinstieg bis zur Rente ungebrochene Erwerbstätigkeit wird eher seltener werden. Vielmehr werden sich Zeiten der Festanstellung in Vollzeit mit Beschäftigung in Teilzeit sowie Auszeiten ohne Erwerbstätigkeit abwechseln – teils gewollt, teils den äußeren Umständen geschuldet. In Zukunft wird es Phasen geben, in denen gearbeitet wird, parallel dazu oder danach folgen Eltern- oder Weiterbildungszeit. Andere verlangen nach einem Sabbatical, um sich vom Arbeitsstress zu erholen und mit neuen Ideen und höherer Produktivität wieder ins Berufsleben einzusteigen. Einfache Arbeitgeber-Arbeitnehmer-Muster werden genauso seltener werden wie eine scharfe und strikte Trennung in Erwerbsleben und Ruhestand oder in Arbeits- und Privatleben häufiger wird. Dem disruptiven Charakter künftiger Beschäftigungsverhältnisse sollte eine künftige Arbeitsmarktpolitik Rechnung tragen.

… aber ein Ende der Massenbeschäftigung

Die Digitalisierung wird Millionen heutiger Jobs wegfallen lassen. Nun kann man gebetsmühlenartig darauf beharren, dass andernorts ebenso Millionen neuer Aktivitäten geschaffen werden. Das mag richtig sein, aber es ändert nichts daran, dass der Mensch wie niemals zuvor für immer mehr Tätigkeiten nicht mehr benötigt wird. Automaten und Maschinen werden ihn erst ergänzen, später dann ersetzen. Man kann natürlich, aber man muss nicht mehr, Menschen zwingen, Dinge zu tun, die Roboter und künstliche Intelligenz besser und fehlerfrei rund um die Uhr erledigen können.

Deshalb setzt eine Strategie am falschen Ende an, die danach trachtet, möglichst viele neue Jobs zu schaffen, um möglichst viele Menschen in Zukunft zu beschäftigen. Die 40-Stunden-Woche als Norm eines langen Arbeitslebens ist ein Auslaufmodell. Sie ist weder gesamtwirtschaftlich notwendig noch entspricht sie dem Wunsch vieler. Den Chancen des 21. Jahrhunderts besser gerecht wird eine Arbeitsmarktpolitik, die danach sucht, den Menschen erst zu entlasten und später zu entlassen, wenn neue Technologien als Ersatz zur Verfügung stehen. Nicht mehr Menschen in die Arbeit zu bringen, sondern sie von der Arbeit zu befreien muss Ziel einer modernen Wirtschafts- und Sozialpolitik werden.

Zu akzeptieren ist, dass sich für Millionen heutiger Beschäftigungsverhältnisse weder weiterhin Bedarf noch Ersatz finden lassen wird. Es wird kein Zurück zu einer industriellen Massenbeschäftigung geben. Und – das normative Werturteil sei hier angebracht – weder sollte noch muss es eine Rückkehr zu alten Zeiten geben. Es ist auch – oder gerade – aus ökonomischer Sicht völlig richtig, dass man in Zukunft Maschinen und nicht mehr Menschen arbeiten lässt. Bei vielen arbeitsintensiven Standardaufgaben sind Roboter so dramatisch produktiver als Menschen, dass es keinen Sinn ergibt, Menschen zu zwingen, etwas zu tun, was Maschinen besser und billiger können. Sortieren Personen statt Automaten Briefe von Hand, entspricht die Wertschöpfung heutzutage nicht mal mehr einem Hungerlohn. Und so ist es in nahezu allen standardisierbaren arbeitsintensiven Tätigkeiten, die vergleichsweise nur geringes Humankapital voraussetzen.

Digitalisierung und Datenwirtschaft werden dazu führen, dass Automaten und Roboter den Menschen aus der Produktion verdrängen. Nicht nur am Fließband, an Supermarktkassen oder im Büro braucht es keine Arbeitskräfte mehr. Auch bei qualifizierteren Tätigkeiten wie Lokomotivführer, Versicherungsmakler oder Buchhalter werden Menschen zunehmend überflüssig. Das ist vor allem dort ein Segen, wo bisher Menschen gefährliche, schmutzige oder risikoreiche Jobs im Hoch- und Tiefbau, auf Dächern und in Tunnels, in Schlachtereien und Labors oder bei Kontroll- und Wachdiensten ausüben mussten.

Arbeitslosigkeit ist ein Erfolg, kein Misserfolg

Neue Technologien eröffnen die historische Chance, Menschen von gesundheitsschädigenden und würdelosen Tätigkeiten weitgehend zu befreien. Warum sollen nicht Putzroboter Toiletten reinigen, unbemannte Drohnen Pakete zustellen oder selbstfahrende Kräne Dächer decken? Es spricht überhaupt nichts dagegen, Bauroboter Ziegel schleppen und Fenster montieren zu lassen. Dreidimensional einsatzfähige Polizeiroboter sind in der Lage, für die innere Sicherheit zu sorgen. Im 21. Jahrhundert wird und muss es der Anspruch einer Gesellschaft sein und werden, überall so weit wie möglich Technik einzusetzen, um Menschen in ihrer unantastbaren Würde vor physischer und psychischer Schädigung zu schützen. Und die von derartiger Arbeit befreiten Menschen können stattdessen die frei gewordene Zeit nutzen, um sich für bessere und weniger strapaziöse Jobs weiterzubilden.

In mehr und mehr Bereichen wird es wirtschaftlich unsinnig, Menschen zu drängen, Arbeiten zu erledigen, die der amerikanische Bestsellerautor David Graeber als Bullshit Jobs bewertet.[127] Um nicht anmaßend zu sein und aus dem akademischen Elfenbeinturm von ferne die Tätigkeiten anderer in überheblicher Manier als sinnlos, unnötig oder schädlich zu definieren, gilt es, einen ganz einfachen Lackmustest anzuwenden. Er klärt verlässlich, ob in der Praxis der Einsatz von Arbeitskraft »sinnvoll« ist oder nicht. Sind Menschen nicht freiwillig, sondern nur unter Zwang bereit, zu den gegebenen Bedingungen einen Job anzunehmen bzw. finden Arbeitgeber niemanden, der eine Aufgabe billiger und besser erledigen kann als Maschinen, braucht es diese Beschäftigung eigentlich nicht mehr.

Der Mensch ist ökonomisch zu wertvoll, um ihm zunächst gefährliche, riskante und gesundheitsschädigende Arbeiten aufzubürden und ihn danach Jahrzehnte bis zum Lebensende krank durch den Sozialstaat zu schleppen. Denn das führt zu einer Privatisierung der Arbeitserträge und einer Sozialisierung der Folgekosten. Das kann weder mikro- noch makroökonomisch effizient sein noch hat es mit Marktwirtschaft etwas gemein. Im Gegenteil: Es stellt die Marktwirtschaft in den Augen vieler in eine schäbige Ecke, was in keiner Weise ihrem eigentlichen Wesen entspricht. Angesichts der technologischen Fortschritte und einer digitalen Revolution muss alles, was möglich ist, getan werden, damit Menschen bei der Arbeit körperlich und auch geistig gesund bleiben und nicht krank, ausgebrannt oder sogar nachhaltig versehrt werden – nicht nur ihretwegen, sondern auch der Gesellschaft wegen. Arbeit menschenwürdig zu gestalten muss Ziel der Marktwirtschaft sein. Nur wenn sie diesem Anspruch gerecht wird, ist sie für die Bevölkerung attraktiv.

Arbeitslosigkeit wird im Zeitalter der Digitalisierung weniger als bisher das Ergebnis eines Scheiterns sein, sondern sie wird mehr und mehr zum Zeichen des Erfolgs. Sie ist nicht wie in der Vergangenheit die ungewollte Konsequenz einer hoffnungslosen Volkswirtschaft auf dem abschüssigen Weg in die Armut. Im Gegenteil: Sie wird zur Errungenschaft einer hocheffizienten Gesellschaft, die nicht mehr den Menschen malochen lässt, sondern ihm mehr und mehr erlaubt, einen immer größer werdenden Anteil seiner Lebenszeit nach eigenen Vorstellungen zu gestalten. Eine an sich paradiesische Entwicklung!

Keine DDRisierung anstreben

Ein falsch verstandenes Festhalten an menschlicher Arbeit, die sich nur noch rechnet, weil sie scheinbar billig ist, führt lediglich zu einem eigendynamischen Teufelskreis. Sowohl die Schweiz wie Deutschland verfügen dazu über einen historischen Anschauungsunterricht. In den 1960er-Jahren führten die in beiden Ländern angewandten Gastarbeitermodelle dazu, dass zu lange an zu arbeitsintensiven Produktionsstrukturen festgehalten wurde. Dadurch aber verbesserte sich die

Arbeitsproduktivität – wenn überhaupt – so nur langsam. Als Folge davon blieb die Gesellschaft in einer Billiglohnfalle gefangen.

In Deutschland wie in der Schweiz rächte sich das Anfang der 1970er-Jahre. Beide Länder litten als Folge ihrer Billiglohnstrategie unter einer länger anhaltenden Strukturschwäche. Ihr fielen in der Schweiz zwischen Herbst 1973 und Herbst 1976 mehr als jeder zehnte Arbeitsplatz und insgesamt rund 300 000 Stellen zum Opfer.[128] Nur weil die Gastarbeiter nach Hause geschickt wurden, erfolgte der Schrumpfungsprozess geräuschlos durch einen Export der Arbeitslosigkeit.[129] In Deutschland hingegen stieg die Arbeitslosenquote von weniger als 1 Prozent Anfang der 1970er-Jahre auf gegen 5 Prozent Mitte der 1970er-Jahre und auf über 9 Prozent Anfang der 1980er-Jahre.[130]

Die Mitte der Nullerjahre unter dem damaligen Bundeskanzler Gerhard Schröder und seiner rot-grünen Regierung auf den Weg gebrachte Agenda 2010 und die nach Peter Hartz benannten Arbeitsmarktreformen des »Förderns und Forderns«(die in der Praxis eher zu einem »Fordern und Fördern« uminterpretiert wurden) reanimierten die Billiglohnstrategie. Ziel war es, möglichst viele Personen in den Arbeitsprozess zu bringen. Entsprechend wurde der Druck auf Erwerbslose verstärkt, arbeiten zu müssen und auch vergleichsweise schlechter bezahlte Jobs zu akzeptieren. Im Ergebnis nahm die Beschäftigung in Deutschland rasant zu. Die Arbeitslosigkeit verringerte sich von 5 Millionen Personen (Anfang 2005) stetig auf 2,4 Millionen vor Ausbruch der Coronapandemie – ein riesiger Erfolg.[131]

Allerdings basierte der deutsche Beschäftigungserfolg auf einer Lohnzurückhaltung der Arbeitskräfte. Garantierten die Arbeitgeber den Erhalt bestehender Jobs, waren die Beschäftigten als Gegenleistung bereit, auf laute Lohnforderungen zu verzichten. Unbeabsichtigt ging damit ein negativer Nebeneffekt einher. Weil für Unternehmen Arbeitskraft eher billiger als teurer wurde, fehlten betriebswirtschaftliche Anreize, in Maschinen, Roboter und neue digitale Technologien zu investieren. Warum auf teure(re) Automaten setzen, wenn Arbeit billig(er) ist? Entsprechend unterblieb ein Modernisierungsschub.

Man hat Menschen eingestellt und nicht Maschinen eingesetzt. So wurden und werden viele Tätigkeiten noch von Hand und von Arbeitskräften und nicht von Automaten und Robotern erledigt – was an sich problemlos möglich wäre und andernorts mittlerweile gang und gäbe geworden ist.

Was für die DDR typisch war – Vollbeschäftigung und hohe Beschäftigungsgarantie bei niedriger Arbeitsproduktivität, entsprechend schlechter Bezahlung und geringem allgemeinem Wohlstand –, kann keine Erfolgsgrundlage für einen Wohlstand für alle im 21. Jahrhundert sein. Genauso rückwärts orientiert wirkt eine Billiglohnstrategie, also eine »Beschäftigung um der Beschäftigung willen«, die Menschen zu schlecht bezahlter Arbeit zwingt, nur damit der Schein eines Arbeitsethos einer lang vergangenen Industriegesellschaft gewahrt bleibt.

Wettbewerbsfähigkeit und Wohlstand sind langfristig einzig mit mehr Investitionen und, damit einhergehend, mit mehr Innovation und einer höheren Arbeitsproduktivität zu sichern. Neben einer Digitalisierungsoffensive werden Investitionen in Humankapital wichtig(er) – also mehr Geld für eine bessere Bildung. Insgesamt weniger als heute zu arbeiten, dafür besser, motivierter, gesünder, ausgeglichener und dadurch weit produktiver, muss das Ziel künftiger Arbeitsmarktpolitik sein. Nur mit steigender Arbeitsproduktivität lassen sich jene hohen Löhne erwirtschaften, die eine weitere Verbesserung des Lebensstandards für kommende Generationen ermöglichen.

11. Beschäftigungsfähigkeit wird wichtiger als Beschäftigung

»Wer eine Arbeit hat, soll die Arbeit behalten dürfen«, das galt lange Zeit als Leitmotiv für Beschäftigungsverhältnisse. Für eine Industriewirtschaft war das in beidseitigem Interesse. Die Arbeitgeber erhielten Planungssicherheit, die Arbeitnehmer Beschäftigungssicherheit. Die fest am Standort verankerten Fabriken wollten sich ihrer Belegschaften stetig und ständig sicher sein, sodass sich Investitionen in betriebsspezifische Aus- und Fortbildung auch wirklich bezahlt machte – rund um die Uhr von der Berufslehre bis zum Eintritt ins Rentnerdasein. Das entsprach durchaus den Erwartungen der Beschäftigten, die in der Nähe ihrer Betriebe sesshaft wurden, Häuser bauten, die Kinder zur Schule schickten und somit über die Jahre immobiler und dadurch abhängiger von ihrem Arbeitgeber wurden.

In der modernen Arbeitswelt des 21. Jahrhunderts wird es immer wichtiger werden, die Anpassungsfähigkeit und insbesondere Mobilität und Flexibilität an sich rasch ändernde Umstände zu fördern. Nicht die ungebrochene Erwerbsbiografie ist in Zukunft das Maß aller ökonomischen Dinge. Vielmehr wird der Wechsel von Tätigkeit und Beruf, Arbeitsstelle und Arbeitsort zur Regel und die Treue zum selben Unternehmen vom Lehrling bis zum Senior die seltene Ausnahme. Nicht Employment, also Beschäftigung, sondern Employability, also Beschäftigungsfähigkeit tritt in den Vordergrund.

Eine Beschäftigung zu haben ist wichtig. Beschäftigungsfähig zu bleiben wird immer wichtiger. Deshalb sollten Menschen zu lebenslangem Lernen ermächtigt und dazu befähigt werden, das Lernen zu lernen. Neben einem Training on the Job ist eine intensive und aktuelle (Weiter-)Bildung off the Job erforderlich. Dazu brauchen Mitarbeitende nicht nur die notwendige Bereitschaft, sondern auch die erforderliche zeitliche Freiheit.

Neue Beschäftigung zu ermöglichen und zu sichern, statt bestehende Beschäftigung zu bewahren und zu schützen, muss deshalb zum Ziel der Arbeitsmarktpolitik werden. Trampoline, die Arbeitssuchende in die Erwerbstätigkeit zurückkatapultieren, werden wichtiger als Sicherheitsnetze, die arbeitslos werdende Personen auffangen. Wenn schon Sprungtücher ausgelegt werden, sollten diese alle auffangen und nicht nur jene, die gerade ihren Job verlieren. Als Sprungfedern zurück in das Erwerbsleben sollten Umschulungs-, Weiter- und Fortbildungsmaßnahmen wirken. Sie dienen dazu, Humankapital auf-, statt durch lange Arbeitslosigkeit abzuwerten und die Beschäftigungsfähigkeit bestmöglich zu erhalten.[132]

Beschäftigungsverhältnisse werden hybrid

Arbeitsmarktpolitik muss Freiräume schaffen. Personen sollen mikroökonomisch rasch und flexibel auf disruptive Prozesse reagieren können. Beschäftigungsverhältnisse werden hybrid, also vielfältig, brüchig und ohne feste Strukturen. Es wird für Beschäftigte immer einfacher, Fesseln abzustreifen und Arbeitgeber, Arbeitsplatz und Arbeitsort zu wechseln. Das gilt in besonderem Maß für Fach- und Führungskräfte. Leistungsfähige haben jederzeit die Möglichkeit, überallhin zu ziehen und für den Arbeitgeber tätig zu werden, der ihren individuellen Wünschen am besten entspricht. Neben klassische Arbeitgeber-Arbeitnehmer-Beziehungen werden Crowdworking, Coworking, Gig-Working und viele andere neue Formen individualisierter Beschäftigungsverhältnisse treten.[133]

Sowohl räumliche wie fachliche Mobilität werden beschleunigt voranschreiten. Das sorgt für größere örtliche und berufliche Unabhängigkeit, aber auch geringere Loyalität in geschäftlichen Beziehungen. Der Rhythmus von Veränderungen wird rascher, was ein höheres Maß an Flexibilität erforderlich macht.

Wenn das Atypische normal wird

Die neue Arbeitswelt wird bunter und unberechenbarer. Länger und gesünder lebende Menschen wollen auch länger, aber eben anders als bisher, aktiv bleiben. Nur noch die wenigsten werden jedoch ein Leben lang immer dasselbe tun (wollen und können) wie in jungen Jahren. Vielmehr wird stets wieder etwas anderes und Neues zu leisten sein. Lebenslange Erwerbsbiografien werden zur Ausnahmeerscheinung. Ein stetiger Wechsel zwischen Arbeit, Weiter- und Fortbildung sowie Familien- und Freizeit wird zur Regel.

Der Sozialstaat des 21. Jahrhunderts muss den Alltag und die Lebenswirklichkeit von heute und morgen abbilden und nicht einer paternalistisch lenkenden Ideologie der Industriegesellschaft vergangener Tage nachtrauern. Er muss dauerhafte Bildungsanreize und Flexibilität fördern und soll nicht lebenslang ungebrochene Erwerbsbiografien zum Maß aller Dinge machen, die es so immer seltener geben wird. Gerade um auf die zunehmende Komplexität der Arbeitswelt und auf die räumlich wie fachlich gestiegenen Mobilitätsanforderungen reagieren zu können, müssen Menschen im Lauf eines immer länger werdenden Erwerbslebens Phasen der persönlichen Weiterentwicklung und -bildung beanspruchen, in denen sie nicht arbeiten. Um mithalten zu können im Wettbewerb gegen immer klüger werdende Roboter und die härtere internationale Konkurrenz, bedarf es einer stetigen Pflege der individuellen Kompetenzen sowie von Leistungsfähigkeit und Leistungsbereitschaft.

Was früher als atypisch bewertet wurde, wird zur neuen Norm. Dieser Entwicklung muss die Sozialpolitik gerecht werden. Sie darf nicht mehr auf vermeintlich prototypische Deutsche oder Schweizerinnen ausgerichtet sein. Ein für eine große Mehrheit zutreffender Musterhaushalt findet sich nur noch in den Geschichtsbüchern. In der Alltagswirklichkeit ist er zum Auslaufmodell geworden. Da passen gleiche Bedingungen für alle nur noch für wenige. Deshalb eröffnet eine Bedingungslosigkeit bessere Perspektiven. Sie bietet Menschen Optionen in alle Richtungen, mit einem noch weitgehend unbekannten Zusammenspiel von Veränderungen und Anpassung, Flexibilität und Mobilität positiv und offensiv umzugehen. Grundeinkommensmodelle zielen der Ungewissheit von Entwicklungen wegen darauf, Menschen bevor sie zu Sozialfällen geworden sind zu ermächtigen, ihr Leben selbst in die Hand zu nehmen. Und zwar nicht nur einmal, sondern immer wieder.

Es gilt, sich von einer Konzentration auf herkömmliche Arbeitsmodelle zu lösen. Alternative Beschäftigungsverhältnisse, Zwischen- und Wechselphasen von Erwerbstätigkeit und Erwerbslosigkeit sind in den Fokus zu nehmen. Der Sozialstaat soll die Bereitschaft zu Auszeiten ermöglichen und unterstützen. Freiräume für eine lebenslange Weiterbildung und Neuorientierung sind zu schaffen. Kurz: Eine offensive Strategie will Menschen im Voraus in die Lage versetzen, von den gewaltigen Chancen des 21. Jahrhunderts bestmöglich profitieren zu können. Denn es ist immer billiger, präventiv Probleme gar nicht erst entstehen zu lassen, als sie nachträglich korrigieren zu wollen.

Für menschenunwürdige Jobs gibt es Roboter. Und Maschinen kosten oft nur auf den ersten Blick scheinbar mehr als menschliche Arbeitskräfte. Werden die langfristigen – heutzutage oft vernachlässigten, da sozialisierten – Kosten von Gesundheitsschädigung, Burn-out, Depression oder langwieriger Erwerbsunfähigkeit mitberücksichtigt, zeigt sich, dass billige menschliche Arbeit in vielen Fällen eigentlich teurer ist als Maschinenarbeit. Wenn es mit Automaten und Maschinen leicht verfügbare und im Endeffekt günstigere Alternativen gibt, wird es mehr denn je ökonomischer Unsinn, Menschen durch Arbeit zu verschleißen. Marktwirtschaftliche Effizienz verlangt eben gerade nicht nach billiger, sondern nach kostengünstiger Vorgehensweise. Sie hat alle Kosten einzubeziehen, auch die gesamtwirtschaftlichen, und nicht nur die in den Unternehmensbilanzen erfassten Aufwände.

12. Kapitalismus ohne Kapital

Wer auf einer Herbstwanderung im Nebel der Schweizer Alpen vom Weg abgekommen ist, die Orientierung verloren hat, einen Hirten trifft und auf die Frage »Wo bin ich?« die Antwort erhält, »In den Bergen«, der kann ein Lied davon singen, wie wenig hilfreich diese an sich völlig korrekte Auskunft ist. Ähnlich richtig, aber ebenso nutzlos erweisen sich im Zeitalter der Disruption, der Digitalisierung und der Datenökonomie viele Antworten der herkömmlichen Ökonomik auf die drängenden Fragen, wie es nach der Coronapandemie mit der Marktwirtschaft weitergehe und was zu tun sei, um kommende Herausforderungen erfolgreich zu bewältigen.

Als Erstes bedarf die Marktwirtschaft einer mit der Wirklichkeit und dem Alltag tatsächlich einhergehenden neuen intellektuellen Fundierung. Nur wenn theoretisch geweckte Erwartungen in der Praxis erfüllt und Versprechungen tatsächlich eingehalten werden, können das Vertrauen und die Unterstützung der Bevölkerung in die Marktwirtschaft zurückkehren. Eine wirtschafts- und sozialwissenschaftliche Theorie ohne empirische Relevanz kann und wird keine nachhaltige gesellschaftliche Anerkennung finden. Ohne praktische Bestätigung ist langfristig alle Theorie nichts!

Die Überforderung der herkömmlichen Ökonomik hat etwas mit dem unterschiedlichen Tempo zu tun, das in Theorie und Praxis zu beobachten ist. Die Ökonomie – also die Wirtschaft – verändert sich in disruptiven Zeiten rasanter denn je. Nicht so die Ökonomik. Hier dominiert noch immer ein Denken, das Fortschritt als schrittweises Voranggehen von Gleichgewicht zu Gleichgewicht versteht (dafür steht der Begriff der komparativen Statik, den Millionen von Studierende als Angebots-Nachfrage-Kreuze kennenlern(t)en). Irgendwie lasse sich aus einer Extrapolation der Vergangenheit das Bisherige über die Gegenwart in die Zukunft fortschreiben – als gäbe es keine disruptiven Brüche, die genau dieses kontinuierliche schrittweise Vorgehen infrage stellen.

»Nationalökonomien« und »Volkswirtschaften«: Welten von gestern

Zu häufig entspricht heutzutage die theoretische Welt der Ökonomik nicht mehr der praktischen Welt der Ökonomie. Zu oft noch dominieren »Nationalökonomien« oder »Volkswirtschaften« die wirtschaftswissenschaftlichen Modellwelten. Es sind aber längst verblichene Zerrbilder, die dem Zeitalter der Agrar- oder Industriegesellschaften entsprechen, mit mehr oder weniger homogenen Bevölkerungen und einem Inland, das mit dem Ausland Handel treibt. Es sind veraltete Wirtschaften, in denen es mit »Arbeit« und »Kapital« zwei einigermaßen gut trennbare Produktionsfaktoren gibt, die in Fabriken Güter herstellen. Für diese vergangene Welt vermochte die herkömmliche Ökonomik durchaus kluge Konzepte für das Nebeneinander von Staat und Markt, Wirtschaft und Gesellschaft zu liefern.

Wie sehr bereits die zunehmende Bedeutung der immateriellen, unsichtbaren, in früheren Zeiten nicht lager- oder weiträumig handelbaren Dienstleistungen die Ökonomik überforderte, zeigte sich am Scheitern der Marxisten. Weil Dienstleistungen nicht in die marxistische Modellwelt passten, wurden sie im Orbit der Sowjetunion und ihren osteuropäischen Trabanten schlicht ignoriert – etwa bei der Berechnung des Nettomaterialprodukts (der planwirtschaftlichen Entsprechung des für Marktwirtschaften zentralen Nettoinlandsprodukts, das das Bruttoinlandsprodukt um die Abschreibungen bereinigt).[134] In den kapitalistischen Ökonomien wurden Dienstleistungen nicht viel effektiver erfasst. Vieles blieb im Dunkeln, anderes wurde lediglich geschätzt nicht aber tatsächlich gemessen. Insgesamt »tut sich die ökonomische Theorie traditionell schwer damit, den ökonomischen Wesensgehalt von Dienstleistungen zu bestimmen«.[135]

Neue Ökonomien verlangen neue Ökonomik

Der Eintritt in eine Welt der Digitalisierung und der Datenökonomie katapultiert die Ökonomie in neue Sphären weit jenseits aller herkömmlichen Ökonomik. Daten sind um Dimensionen schwieriger zu erfassen, geografisch abzugrenzen, Sektoren oder Regionen zuzuordnen, zu bewerten und zu vergleichen, als es bei Dienstleistungen ohnehin schon der Fall war. Ebenso neu und völlig anders stellen sich die Fragen, wer wo wessen Daten wie nutzt. Wenn ökonomische Aktivitäten losgelöst von physischen Gütern, Erdboden und Nationalstaaten in der Datenwirtschaft virtueller Netzwelten erfolgen, hat das gewaltige Rückwirkungen auf die Ökonomie und Ökonomik. Nahezu alle Strukturen von Nationalökonomien und Volkswirtschaften, die das wirtschaftswissenschaftliche Denken, die statistische Vermessung der Wirtschaft und das wirtschaftspolitische Handeln in den vergangenen Jahrhunderten bestimmt haben, werden infrage gestellt.

Was taugen marktwirtschaftliche Konzepte für wirtschaftspolitische Entscheidungen, wenn (natürliche) Monopole und nicht Konkurrenz oder Wettbewerb das Wesen der Datenökonomie sind? Was bedeutet Kapitalismus in *Ökonomien ohne Kapital* (so ein provokanter Buchtitel)[136] – also wenn nicht mehr Sach- und Anlagekapital das Wirtschaften prägen, sondern Humankapital (das Wissen und Können von Menschen) und Sozialkapital (das gemeinsame Verständnis, was richtig und falsch, angemessen oder unangebracht ist).

Alte Konzepte zur Marktwirtschaft helfen in disruptiven Zeiten nicht weiter. Vielmehr sind sie Teil des Problems. Sie haben eine zu starke Angleichung zwischen reich und arm versprochen.[137] Zu vieles ist nicht so eingetreten wie erwartet. Unterschiede in den Lebensbedingungen sind nicht verschwunden. Vor allem im Wechselspiel zwischen Human-, Sach- und Finanzkapital steht manch alte Gesetzmäßigkeit auf dem Prüfstand. Was macht kluge Wirtschaftspolitik, wenn in makroökonomischen Modellen »Arbeit« nicht mehr abdeckt, was allgemeingültige Realität ist? Wenn also in der Praxis zwischen einfachen Tätigkeiten und hochkomplexen Aktivitäten von Fachkräften und Spezialisten Welten klaffen, die sich in einer Marktwirtschaft auch in entsprechender Lohnspreizung widerspiegelt? Dann liefert eine »alte« Ökonomik für eine neue Ökonomie immer weniger relevante Einsichten, die wiederum für die Wirtschaftspolitik kaum bis überhaupt nicht mehr brauchbar sind. Im Gegenteil, es kann sein, dass deren Vorschläge in Sackgassen oder gar in den Abgrund führen.

Das gilt auch bei der Frage, »warum« ein Grundeinkommen besser als alle Alternativen in der Lage ist, die Marktwirtschaft zu retten. Die heutige Makroökonomik vermag da keine verlässlichen Antworten zu geben. Auch wenn es banal klingt, bleibt es dennoch richtig: Weniger als jemals zuvor lassen sich allgemeine, allzeit und überall gültige makroökonomische Wahrheiten von einem Fall auf andere Fälle übertragen. Es gibt lediglich subjektive Wahrnehmungen und Einschätzungen für einzelne, spezifische Sachverhalte. Folglich kann es auch keine absoluten Bewertungen darüber geben, welche Einsichten gesellschaftlich richtig oder falsch sind und welche Politik besser oder schlechter sei. Das war zwar immer schon so, wird aber nun im Zeitalter der Disruption noch einmal offensichtlicher und bedeutsamer.

In der Makroökonomik ist die Gültigkeit von Theorien immer an Raum und Zeit gebunden. Es gibt keine stets richtigen Naturgesetze. Bestenfalls lassen sich vorläufig gültige Einsichten gewinnen. Deshalb darf keine Exaktheit von Kausalitäten (Wenn-dann-Beziehungen) und Prognosen erwartet werden, wie sie in den Naturwissenschaften möglich ist. In der Sphäre der Ökonomie gilt es immer wieder, auch neuen und anderen politik-, sozial- und rechtswissenschaftlichen Erwägungen Rechnung zu tragen. Dazu gehören insbesondere Verhaltens- und Bewertungsänderungen. Deshalb gibt es auch keine allgemeingültige Erkenntnis, was eine Gesellschaft insgesamt antreibt. Auf die in der Menschheitsgeschichte stets wieder gleichermaßen gestellten großen Lebensfragen von individuellem Glück und Zufriedenheit, Gerechtigkeit, Verteilung und sozialer Ordnung finden sich von Gesellschaft zu Gesellschaft und von Periode zu Periode auch immer wieder andere Antworten.

Im Zeitalter der Disruption bietet die Vergangenheit keine brauchbare Orientierungshilfe. Sie ist kein Vorläufer der Zukunft. Deshalb kann sie keine Erkenntnisse liefern, wohin die Reise künftig gehen wird. Zu viele Dinge ändern sich im Lauf der Zeit so stark, dass die Zusammenhänge zwischen ihnen völlig anders verlaufen, als es momentan der Fall ist. Für die Ökonomik sind das schlechte Nachrichten. Die angewandte Wirtschaftswissenschaft stochert nur noch im Nebel der Unsicherheit. Das gilt zugegebenermaßen in beide Richtungen. Mit alten Theorien kann nicht belegt werden, warum ein Grundeinkommen richtig oder falsch sei. Weder pro noch kontra kann die Ökonomik abschätzen, was die Folgen wären. Makroökonomik kann lediglich helfen, zu verstehen, wie gewisse (sozio-)ökonomische Muster aussehen und welche nützlichen, relevanten und brauchbaren Alternativen der wirtschaftspolitischen Praxis für grundsätzliche Weichenstellungen offenstehen. Sie ist jedoch nicht in der Lage festzulegen, was für den konkreten Einzelfall die richtigen Antworten auf komplexe Zukunftsprobleme sind. Sie kann »nur sehr allgemeine Aussagen, ›pattern predictions‹ … aber keine spezifischen Voraussagen von Einzelereignissen ableiten«.[138] Genau diesem Prinzip soll in den nachfolgenden Teilen des Buchs gefolgt werden.

Teil 3: Warum »bedingungslos!«?

Die Bedingungslosigkeit eines Grundeinkommens ist für viele ein No-Go. »Geld für alle«. Vom Staat. Ohne Gegenleistung. Einfach so. Das kann nicht gut gehen! So zeigt sich gemeinhin die ablehnende Spontanreaktion gegenüber einem bedingungslosen Grundeinkommen. Viele sind sich sicher, dass eine Wirtschaft ohne Arbeitszwang nicht funktionieren kann. Wer würde sich überhaupt noch anstrengen, wenn die Existenz gesichert ist – heute, morgen, immer – durch den Staat und nicht durch eigene Leistung? Wer wäre da noch bereit, gefährliche, schmutzige, schlecht bezahlte Arbeiten zu erledigen?

Die Coronakrise war für die Bevölkerung ein Augenöffner, was von sozialpolitischen »Bedingungen« zu halten ist – nämlich wenig bis nichts. Sie hat allen exemplarisch und konkret veranschaulicht, wie sich äußere Umstände von einem Tag zum anderen radikal und komplett verändern können. »Bedingungen«, die zu erfüllen waren, um soziale Unterstützung zu erhalten, degenerierten über Nacht zu Makulatur. Selbstständige, Einpersonenfirmen, mittelständische Betriebe und Millionen von Beschäftigten, die alles exakt genau so gemacht hatten, wie es die Regeln der Marktwirtschaft und die Gesetze des Sozialstaats verlangt hatten, wurden von den Pandemiewellen mitgerissen und verloren alles. Da halfen alte Bedingungen nicht mehr weiter. Allein deshalb schon spricht vieles und immer mehr für eine Bedingungslosigkeit sozialer Unterstützung.

13. Niemand kennt die richtigen Bedingungen

Die Coronapandemie und deren Bekämpfung hat viele Dinge verändert – einige davon komplett. Es bedarf wenig Fantasie und keiner langen Beispielslisten, um zu veranschaulichen, was Notstandsgesetze, Kontaktverbote, Isolationsvorschriften und die ständigen Jo-Jo-Effekte von Lockdown und Lockerung landauf und -ab an ökonomischen Tragödien verursacht haben. Ein bereits kurzer Blick in die Wirklichkeit genügt vollauf. Er zeigt, wie brutal Familien, Selbstständige, Klein(st)betriebe, mittelständische Firmen und auch große Konzerne flächendeckend und in nahezu allen Branchen von einem Schock getroffen wurden, den sie weder zu verantworten haben noch vermeiden konnten.

Verhaltensweisen, die sich vor Corona durchaus bewährt hatten, halfen plötzlich nicht mehr weiter. Das gilt auch für »Bedingungen«, die von Staat und Gesellschaft gestellt wurden, um öffentliche Unterstützung zu erhalten. Sie waren das Papier nicht wert, auf dem sie standen. Was als Forderung für eine Förderung verlangt wurde, bot weder Schutz noch Halt noch half es bei einem Neuanfang danach.

Kein Wunder wurde ein Großteil der staatlichen Coronahilfen dann auch ohne große Gegenleistungen ausbezahlt – so mussten (ökonomisch durchaus angebrachterweise) einige Kredite nicht verzinst und andere nicht zurückbezahlt werden. Für herkömmliche »Fordern und Fördern«-Konzepte, die mit viel bürokratischem Aufwand herauszufinden versuchen, wem nun welche Sozialleistungen zustehen, fehlte die Zeit. Richtigerweise folgte die Praxis in der Not der Grundeinkommensphilosophie, dass soziale Unterstützung rasch, unbürokratisch und eben bedingungslos erfolgen soll.

Die Coronakrise ist nichts anderes als ein Paradebeispiel dafür, was Disruption in der Praxis bedeutet und wie sie konkret wirkt. Insbesondere veranschaulicht sie exemplarisch, wie rasch und radikal sich äußere Umstände ändern können. Dadurch jedoch verlieren alte Gesetzmäßigkeiten ebenso abrupt ihre Gültigkeit. Vieles, was in der Vergangenheit gültig war, gilt heute und erst recht morgen nicht mehr. Was richtig und was falsch ist, lässt sich oft erst im Nachhinein feststellen. Das jedoch erfordert eine völlig neue Sichtweise darauf, welche Bedingungen als Rechtfertigung für soziale Unterstützung in disruptiven Zeiten welche Bindungskraft haben sollen.

In der digitalen Datenökonomie des 21. Jahrhunderts werden neue Technologien – wie wahrhaftig auto-mobile Fahrzeuge, Drohnen für den Warentransport, selbstlernende Roboter oder künstliche Intelligenz – in mehr und mehr Bereichen das Kommando übernehmen. Bisher »richtige« Verhaltensweisen bieten keine Orientierung mehr. Gewohnte Abläufe werden zum Auslaufmodell. Komplett neue und heutzutage noch weitgehend bis vollständig unbekannte Verfahren werden an ihre Stelle treten – etwa für die Kommunikation oder bei Mobilitätskonzepten in Smart Cities oder Vertical Villages (also Dörfern, die in die Höhe anstatt die Breite gebaut werden).

Das rasante Tempo des strukturellen, sozioökonomischen und demografischen Wandels wird die Halbwertszeit von Bekanntem und Gewohntem noch einmal massiv verringern. Gültigkeit und Haltbarkeit von Gesetzmäßigkeiten und allgemein geltenden Erfolgsbedingungen werden verkürzt. Mit disruptiven Entwicklungen geht Gesellschaften ein verlässlicher Maßstab verloren, um eindeutig zu normieren, was »richtige« und was »falsche« Verhaltensweisen sind, die es zu erfüllen gilt, um sozial unterstützt zu werden. Genau deshalb verlangt Disruption nach einer Bedingungslosigkeit sozialer Unterstützung.

Was ist noch normal?

»Disruption« provoziert gewissermaßen das Gegenteil von »Normalität«. Sie erzeugt dynamische Veränderungen. Diese jedoch brechen mit der Vergangenheit und dem, was bekannt ist und sich bewährt hat. Unsicherheit und Ungewissheit sind die Wesensmerkmale, die mit disruptiven Entwicklungen einhergehen. Damit aber geht das »Normale« verloren. Stattdessen nimmt die Vielfalt zu. Das passiert in allen Sphären von Gesellschaft, Wirtschaft und Politik. Entsprechend komplexer wird es, einen gemeinsamen Nenner zu finden. Wer aber legt dann fest, was gewünschte und was ungewünschte Vorbedingungen sind, die es zu erfüllen oder zu vermeiden gilt, um Sozialleistungen zu erhalten?

Normalität entspricht nicht der Vielfalt, der Individualität und der Unterschiede, die für die Schweiz, Deutschland und Europa heute und erst recht in kommenden Zeiten charakteristisch sein werden. Demografische Alterung, gesellschaftlich-kultureller und struktureller ökonomischer Wandel förderten in den vergangenen Dekaden ein vielfältiges Auffächern von Lebensphasen, Erwerbstätigkeit und Partnerschaften. Zuwanderung und neue Formen des Zusammenlebens jenseits des traditionellen Familienmodells haben bereits vor Covid-19 zu einer Erosion dessen geführt, was sich als Normalfall verallgemeinern ließ.

Lange schon war es eine Illusion, es gäbe noch einen typischen Deutschen oder eine »echte« Schweizerin. In der Nachkriegszeit entsprach die vierköpfige Familie mit dem allein erwerbstätigen Mann und der Ehefrau und Mutter, die zu Hause blieb, um sich in erster Linie um das Aufwachsen und die Erziehung der beiden Kinder zu kümmern, einem Normalfall, der für einen Großteil der Bevölkerung in etwa zutraf. Für die meisten lag er zumindest nicht allzu weit von der Realität entfernt. So lebten 1950 noch in rund einem Drittel aller deutschen Haushalte vier oder mehr Personen. Lediglich in weniger als in jedem fünften Haushalt lebte nur eine Person.[139] Anfang der 2020er-Jahre sind 43 Prozent aller Haushalte Einpersonenhaushalte.[140] Allein von 2009 bis 2019 stieg die Zahl der Alleinlebenden um knapp 1,6 Millionen (+10%) auf 17,1 Millionen Personen an.[141]

Die Ehe als Versicherungsgemeinschaft verliert an Bedeutung. 1950 lag die Anzahl der Eheschließungen in Deutschland bei über 750000, zu Beginn der 1960er-Jahre noch bei rund 700000 pro Jahr. Anfang der 2020er-Jahre sind es nur noch 416000, davon 14000 von Personen gleichen Geschlechts. Bezogen auf 1000 Einwohner hat sich die Anzahl der Eheschließungen in Deutschland mit heute fünf gegenüber elf in den 1950er-Jahren mehr als halbiert.[142]

Globalisierung und Digitalisierung genauso wie der technologische Fortschritt verstärkten eine Polarisierung bei der Einkommensentwicklung und den Beschäftigungschancen. Industriearbeiter und Servicepersonal, Menschen mit und ohne Migrationshintergrund, Stadt- und Landbevölkerung, Erwerbstätige und Senioren, Patchworkfamilien mit und ohne Kinder, Personen mit oder ohne (beträchtliches) Vermögen drifteten sozioökonomisch auseinander. Allgemein praktizierte Verhaltensmuster und von weiten Teilen der Bevölkerung geteilte und getragene Wertvorstellungen – kurz: das große gemeinsame Ganze – verblassten hinter persönlichen Erfahrungen und individuellen Einstellungen.

Sozioökonomische Veränderungen werden dafür sorgen, dass Normalität als Begriff, der einen Zustand beschreibt, »wie es sich die allgemeine Meinung als das Übliche, Richtige vorstellt« (so die Definition aus dem Duden), ausgedient hat.[143] Es wird in der Bevölkerung künftig keinen breit getragenen Konsens mehr geben, was das »Übliche« oder das »Richtige« sein soll. Dadurch wird das über Jahrzehnte, wenn nicht gar Jahrhunderte entwickelte Selbstverständnis erschüttert, was »normal« ist oder sein soll. Nicht nur bei Gendersternchen oder durch eine Cancel Culture wird sich in verschiedensten Formen eine Identitätspolitik auszubreiten beginnen. Vielmehr dürften Identitätsfragen zunehmend für politischen Konfliktstoff sorgen und lange gepflegte Gewohnheiten und Gemeinsamkeiten infrage stellen.

Wenn Ausnahmen die Regel sind

Um es klipp und klar auszudrücken: Man kann nicht gleichzeitig Disruption erfahren, Diversität fördern und Normalität bewahren oder neu schaffen wollen. Zwischen Brüchen der Erfahrung, der Vielfalt des Verhaltens und Einheit der Beurteilung dessen, was als richtig oder falsch bewertet wird, bestehen fundamentale Gegensätze. Je vielfältiger jedoch die Lebensformen, Voraussetzungen und Möglichkeiten, umso unterschiedlicher werden die Erwartungen und Forderungen an die Politik und den (Sozial-)Staat.

Eine Normalität gab es schon lange vor der Coronapandemie immer weniger – nur wollten das viele noch nicht wahrhaben. Gesellschaft und Politik erkauften sich durch großzügige staatliche Geldgeschenke ein künstliches Gemeinschaftsgefühl, das auf natürliche Weise nicht (mehr) zu haben war. Stellvertretend für andere zeigt sich dieses Verhalten bei den an sich wesensfremden Transfers aus der allgemeinen Steuerkasse, mit deren Hilfe die größer werdenden Löcher der Sozialversicherungssysteme stillschweigend gestopft wurden. Der Sozialstaat muss(te) kitten, was auseinanderzubrechen droht(e). Seine Finanzierung wurde mit dem für manche Ohren verständlicherweise zynisch klingenden Begriff des »Generationenvertrags« sichergestellt.

Faktisch verpflichtet diese »Strategie der erkauften Normalität« die Kindeskinder, dereinst die heutigen Versprechungen ihrer Vorfahren bei der Rente und Pflege (ungefragt) bezahlen zu müssen. Exemplarisch wiederholte sich die schuldenfinanzierte politische Ruhestellung unterschiedlichster Interessen und eine gesellschaftliche Befriedung polarisierter Stimmungen bei der Bekämpfung der Coronapandemie und deren Folgen. Mit Hunderten von Milliarden Euro sicherte sich die Politik die Zustimmung zu einem Vorgehen, das zentral von oben gemeinsame Verhaltensnormen staatlich verordnete, individuelle Grundrechte aushebelte und temporär außer Kraft setzte. Ebenso wurden föderale Kompetenzen missachtet, die ja gerade einer regionalen Vielfalt Rechnung tragen sollten. Weder Normalität noch Solidarität lassen sich jedoch kaufen oder gar befehlen. Sie müssen von der Bevölkerung freiwillig und selbstverständlich gelebt werden.

Das Ende der Normalität und disruptive Entwicklungen verlangen vom Sozialstaat, von gebrochenen und nicht von geradlinigen Lebensverläufen auszugehen. Er muss auf Einzelpersonen und nicht auf herkömmliche Familienmodelle ausgerichtet sein. Er muss der zunehmenden räumlichen und beruflichen Mobilität und Flexibilität künftiger Generationen Rechnung tragen. Er muss der Wirtschaft und Gesellschaft gerecht werden, wenn die Ausnahme zur Regel und Brüche zum Normalfall werden.

Das bedingungslose Grundeinkommen trägt dem beschriebenen gesellschaftlichen Wandel Rechnung. Es ist ein zutiefst individuelles Konzept. Es behandelt alle gleich – völlig unabhängig von Geschlecht, Alter, Familienstand und Verhaltensweise. Es löst sich mehr als jedes andere Modell von festgelegten Gesellschaftsformen. Damit ist es die beste Antwort auf das Ende der Normalität.

14. Kindergeld als Prototyp eines Grundeinkommens

Das bedingungslose Grundeinkommens ist alles andere als eine absurde Idee naiver Weltverbesserer. Es existiert lange schon. Durchaus mit Erfolg. Das Kindergeld ist ein Prototyp eines bedingungslosen Grundeinkommens. Es liefert bestes Anschauungsmaterial dafür, dass ein Großteil der Kritik an der Bedingungslosigkeit einer empirischen Prüfung nicht standhält.

Kindergeld wird richtigerweise bedingungslos an alle Kinder gewährt, unbesehen davon, ob die Eltern wohlhabend oder arm sind. Es folgt der Überzeugung, dass »Geld an alle Kinder« weder sinnlose Verschwendung ist noch Fehlanreize provoziert. Es wird – wie ein bedingungsloses Grundeinkommen auch – gleichermaßen als Investition wie als Prävention und Selbstermächtigung verstanden. Kinder sollen befähigt werden, als Erwachsene selbstständig ihren Weg zu gehen. So sind sie später in der Lage, Einkommen zu erwirtschaften und Steuern zu bezahlen. Die Gesellschaft geht in Vorkasse – im Wissen und im Vertrauen darum, dass die Investition von heute zu staatlichen Steuereinnahmen von morgen führt. Und wie die Realität beweist, sind die Hoffnungen berechtigt. Die Renditen von Erziehung und Bildung sind beträchtlich.

Warum verliert die Gesellschaft das Vertrauen in das Kindergeld für Personen, die Erwachsene geworden sind? Was spricht dagegen, dass auch bei weiter fortschreitendem Alter die Gemeinschaft am Vorkassenmodell festhält, also erst investiert, um danach von den Fähigkeiten und Leistungen der Geförderten zu profitieren, vielleicht sogar länger als jemals zuvor?

Das Kindergeld muss zum ebenso selbstverständlichen Erwachsenengeld für alle in jeder Lebenslage werden. Was für Kinder Gültigkeit hat, soll ein Leben lang gelten: erst fördern, dann fordern. Es gibt kaum stichhaltige Gründe, wieso eine willkürlich gesetzte Altersgrenze beenden sollte, was sich für Jüngere bestens bewährt. Disruption bedeutet ja, dass Menschen auch als Erwachsene stets wieder lernen müssen, mit neuen Herausforderungen zweckmäßig umzugehen.

Fort- und Weiterbildung, Umschulung und Berufswechsel lassen sich weniger denn je nur auf junge Jahre beschränken. Sie werden zur immer wiederkehrenden lebenslangen Daueraufgabe. Um sie zu bewältigen, ist Geld und Zeit vonnöten. Das jedoch fehlt oft gerade bei jenen, die Neuorientierung und Neuanfang am dringendsten benötigen, weil sie von Disruption am stärksten betroffen sind. Sie hatten weniger Chancen, selbst vorzusorgen, bräuchten aber am meisten Förderung. Das gilt nicht nur für Kinder. Es trifft auch auf Erwachsene und Ältere zu.

Nicht nur das Kindergeld liefert beste Anschauung, wie problemlos ein bedingungsloses Grundeinkommen in der Praxis bereits funktioniert. Ebenso lässt sich bei Seniorinnen und Senioren erkennen, dass ein Grundeinkommen nicht zum Ende aller ökonomischen Aktivitäten führen muss. Die Rente von heute entspricht nämlich weitgehend einem Grundeinkommen im Alter. Das gilt besonders für die vielen (Frauen), die (wenig mehr als) eine Grundrente ausbezahlt erhalten. Und obwohl Monat für Monat der Staat Geld überweist, gehen viele Ältere weiterhin ökonomischen Aktivitäten nach. Manche, weil sie wollen, andere, weil sie müssen, da die Rente nicht reicht, um in Würde zu leben.

Einige mögen das Erwerbsleben als Last empfinden und wollen nichts lieber, als möglichst frühzeitig in den Ruhestand zu wechseln. Andere jedoch wollen nicht zum alten Eisen gehören, sondern zur Mitte der Gesellschaft. Es gibt Ältere, denen Arbeiten Genugtuung spendet. Sie erkennen in ihrem täglichen Tun einen Sinn. Es ist ihnen wichtig, (noch) gebraucht zu werden. Sie wollen sich in einem Team oder für andere nützlich machen und sich nicht zu Hause vereinsamt langweilen. Für manche ergibt sich aus einer Beschäftigung im Alter die Möglichkeit eines willkommenen Zuverdiensts, um die Rente aufzubessern. Und für andere bietet sie Anerkennung, Wertschätzung und Zugehörigkeit.

Mehr Zeit für Ehrenamt und Familie

Ein zum Erwachsenengeld mutiertes Kindergeld trägt dazu bei, dass niemand mehr stigmatisiert wird, der vorübergehend oder auch längerfristig keine Erwerbsarbeit (mehr) leistet. Bedingungslosigkeit fördert die nicht monetären intrinsischen Leistungsanreize – also dass etwas aus innerer Überzeugung getan wird. Sie honoriert Aktivitäten jenseits bezahlter Arbeit. So schafft ein bedingungsloses Grundeinkommen die finanzielle Basis dafür, dass gesellschaftlich notwendige Arbeiten, die heute vernachlässigt bleiben, vermehrt geleistet werden können – wie etwa Familienarbeit und ehrenamtliches Engagement.

Das bedingungslose Grundeinkommen macht es wesentlich leichter, Beruf und Familie zu verbinden. Es verbessert die finanziellen Möglichkeiten, eine Teilzeittätigkeit auszuüben oder vorübergehend keiner Erwerbsarbeit nachzugehen. Diese Auszeiten können vermehrt für die Erziehung der Kinder und die Pflege Angehöriger genutzt werden. Das findet in der ökonomischen Zahlenwelt keinen Niederschlag. Traurig genug, dass in der amtlichen Statistik des deutschen Bruttoinlandsprodukts (BIP) die eigenen Leistungen in Haushalt und für Angehörige nicht erfasst werden. Was keinen Marktpreis erzielt, hat ökonomisch keinen Wert. Was für ein Anachronismus! Entsprechend würde ein Anstieg der ehrenamtlichen Arbeit und des Engagements für Familie und Ältere (was dank eines Grundeinkommens möglich würde) zu einem sinkenden BIP führen. Diesen scheinbaren Rückgang dann vorwurfsvoll dem Grundeinkommen in die Schuhe schieben zu wollen, ist mehr als ein tragischer Irrtum.

Für die Familienangehörigen jedoch kann die Zufriedenheit enorm steigen. Genauso positive Wirkungen werden möglich, wenn sich jüngere Ältere in modernen Wohn- und Lebensgemeinschaften um die noch Älteren kümmern. Aber auch hier zeigt sich, dass neue Formen des Prinzips »Seniorinnen und Senioren helfen sich gegenseitig« in keiner BIP-Statistik erscheinen. Dabei erlaubt eine vermehrte häusliche Pflege von Alten und Kranken nicht nur ein würdiges Leben für die Betroffenen in vertrauter Umgebung. Private Fürsorge entlastet die Kranken- und Pflegeversicherungen. Diese könnten ihre Mittel auf die

»schweren Fälle« konzentrieren, deren Betreuung zu Hause tatsächlich nicht möglich ist.

Aber auch der Wert von Erwerbsarbeit steigt mit dem Grundeinkommen. Denn wenn niemand mehr aus existenziellen Gründen gezwungen ist, zu arbeiten, stärkt das die Motivation. Mitarbeiterinnen und Mitarbeiter, die sich ihre Arbeit selbst wählen und diese nicht unter ökonomischem Zwang leisten müssen, werden sich mit ihrer Arbeit besser identifizieren und sind für die Unternehmen letztlich profitabler. Ein hohes Maß an Freiwilligkeit erhöht in einer arbeitsteiligen Gesellschaft auch die volkswirtschaftliche Effizienz.

Das Grundeinkommen ermöglicht allen Menschen gesellschaftliche Teilhabe und grenzt niemanden aus. Alle können sich entsprechend den eigenen Fähigkeiten und der individuellen Lebenssituation in die Gesellschaft einbringen. Das Grundeinkommen gibt einem positiven Menschenbild eine Chance, ohne dieses aber zu bedingen.

Die Bedingungslosigkeit setzt auf Anreize, nicht auf Zwang. Sie ermöglicht einen Übergang in eine Gesellschaft, die Arbeit nicht nur als Mittel zum Zweck versteht, die finanzielle Grundlage der Existenz sicherzustellen. »Sie ist nicht nur Broterwerb, sondern überdies ein wichtiger Faktor der personalen Selbstentfaltung des Menschen.«[144] Dazu gehören neben der Erwerbsarbeit eben auch Tätigkeiten für Familie und Gesellschaft, Ehrenamt und das Engagement jenseits von Angebot und Nachfrage auf dem Arbeitsmarkt.

Solche außerhalb des Erwerbsprozesses liegenden Tätigkeiten gehen zwar nicht in die Messung des Bruttoinlandsprodukts (BIP) ein (da dort nur Marktgeschehnisse erfasst werden). Sie gehören aber unverzichtbar zur gesamtwirtschaftlichen Wohlfahrt. Auch deshalb ist Vorsicht geboten, wenn es darum geht, die tatsächlichen Effekte eines Grundeinkommens statistisch zu erfassen. Vieles, was sich da verändern wird, passt nicht zu alten Messverfahren. Wenn das Grundeinkommen das Zusammenleben jenseits ökonomischer Marktprozesse fördert, wird das BIP möglicherweise sogar sinken – obwohl die Lebensqualität verbessert wird. So viel zum Stand eines falsch verstandenen Ökonomismus.

15. Systemische Risiken nehmen zu

Graeme MacKay brachte es mit seiner im März 2020 im *Hamilton Spectator* (einer kanadischen Lokalzeitung aus Ontario) veröffentlichten Zeichnung auf den Punkt.[145] Er veranschaulicht, wie sich in Kanada die Bevölkerung vor den drohenden Coronawellen schützt (durch Händewaschen, durch Abstandhalten oder das Tragen von Atemschutzmasken) und hofft, dass dadurch alles gut wird, währenddem aus etwas Entfernung die Riesenwellen eines Tsunami anrollen, ausgelöst durch die ökonomischen und gesellschaftlichen Folgen der Covid-19-Bekämpfung, aber auch durch viel fundamentalere Herausforderungen wie den Klimawandel.[146]

Das Cartoon ist deshalb so zutreffend, weil die Coronapandemie nur eine weitere, zusätzliche Bedrohung für Wirtschaft und Gesellschaft verursachte. Eine Vielzahl anderer fundamentaler Risiken gefährdet genauso die Zukunft bisheriger Erfolgsmodelle und den Wohlstand der Bevölkerung. Dazu gehören Erderwärmung, Artensterben, Umweltzerstörung, grassierende Verarmung und Massenmigration, aber auch geopolitische Machtverschiebungen wie den Anspruch Chinas auf eine dominante Rolle auf dem Parkett der Weltwirtschaft. Und wenig bis nichts hat sich daran während und nach den Coronawellen geändert. Im Gegenteil, die Pandemie hat die Voraussetzungen für die Bewältigung kommender Herausforderungen eher geschwächt als gestärkt – zumindest vorerst.

Das Coronavirus hat modernen westlichen Gesellschaften aufgezeigt, wie anfällig sie für unvorhersehbare, unplanbare und zumindest kurzfristig weitgehend unbeeinflussbare Schocks geworden sind. Covid-19 hat der Bevölkerung auf ganz brutale Weise vor Augen geführt, dass das heutige Wirtschafts- und Gesellschaftsmodell in viel zu starkem Maß auf kurzfristige Erfolge ausgerichtet war. Langfristige Vorsorge für Krisen, Katastrophen oder eben Pandemien blieb demgegenüber massiv vernachlässigt. So mangelte es an Intensivbetreuungsplätzen für Schwer(st)erkrankte, an Beatmungsgeräten und Schutzeinrichtungen sowie an Personal in Medizin und Pflege. Lastwagenstaus auf Autobahnen, fehlende Saisonarbeitskräfte in der Landwirtschaft und Komplikationen bei Zulieferbetrieben führten nach kurzer Zeit zu Versorgungsengpässen bei Atemschutzmasken, Plastikhandschuhen, Desinfektionsmitteln und Frischgemüse.

Auch wenn sie auf den ersten Blick direkt nichts miteinander zu tun haben, gibt es eine Reihe weiterer Beispiele, mit deren Hilfe sich veranschaulichen lässt, wie moderne Gesellschaften kurzfristiger Vorteile wegen auf langfristige Absicherung verzichtet haben. Die zu geringen Ausgaben in Europa für die äußere Sicherheit und zur Terrorabwehr und -bekämpfung sind das eine. Auch der neue US-Präsident Joe Biden wird – genauso wenig wie sein Vorgänger Donald Trump – nicht bereit sein, Europa, aber auch anderen Weltregionen ein sicherheitspolitisches Trittbrettfahren auf Kosten der USA zu ermöglichen.

Der (zu) lange Zeit unterbliebene Kampf gegen den Klimawandel ist das andere. »Fridays for Future« hat nämlich recht. Zu lange hat die Menschheit auf Kosten anderer gelebt – in diesem Fall der Erneuerbarkeit und Regenerierbarkeit der Umwelt durch eine Zerstörung der Ökogleichgewichte, durch Mikroplastik im Wasser, Überfischung der Weltmeere, Abholzung der Regenwälder oder einer rapiden Ausrottung einzelner Tierarten.

Vielen Kosten, die »extern« entstanden – entweder in anderen Weltregionen oder eben bei Umwelt und Klima –, wurde in der Vergangenheit hierzulande nicht in sozial oder ökologisch angemessener Weise Rechnung getragen. Vieles wurde genutzt, ohne dafür die langfristig entstehenden Verschmutzungs-, Veränderungs- und ökologischen Folgekosten vollständig tragen zu müssen. Die bisherige Missachtung externer Kosten zulasten von Beschäftigten in Billiglohnländern, dem Artensterbens, der Umweltzerstörung oder der Erderwärmung wird künftig nicht mehr möglich sein.

Die Risiken unumkehrbarer ökologischer Veränderungen gefährden das Überleben kommender Generationen. Die Doomsday Clock, die Uhr, die anzeigt, wie viel Zeit uns bis zum Weltuntergang noch bleibt, steht auf zwei Minuten vor zwölf – Mitte des letzten Jahrhunderts war die Apokalypse noch sieben Minuten entfernt.[147] Es wird eng werden, da noch rechtzeitig reagieren und das Schlimmste abwenden zu können.

Systemische Risiken lassen sich nicht individuell versichern

Systemische Risiken bedrohen ganze Volkswirtschaften oder Branchen insgesamt.[148] Sie sind schwer vorhersehbar und kaum beeinflussbar. Einzelpersonen können sich dagegen weder schützen noch versichern. Tritt der Schadensfall ein, trifft er alle. Und zwar weitgehend unabhängig davon, was Einzelne zur Schadensverhinderung getan oder gelassen haben. Allerdings werden nicht alle von den Folgen gleichermaßen getroffen – einige können ausweichen, andere nicht. Genauso wenig wirkt sich der Schaden auf alle gleich aus – einige können die Wirkungen auffangen, andere nicht.

Die Finanzmarktkrise 2008/09 lieferte ein einschlägiges Beispiel eines systemischen Risikos.[149] Die Coronapandemie und deren Bekämpfung bot nun erneut mehr als genügend Anschauungsunterricht dafür, wie sich systemische Risiken, losgelöst vom Einzelfall, auswirken. Werden Schulen geschlossen und Kinder von ferne online unterrichtet, sitzen alle zu Hause. Niemand kann sich dagegen wehren oder durch Vorsorge entziehen. Aber nicht alle sind den Verwerfungen von Schulschließungen gleichermaßen ausgeliefert. Wer wohlhabender ist, verfügt eher über die finanziellen Mittel, um sich Privatunterricht vor Ort zu leisten.

Systemische Risiken lassen sich mit herkömmlichen Vorgehensweisen nicht bewältigen. Sie stellen eine negative Externalität dar, die ein Marktversagen provoziert. Damit ist gemeint, dass die einen die Kosten und die anderen den Schaden tragen. Entsprechend kümmern sich die Verursacher zu wenig um die Risiken ihres Tuns – sie gehen davon aus, dass im Schadensfall ein Teil der entstehenden Kosten von der Allgemeinheit getragen wird. Ohne eine zielführende staatliche Regulierung (entweder über steuerliche Anreize oder Mengenbeschränkungen) lässt sich ein Kampf gegen negative Externalitäten für die Gesellschaft nicht gewinnen.

Genauso sind Askese und Enthaltsamkeit viel zu wenig nachhaltig, um systemische Probleme grundsätzlich zu lösen. Neben Verhaltensänderungen müssen neue technologische Verfahren in nahezu allen Lebensbereichen gesucht und gefunden werden, um wirklich nachhaltige Korrekturen zu erwirken und Verbesserungen zu erzielen.

Manches wird sich ändern müssen, damit vieles bleiben kann, was für die Lebensqualität westlicher Gesellschaften wirklich unverzichtbar ist. Dazu gehören die Beachtung der individuellen Grundrechte, die Maximierung der Chancen aller – auch künftiger Generationen – auf ein langes und gesundes Leben sowie mehr Wohlstand für alle. Diese Forderung wird nur zu realisieren sein, wenn akzeptiert wird, dass die Bewältigung künftiger Herausforderungen nur gemeinsam zu schaffen ist. Sobald es aber um Gemeinschaftsaufgaben geht, ist die Marktwirtschaft allein keine kluge Lösung. Dann bedarf es neuer staatlicher Aktivitäten.

16. Zu groß, um versicherbar zu sein

Was »too big to fail« bedeutet, mussten Steuerzahlende teuer lernen. Als in der zweiten Hälfte der Nullerjahre die Finanzmarktkrise das Bankensystem destabilisierte, hatte der Staat als Nothelfer einzuspringen. Nur so ließen sich Gläubiger beruhigen, Bank Runs vermeiden und eine Implosion erst des Finanzwesens und dann der Marktwirtschaft insgesamt vermeiden.

Dabei rettete der Staat vor allem große Spieler. Denn er wusste, dass ein Problem einer großen Bank zum Problem aller Banken und damit der Volkswirtschaft insgesamt werden würde. Das Problem einer kleinen Bank hingegen stellt nur für die betroffene Bank selbst ein Problem dar. Geht sie pleite, hat das für die Gesamtwirtschaft kaum negative Konsequenzen zur Folge.

Für große Spieler wird der Staat somit zur Versicherung gegen den Konkurs. Zur Not rettet dieser jene vor der Pleite, die andere in den Strudel des Untergangs mitreißen würden. Mit irrwitzig hohen Finanzhilfen, Kreditzusagen und Geldspritzen sollen Dominoeffekte verhindert werden, sodass Zahlungsschwierigkeiten eines großen Finanzhauses nicht zum Kollaps seiner mit ihm verflochtenen Partner und am Ende zum Zusammenbruch aller Banken führen.

Wie ungerecht ein »Zu groß zum Untergehen«-Konzept wirkt, ist mehr als bestens bekannt. »Den Großen wird geholfen, die Kleinen lässt man hängen«, drückt mit gesundem Menschenverstand aus, was davon zu halten ist. Ebenso offensichtlich ist, dass eine vermeintliche Lösung das eigentliche Problem verschärft und nicht etwa beseitigt. Wer erwartet, dass Großen eher als Kleinen geholfen wird, muss möglichst groß werden und darf nicht klein bleiben, um eine staatliche Lebensversicherung zu erhalten.

»Too big to fail« ist hässlich, setzt falsche Anreize und ist teuer – und trotzdem gehört es zur Marktwirtschaft. Es ist der Preis dafür, dass viele Dinge in einer Art und Weise zusammenhängen und verflochten sind, die Einzelne nicht direkt beeinflussen oder verhindern können. Es sind systemische Risiken, gesamtwirtschaftliche Wechsel- und Rückwirkungen, die da entstehen. Und genau deswegen benötigen Marktwirtschaften den Staat. Er allein kann systemische Risiken versichern, die zwangsläufig mit der Marktwirtschaft einhergehen. Dass mit mehr Staat auch mehr Staatsversagen provoziert wird – wie eben ein »Zu groß zum Untergehen« – ist nicht zu verhindern. Möglich aber ist, den gesamtwirtschaftlichen Schaden zu minimieren.

»Zu groß zum Untergehen« gilt nicht nur für das Bankwesen. Es trifft auch auf das Versicherungssystem zu. Dort aber sind es nicht Banken und auch nicht Versicherungen, die »too big to fail« sind, sondern Risiken, die sich nicht privat versichern lassen. Lange schon kannte und akzeptierte man bei der Arbeitslosigkeit, dass es dafür keine private Versicherbarkeit gibt. Mit Abstrichen trifft das auch auf eine Absicherung im Alter zu.

In Zeiten der Disruption dürfte es häufiger werden, dass sich Einzelne gegen die wirklich großen Herausforderungen nicht individuell versichern können. Niemand kann sich gegen einen Zerfall des Euro versichern – man kann höchstens, so weit möglich, sein Vermögen in anderen Währungen anlegen oder Bitcoins kaufen. Damit aber geht man neue und ganz andere Risiken ein – beispielsweise Wechselkursrisiken oder Hackerangriffe auf Onlinetransaktionen mit Kryptowährungen.

Rettender Arm des Staats für unsichtbare Hand des Markts

Bei systemischen Risiken versagt die unsichtbare Hand des Markts. Da bedarf es des rettenden Arms des Staats. Nur er kann Großrisiken auffangen. Dazu gehören die Folgeschäden von Krieg und (Natur-)Katastrophen, Vulkanausbrüchen und Erdbeben, Terroranschlägen und Finanzmarktkrisen und eben auch von Pandemien. Beispielsweise trifft das auch für die immensen Kosten nach der Flutkatastrophe des Sommers 2021 in Westdeutschland zu.

Was normalerweise im Kleingedruckten als »Ausschlussklausel« kaum wirklich interessiert, wird im Schadensfall ganz bewusst in die Hände des Staats übertragen. Nur er kann Hilfe für alle, Unterstützung für Notleidende und Entschädigungen für die Betroffenen garantieren. Bei ungewissen und damit unberechenbaren Schadensfällen ist der Staat somit als Notretter in der Pflicht – auch in Marktwirtschaften.

Das Marktversagen hat damit zu tun, dass ein paar Grundbedingungen erfüllt sein müssen, damit ein privater Versicherungsmarkt zustande kommt.[150] So muss eine hinreichend große Zahl von Menschen sich durch gleichartige Risiken bedroht sehen, beispielsweise durch einen Einbruch oder einen Diebstahl. Es gibt eine Erwartung, wie wahrscheinlich es ist, dass das Risiko eintritt, also wie oft etwa eingebrochen werden könnte. Ebenso gibt es Erfahrungswerte, wie hoch die durchschnittliche Schadenshöhe und damit das Ausmaß des Gesamtschadens ungefähr sind, wie viel Versicherungen also insgesamt auszubezahlen haben. Für jene Risiken, die diesen Voraussetzungen genügen, bietet dann ein privater Versicherungsmarkt einen effizienten Schutz gegen bekannte, aber für den Einzelfall unvorhersehbare, nicht beeinflussbare und auch nicht wirklich vermeidbare Eventualitäten des Lebens – wie eben einen Einbruch oder einen Diebstahl.[151]

Die Versicherungsökonomik behandelt ausführlich, wie sich ein einfaches Marktversagen korrigieren lässt. So zeigt sie, wie auch private Versicherungen effizient gegen das Problem des Moral Hazard, zu Deutsch etwa moralisches (subjektives) Risiko, reagieren können. Dieses entsteht, wenn Menschen ihr Verhalten ändern, sobald ein Versicherungsschutz besteht.[152] Genauso gut lassen sich Informationsasymmetrien in den Griff bekommen. Sie entstehen, weil einzelne Menschen besser als alle anderen – und insbesondere private Versicherer – Bescheid wissen, was wirklich Sache ist mit ihnen.[153] Auch dafür finden private Versicherer Lösungen.[154]

Private Versicherungsmärkte sind jedoch dann am Ende ihrer Möglichkeiten, wenn erstens alle Personen gleichermaßen von demselben Risiko bedroht werden. Oder wenn es zweitens nicht mehr um individuelle, sondern gesamtwirtschaftliche Risiken geht. Der erste Sachverhalt war Rechtfertigung für die sozialen Sicherungssysteme, beispielsweise staatliche Renten- und Krankenversicherungen in Deutschland oder die AHV in der Schweiz. Der zweite Marktversagensgrund liefert die Argumente für ein bedingungsloses Grundeinkommen. In beiden Fällen geht es darum, dass das Individualprinzip privater Versicherungen durchbrochen wird. An seine Stelle treten das Sozialprinzip und damit eine staatliche Versicherung.

Ein bedingungsloses Grundeinkommen erweist sich als einfachste, da »automatische« Versicherung gegen Disruption. Wenn Bisheriges abrupt wegbricht und langfristige Planungen dadurch obsolet werden, stellt sich die Frage der unverschuldeten Not völlig neu. Wie weit sind im Zeitalter der Disruption Risikovermeidung und -absicherung tatsächlich nur eine individuelle Entscheidung? Ab wann muss eine Gesellschaft fairerweise aktiv werden, damit auch wirklich alle die Möglichkeit haben, über Geld und Zeit für eigene Vorsorge, Vorbeugung, Weiterbildung und Neuorientierung frei und selbstständig zu verfügen, bevor sie zum Sozialfall werden? Wie weit ist Anpassungsfähigkeit eine Angelegenheit einzelner Personen und wann und wo wird sie zur öffentlichen Aufgabe, so wie es bei der Bildung der Fall ist?

Mit einem bedingungslosen Grundeinkommen wird sichergestellt, dass niemand durch das Grundabsicherungsnetz fällt. Zumindest ein Leben in Würde ist in jedem Fall und immerzu abgesichert, komme an Disruption, was wolle. Gleichzeitig ermöglicht das Grundeinkommen, unverzichtbare Anpassungen an neue Umstände ohne Antrag und Begründung unbürokratisch und schnell zu finanzieren.

17. Staat als Retter in der Not

Als es mit Covid-19 ernst wurde, kam es zu einem der eindrücklichsten Comebacks der vergangenen Jahrzehnte. Der Staat kehrte als gefeierter Retter in der Not zurück. Die Sympathie der Massen flog ihm zu. Mit breiter Zustimmung der Bevölkerung übernahm der Staat in der Wirtschaft das Kommando. Erst lähmte er mit Notstandsmaßnahmen das ökonomische Treiben. Dann brachte er mit einem »Wumms« historisch einmalig gewaltige Hilfs- und Unterstützungsprogramme auf den Weg. Bürokraten und Amtsstellen sorgten bei Betrieben anstelle von Kunden und Banken für Einnahmen und Kredite. Staatliche Agenturen bezahlten Löhne an privat Beschäftigte und Ersatzleistungen an Selbstständige und Kleinbetriebe. Große Konzerne erhielten staatliche Zuschüsse in gewaltigen Dimensionen. Wo selbst das für ein ökonomisches Überleben nicht genügte, ging der Staat noch weiter und übernahm in Form von Beteiligungen unternehmerische Risiken.

Mit Marktwirtschaft hatte das alles wenig bis nichts mehr zu tun. Es kam zu einer schleichenden Verstaatlichung der Ökonomie. Die Politik gab den Takt vor. Der Staat und nicht mehr die Märkte bestimmte, wer wann was tun durfte und wie lange andere Dinge zu lassen waren. Jahrzehntelang gepflegte Abläufe parlamentarischer Entscheidungsverfahren wurden abgeschwächt, abgekürzt, ausgehebelt oder gar aufgegeben. Starke politische Führungspersönlichkeiten reizten Spielräume von Verfassungen und Gesetzen aus, um sich als harte Macher für höhere Ämter zu profilieren. Nichts was fest verankert war, blieb tabu. Der normale Alltag wurde gekappt, die Mobilität halbiert, die Wirtschaft in weiten Teilen stillgelegt.

Die staatswirtschaftlichen Geister, die während der Pandemie gerufen wurden, werden sich nicht so schnell wieder vertreiben lassen.

Was im Kampf gegen das Coronavirus als politisch alternativlos bewertet wurde, rechtfertigte Maßnahmen, die künftig und für immer zum Maßstab werden, was Bevölkerungen in Notzeiten an staatlicher Hilfe erwarten werden.

Politik und Staat haben der Marktwirtschaft und Bevölkerung unmissverständlich klar gemacht, wie schnell und umfassend sie individuelle Grundrechte und unternehmerische Entscheidungen außer Kraft setzen können. Das mag als Reaktion auf die Coronapandemie angemessen und richtig gewesen sein. Wer jedoch wird in einer nächsten Notlage legitimieren, die marktwirtschaftliche Grundordnung auszuschalten und durch eine Staatswirtschaft zu ersetzen? Wer wird die Seele von Grundrechten und Marktwirtschaft verteidigen, wenn der Zeitgeist nach Notstandsgesetzen verlangen wird? Bereits wurden von grünen Interessengruppen ernsthafte Forderungen erhoben, in ähnlich radikaler Weise wie während der Coronakrise auch im Kampf gegen Erderwärmung und Klimawandel den Ausnahmezustand auszurufen und mit der Not gehorchenden Sondermaßnahmen die Ökonomie auf einen ökologischen Kurs zu zwingen.

Staatshilfen während Coronapandemie setzen neue Maßstäbe

Wie wollen und können Politik und Regierungen in Zukunft jemals wieder von einzelnen Betroffenen individuelle Opfer abverlangen, um in und nach Krisen Wege zurück in die marktwirtschaftliche Eigenständigkeit von Verantwortung und Haftung zu finden? Wie wird man künftig in schlechten und schwierigen Zeiten Betrieben staatliche Überlebenshilfen, Beschäftigungslosen großzügigeres Arbeitslosengeld oder Seniorinnen und Senioren höhere Renten verweigern können? Die staatlichen Milliardenhilfen von heute wecken die Erwartungen Millionen Notleidender von morgen.

Die Coronapandemie wird nicht die letzte Krise sein. Virenmutationen und neue andere biologische, chemische und auch elektronische Viren werden folgen und Bevölkerungen bedrohen. Genauso werden technologische Innovationen, struktureller und demografischer

Wandel, kulturelle und sozioökonomische Umwälzungen und geopolitische Verwerfungen Gesellschaften vor schwerwiegende Herausforderungen stellen. Wie aber wird man ebenso radikale wie umwälzende Staatseingriffe wie während der Coronapandemie künftig ablehnen können, wenn Menschen, Firmen und ganze Branchen um ihr ökonomisches Überleben kämpfen werden? Ab wann und in welcher Größenordnung werden Politik und Staat eingreifen, wenn Roboterisierung, autonome Mobilität, selbstlernende Systeme und künstliche Intelligenz Millionen herkömmlicher Jobs überflüssig machen werden? Das heutige Handeln der Politik setzt die Maßstäbe für das künftige Tun von Regierungen. Man wird die nun geöffnete staatliche Büchse umfassender Hilfe nur schwerlich wieder schließen können.

Es darf an dieser Stelle in keiner Weise darum gehen, einen alten ideologisierten Kulturkampf »Markt« gegen »Staat« zu reanimieren. Es war und ist tiefes Selbstverständnis einer Sozialen Marktwirtschaft, dass nur ein starker Staat die Freiheit der Märkte sichern kann. Allein er ist in der Lage (und hat die hoheitliche Kompetenz), individuelle Grund- und Freiheitsrechte verlässlich zu garantieren. Willkür, Marktmacht und Machtmissbrauch sind zu verhindern, Wettbewerb zu ermöglichen und Menschen zu ermächtigen, ihre Potenziale auszuschöpfen. Der Staat soll öffentliche Güter, Daseinsvorsorge, Infrastruktur, Bildung und Gesundheit effektiv organisieren, finanzieren und über Steuern und Sozialleistungen für mehr Gerechtigkeit sorgen.

Er ist in Krisen Retter in der Not. In disruptiven Zeiten mit zunehmenden systemischen Großrisiken gilt diese Forderung nicht nur zum Erhalt von Firmen, Arbeitsplätzen und damit in hohem Maß den Interessen von Unternehmen und deren Eigentümern. Genauso wie der Staat während der Coronapandemie die private Wirtschaft vor dem Untergang bewahrte, sollte er künftig Menschen das Überleben sichern – bedingungslos und immer wieder.

18. Warum Sozialpolitik bedingungslos sein muss

»Füttere nicht die Pferde, wenn es dir um die hungrigen Vögel geht!« Diese Metapher veranschaulicht präzis, wieso Sozialpolitik Menschen ohne Umwege direkt finanzieren soll. So lassen sich Sickerverluste, Bürokratiekosten und Fehlanreize vermeiden, die mit einer indirekten Förderung über Institutionen einhergehen. Zudem sind gut gemeinte Eingriffe in den Arbeits-, Bildungs-, Gesundheits-, Versicherungs- oder Wohnungsmarkt vergleichsweise teurer, ungenauer und ungerechter. Und nicht zuletzt widerspiegelt eine indirekte Sozialpolitik einmal mehr altes paternalistisches Denken. Sie wird vom Glauben gelenkt, dass Politik oder Verwaltung besser als die Betroffenen selbst wüssten, was in Notsituationen zu tun sei.

Das heutige Nebeneinander von allgemeinen Steuerabgaben und über Lohnabgaben finanziertem Sozialversicherungssystem ist intransparent und ineffizient. Vielen Personen wird beim aktuellen Verfahren mit der einen Umverteilungshand Geld gegeben und mit der anderen zugleich wieder genommen. Beispielsweise kommen wohlhabende Rentner in den Genuss von Seniorenrabatten bei öffentlichen Bildungs- oder Gesundheitseinrichtungen oder zu Freikarten für die Nutzung öffentlicher Infrastruktur, die letztlich auch aus Steuereinnahmen von Personen finanziert werden, deren Nettoeinkommen kaum zum wirtschaftlichen Überleben reicht. Zu oft wird »auf denselben sozialpolitisch relevanten Tatbestand (wie Einkommensarmut oder die Erziehung von Kindern) sowohl mit steuerlichen als auch sozialpolitischen Instrumenten eingegangen«.[155] Aus gut gemeinten Verteilungsabsichten von Reich zu Arm wird dadurch in der Realität letztlich das Gegenteil erreicht. Beispielsweise wenn Geringverdiener mit ihren Lohnabgaben die Ehefrauen gut verdienender Angestellter mitversichern.[156]

Wie ungewollt widersinnig die Wirkungen des heutigen Sozialversicherungssystems ausfallen, lässt sich exemplarisch bei der Rentenversicherung zeigen. Entgegen jeder sozialpolitisch vernünftigen Absicht führt nämlich die gesetzliche Rente in Deutschland zu einer »Umverteilung von unten nach oben, also von arm zu reich«.[157] Grund hierfür ist, dass Menschen mit einem geringen Einkommen eine deutlich kürzere Lebenserwartung haben als besser Verdienende. Sie beziehen deshalb deutlich weniger lang eine Rente. Nach Berechnungen des Deutschen Instituts für Wirtschaftsforschung (DIW) liegt die Lebenserwartung der Geburtsjahrgänge 1947 bis 1949 im Alter von 65 bei den am besten Verdienenden um sieben Jahre höher als bei den am schlechtesten Verdienenden.[158] Wer ärmer ist, erhält somit über kürzere Zeit eine geringere Rente. Das kann schwerlich als gerecht und fair bewertet werden.

Warum »blinde Sozialpolitik« besser wirkt als paternalistische Hilfen

Die ökonomische Analyse vermag überzeugend nachzuweisen, dass eine »blinde Sozialpolitik«, die nichts mehr und nichts weniger will, als wirtschaftlich Leistungsschwachen gezielt zu helfen, am effektivsten, effizientesten und damit auch am gerechtesten wirkt.[159] Direkte Unterstützungszahlungen an tatsächlich wirtschaftlich Schwache wirken zielgenauer, billiger und wirkungsvoller als indirekte Maßnahmen, die irgendein spezifisches Kriterium als Bedingung verlangen, beispielsweise eine Erwerbstätigkeit, das Erreichen einer Altersgrenze oder eine bestimmte Verhaltensweise. Um es glasklar auszudrücken: Der Arbeitsmarkt ist kein geeignetes Instrument zur erfolgreichen Verwirklichung sozialpolitischer Ziele. Er kann bestenfalls Knappheit und Überschuss von Arbeitskräften anzeigen sowie Jobangebote und -nachfrage in ein vernünftiges Gleichgewicht bringen. Soll er darüber hinaus noch ganz andere normative Forderungen erfüllen, wird er überfordert. Dann kann er nicht einmal seinen ureigenen Erwartungen genügen. Im Gegenteil: Er scheitert dann auch bei seiner genuinen Aufgabe, den Arbeitsmarkt effektiv zu organisieren.

Der Forderung einer blinden Sozialpolitik entsprechen Grundeinkommensmodelle perfekt. Sie unterstützen Personen direkt und in jedem Fall – ohne Vorbedingung. Sie gewähren jedem Mitglied der Gesellschaft einen individuellen Rechtsanspruch ohne eingeforderte Gegenleistung. Sie funktionieren ohne paternalistische Forderungen und bürokratischen Berechtigungsprüfungs-, Ermittlungs- und Kontrollaufwand. Alle bekommen das Grundeinkommen ohne Antrag, ohne Bedürftigkeitsprüfung, unabhängig von Erwerbstätigkeit, persönlichen Verhältnissen, Beziehungen oder Einstellungen. Niemand prüft mehr, ob es gute oder schlechte Gründe für die Gewährung einer Mindestsicherung gibt.

Grundeinkommensmodelle befreien den Arbeitsmarkt von normativen sozialpolitischen Absichten. Aber sie korrigieren die Verteilungseffekte des Arbeitsmarkts. Sie nehmen den Besserverdienenden etwas weg, um es jenen zu geben, die wenig(er) oder nichts verdienen. Sie wollen durch direkte Maßnahmen Menschen zur Selbsthilfe ermächtigen und setzen nicht auf indirekte Abtropfwirkungen sozialpolitisch motivierter arbeitsmarktlicher Eingriffe. Sie verzichten auf eine aktivierende, steuernde und damit immer paternalistische Sozialpolitik, die von oben Menschen an die Hand nimmt. Weder müsste sich der Staat um Arbeitsbeschaffung noch um Arbeitslosigkeit kümmern. Staatliche Arbeitsmarktpolitik würde überflüssig. Und damit würden Verwaltungskosten eingespart und Sickerverluste in Form von Bürokratie und Fehlanreizen vermieden.

Absicherung macht Menschen mutiger

Das bedingungslose Grundeinkommen will die Voraussetzung schaffen, dass möglichst viele Menschen möglichst viel leisten können. Wenn die Masse der Bevölkerung mithalten kann und durch eigene Arbeit viel Geld verdient, stehen einer Gesellschaft auch mehr Mittel für die Unterstützung der wirtschaftlich Schwächeren zur Verfügung. Deshalb muss alles getan werden, was Menschen ermöglicht, etwas zu leisten und eigenständig Einkommen zu erwirtschaften. Das bedingungslose Grundeinkommen ermächtigt Personen, unabhängig von Geschlecht, Alter und Vorbedingungen, selbstverantwortlich ein Leben nach eigenen Vorstellungen, Wünschen und Normen zu führen. Nicht alle werden diese Chancen nutzen. Aber wenigstens stehen sie allen offen.

Wer sicher ist, dass ein Misserfolg nicht zu einem bodenlosen Fall in Not und Armut führt, wird mehr wagen. Wer weiß, dass ein Sicherheitsnetz gespannt ist, was immer auch geschieht, wird disruptive Herausforderungen weniger als existenzielle Bedrohung bewerten und rascher zu unverzichtbaren Veränderungen bereit sein. Damit wird die Wahrscheinlichkeit, zum Problemfall zu werden, verringert und die Chancen auf ein selbstbestimmtes, aus Eigenleistungen finanziertes Leben werden steigen.

Nur wer seine Existenz materiell abgesichert hat, ist wirklich frei, eigenständig zu handeln. Das gilt für alle Menschen und nicht nur für jene Personen, die sich gesellschaftskonform gewissen Bedingungen unterwerfen. Im Gegenteil: Oft helfen Nonkonforme, die Welt aus anderen Augen zu sehen.

Im 21. Jahrhundert muss Sozialpolitik offen sein für völlig neue Verhaltensweisen, Formen des Zusammenlebens jenseits traditioneller Familienmodelle sowie des Zusammenarbeitens in neuen Arbeitswelten und mit neuen Arbeitszeitmodellen. Einige können und andere wollen nicht mehr leben, um zu arbeiten. Für mehr und mehr Menschen wird Leben wichtiger als Arbeit. Ein neues Gleichgewicht zwischen Arbeit und Freizeit, Berufs- und Privatleben aber wird mit alten Strukturen nicht zu finden sein. Dafür steht das Grundeinkommen. Es sorgt für einen notwendigen Neuanfang. Es garantiert den Menschen die Existenz, unbesehen davon, was kommt. Es finanziert die »Anpassung« und »Aneignung« an momentan noch völlig unbekannte Veränderungen. Und es wird bedingungslos gewährt, weil heute niemand wissen kann, wohin morgen die Reise gehen wird.

Teil 4: Warum »jetzt!«?

Wie ein Tsunami überflutet das bedingungslose Grundeinkommen die sozialpolitische Landschaft. Das ist weder Zufall noch Eintagsfliege. Vielmehr hat das Coronavirus der Öffentlichkeit die Augen geöffnet, wie fundamental und radikal sich Umstände über Nacht ändern können. Viele haben nun erkannt, was andere schon zuvor sahen: Die Säulen des alten Sozialstaats sind in die Jahre gekommen. Demografische Alterung der Gesellschaft, neue Formen des Zusammenlebens und ökonomischer Strukturwandel hatten lange zuvor schon die Fundamente morsch werden lassen. Mit Covid-19 und seinen Folgen kamen nun disruptive Brüche und systemische Großrisiken dazu.

Corona als Augenöffner

Quer durch alle politischen Parteien und gesellschaftlichen Ebenen findet das Grundeinkommen flächendeckend Interesse. »Die Pandemie macht die Zeit reif dafür, sich für eine Erprobung des bedingungslosen Grundeinkommens zu öffnen. Die Politik sollte nicht länger die Getriebene des Wandels sein, sondern diesen aktiv gestalten« – fordert kein Geringerer als Marcel Fratzscher, Präsident des Deutschen Instituts für Wirtschaftsforschung in Berlin –, einst ein prominenter Kritiker des Grundeinkommens.[160]

Seit der Coronapandemie wird das Grundeinkommen vermehrt in Öffentlichkeit und Politik diskutiert.[161] Zwar bleibt bei den meisten Vorschlägen eines Grundeinkommens einiges unverbindlich und vieles kontrovers. Was teils begeisterte Zustimmung findet, stößt andernteils auf verbitterte Ablehnung. Mancherorts jedoch wird überdeutlich aufgedeckt, wie sehr ein sozialpolitischer Neuanfang notwendig ist –

gerade nach dem Schrecken von Covid-19 und den Verwerfungen seiner Bekämpfung. »Corona fördert neue Formen der Solidarität« – dazu gehört eben auch das Grundeinkommen, in der Schweiz beispielsweise in Form des Projekts »Ting«.[162]

In Übersee demonstriert der neue Präsident Joe Biden, wohin in Amerika die Reise gehen wird: »USA führen Grundeinkommen ein! Durchschnittsfamilien werden monatlich Geld vom Staat erhalten – bedingungslos. Die bislang kaum beachtete Neuerung ist revolutionär.«[163]

In der Schweiz sind wiederum verschiedene Unterschriftensammlungen für ein Grundeinkommen im Gang. Dazu gehören eine Petition der Jungen Grünen oder die von einem breit abgestützten Komitee aus SP, FDP, GLP und Juso-Politikerinnen und -Politikern lancierte Volksinitiative für einen Pilotversuch in der Stadt Zürich.[164] Auch in Österreich wird die Forderung nach einem bedingungslosen Grundeinkommen populärer.[165] Nach zwei von der Bevölkerung wenig unterstützten Initiativen sucht die »Generation Grundeinkommen« nun Schützenhilfe für ein erneutes Volksbegehren.[166]

In Deutschland hat die Coronapandemie dem Grundeinkommen neuen Schub gegeben. So werden in Petitionen 1000 Euro monatlich als Ausgleich für existenzgefährdende Folgen der Pandemie gefordert.[167] Im Sommer 2020 startete der Verein Mein Grundeinkommen die erste wissenschaftlich vom DIW begleitete Langzeitstudie, um eine empirisch basierte Debatte anzustoßen.[168] Aus einer Gruppe von insgesamt 1500 Teilnehmenden erhalten seit Juni 2021 122 nach dem Zufallsprinzip ausgewählte Personen drei Jahre lang monatlich 1200 Euro – bedingungslos. Die restlichen einbezogenen 1380 Teilnehmenden dienen als Vergleichsgruppe, um zu testen, wieweit in der Studie zu beobachtende Verhaltensänderungen tatsächlich auf das ausgezahlte Grundeinkommen zurückzuführen sind.[169]

Ganz offensichtlich bewahrheitet sich beim Grundeinkommen, was der Volksmund lange bereits weiß: Gut Ding will Weile haben. »Es gibt Ideen, die ihren Weg zwar langsam machen, die aber nicht einfach wieder weggehen, weil nicht jedermann sie sogleich aufnimmt. Dazu gehört der Gedanke, dass es für alle Bürger entwickelter, zivilisierter Gesellschaften ein garantiertes Mindesteinkommen geben sollte«,[170] erkannte Lord Dahrendorf – ehemaliger Vorstandsvorsitzender der liberalen Friedrich-Naumann-Stiftung für die Freiheit – nämlich bereits vor 30 Jahren.

Jetzt, in der Post-Corona-Zeit, ist es so weit, die nächsten Schritte auf dem langen Weg in Richtung eines garantierten Mindesteinkommens zu gehen. Denn es steht viel auf dem Spiel – weit mehr als das Wohl Einzelner. Es geht um die Zukunft der Marktwirtschaft und damit um den Wohlstand für alle!

19. Marktwirtschaft verliert an Attraktivität

Während der Coronapandemie hat der Staat das Szepter des Handelns an sich gerissen. Die Regeln der Marktwirtschaft wurden durch Notstandsgesetze außer Kraft gesetzt. Individuelle Grundrechte wurden eingeschränkt. Ökonomische Folgekosten staatlicher Zwangsmaßnahmen blieben nebensächlich.

Einem Großteil der Bevölkerung gefiel, was da passierte. Regierungen durften für einen von oben diktierten Kurs »Sicherheit vor Freiheit« mit breiter Zustimmung rechnen. Denn wer immer schon der Marktwirtschaft kritisch gegenüberstand, sah sich bestätigt. Einige fanden es richtig, andere sogar notwendig, der Marktwirtschaft staatliche Fesseln anzulegen. Zu viele Hoffnungen waren unerfüllt geblieben. Zu manche Fehlentwicklung hatte einen Vertrauensverlust verursacht. Hinterfragt wurde, ob Marktwirtschaft überhaupt zu mehr Wohlstand führe, und wenn ja, für wen.

Zunehmender Widerstand im Inneren

Argwohn gegen die Marktwirtschaft hatte sich in europäischen Gesellschaften bereits lange vor Covid-19 breit(er) gemacht. Die Finanzmarktkrise Ende der Nullerjahre hatte mancherorts den Verdacht genährt, dass der Markt Privaten ermögliche, satte Gewinne einzustreichen. Verluste hingegen würden sozialisiert, Banken gerettet oder verstaatlicht. Ein Muster, das in der Coronapandemie zum Déjà-vu wurde. So brachen Aktienkurse während der Krise Rekorde am laufenden Band. Big-Data-Konzerne der Datenökonomie konnten ihre Börsenkapitalisierung massiv erhöhen. Großunternehmen wurden mit Milliarden-Euro-Beträgen aus der Steuerkasse gerettet. Kleinere Betriebe und Selbstständige jedoch wurden durch staatliche Zwangsmaßnahmen in die Insolvenz getrieben. Tausende Arbeitsplätze gingen verloren, Millionen sind gefährdet.

Die Wahrnehmung der Bevölkerung lässt sich einfach auf den Punkt bringen: Wer Kapitalist ist, gewinnt, wer hart arbeitet, muss härter denn je ums Überleben kämpfen. »Die alten Parolen von der Leistung, die angeblich zählt, klingen heute hohl in den Ohren der vielen, die in Pandemiezeiten den Laden zusammenhalten und mit Niedriglöhnen abgespeist werden. Milliarden zur Rettung von Konzernen, aber nur einmalige Hohnbeträge für diejenigen, die sich die Corona-Krise am wenigsten leisten können. Renditen fließen, während die Gemeinschaft die Kurzarbeit in diesen Unternehmen finanziert«, so die Kampfansage von Susanne Hennig-Wellsow, Bundesvorsitzende der Partei Die Linke.[171]

Die Flüchtlingskrise in der zweiten Hälfte der 2010er-Jahre hatte bereits den Verdacht von Kontrollverlust und Staatsversagen genährt. Die Schuld wurde in offenen Grenzen gesehen, die zu ungeregelten Massenmigrationsströmen führten. Dass gerade nicht die Marktwirtschaft, sondern autoritäre Regierungen, zusammenbrechende Staatswirtschaften und damit die Politik und nicht die Märkte für den Kollaps von Gesellschaften verantwortlich waren, half liberalen Stimmen nicht weiter. Ein Wiederaufbau von Grenzzäunen und ein Wiedererstarken national(istisch)er Bewegungen war die von westlichen Bevölkerungen geforderte Konsequenz.

Die Pandemie(bekämpfung) zu Beginn der 2020er-Jahre gießt weiteres Öl in ein bereits brennendes Feuer der gesellschaftlichen Auseinandersetzung. Erneut greifen Intellektuelle zum großen verbalen Besteck und konstatieren ein systemisches »Staatsversagen«. Der Streit zwischen Coronaleugnern und Zero Covid-Kämpfern, zwischen Verschwörungstheoretikern und unkritischen Wissenschaftsgläubigern droht einen Flächenbrand zu entflammen. Polarisierung verdrängt Maß und Mitte. Das politische Klima wird zunehmend durch Unverständnis der Meinung anderer, Verachtung und Unversöhnlichkeit, immer stärker auch durch wütende Proteste, Hetze und Hass vergiftet.

Dissens statt Konsens zerstört die Basis von Zugehörigkeit und Gemeinschaft. Verschwörungstheorien destabilisieren das Vertrauen. Das große Ganze – Demokratie, Rechtsstaat und freiheitliche Gesellschaftsordnung – gerät in existenzielle Gefahr. Wer in dieser Schieflage die Marktwirtschaft retten will, muss ein großes Zeichen eines Neuanfangs setzen. Diese Absicht umzusetzen, liefert die staatspolitische Rechtfertigung für ein Grundeinkommen.

Wer Nationalismus und Populismus verhindern will, muss zwangsläufig bei den Ursachen der Polarisierung der Gesellschaft ansetzen. Er muss die Verteilungsfragen ganz oben auf die politische Agenda setzen. Es hilft nicht weiter, nur einäugig auf die makroökonomischen Vorteile des Wettbewerbs auf freien Märkten zu setzen. »In den letzten 30 Jahren bedeutete Liberalismus einen eindimensionalen Wirtschaftsliberalismus, schlimmstenfalls einen dogmatischen Marktfundamentalismus, der so wenig mit der menschlichen Realität zu tun hat wie die Dogmen des dialektischen Materialismus oder der päpstlichen Unfehlbarkeit. Diese Versäumnisse haben Millionen von Wählern zu den Populisten getrieben.«[172] So hart wie zutreffend fasst Timothy Garton Ash, liberaler britischer Vordenker, die Versäumnisse und Fehlentwicklungen des Liberalismus zusammen.

(Um-)Verteilung, Fairness und Teilhabe sind nicht ideologische Forderungen marxistischer Ideologie, die den Marsch durch die Zivilgesellschaft geschafft haben. Sie gehören in die Mitte eines modernen Liberalismus des 21. Jahrhunderts. Sollte es kapitalistischen Marktwirtschaften nicht gelingen, eine überzeugende Verteilungspolitik anzubieten, werden es die Ränder zur Rechten und zur Linken (zu) einfach haben, mit populistischer Propaganda die lauten Proteste von Unzufriedenen und Benachteiligten zu bündeln. Dann droht Marktwirtschaften eine Allianz der extremen politischen Gegensätze. Sie werden Mittelstand und Mittelschicht – die Säulen von Marktwirtschaft und Kapitalismus – in arge Bedrängnis bringen.

Wer solche Freunde hat, braucht keine Feinde

Nicht von den ewigen Feinden, sondern mehr noch von falschen Freunden droht der Marktwirtschaft die größte Gefahr. Nicht Kommunisten, nicht Sozialisten, sondern die Kapitalisten selbst sind gerade dabei, der Marktwirtschaft das Grab zu schaufeln. Was nämlich während der Pandemie(bekämpfung) als Verdacht begann, weitete sich bei der Maskenbeschaffung mehr und mehr zu einem handfesten Skandal aus. Wenn Vertreter christlich-demokratischer Herkunft tricksen und schummeln, ist es völlig unwichtig, ob Gerichte eines heute noch fernen Tages nach langen juristischen Verfahren am Ende ungesetzliches Verhalten feststellen werden oder nicht.[173] Der Ruf ist so oder so ruiniert.

Spätestens an dieser Stelle folgt reflexartig die Entschuldigung mancher Liberaler, dass es sich bei kriminellen Machenschaften um das Fehlverhalten Einzelner handle. Die meisten der politischen Mandatsträger, der gesellschaftlichen Elite und der wirtschaftlichen Führungskräfte seien ehrenwerte Gewährspersonen und ehrbare Kaufleute. Stimmt. Aber so richtig der Einwand auch ist, er verhindert trotzdem nicht den Gang ins Verderben. In der Bevölkerung prägen Skandale und nicht Erfolge das Ansehen des Kapitalismus. (Auch) deswegen stehen bei Wahlen und Abstimmungen die Marktwirtschaft am Pranger und die Staatswirtschaft in der Gunst der Wählerinnen und Wähler ganz oben.

In der Privatheit der Wahlkabine werden die Stimmen selten mit dem Kopf, dafür meistens aus dem Bauch heraus vergeben. Abgerechnet wird auf der Grundlage persönlicher (Vor-)Urteile und nicht aufgrund objektiver Fakten. Da entscheiden wenige kriminelle Einzelfälle, wo die zornige Hand der Wählenden die Kreuze setzt. Dass die unsichtbare Hand des Markts den Wohlstand erhöhe, spielt da eine nachrangige Rolle. Genauso nebensächlich bleibt, dass die überragende Mehrheit der Unternehmen des Mittelstands, der Klein- und Kleinstfirmen oder der selbstständigen Gewerbebetriebe anständig geführt werden.

Kontrollversagen von Politik und Verwaltung einerseits – wie während der Flüchtlingskrise, Bilanzmanipulationen andererseits – wie bei

Wirecard oder der Bremer Greensill Bank – zerstören den Glauben der Bevölkerung an die Integrität der Wirtschaftselite. Dieselskandal, Datenmissbrauch bei Cambridge Analytica, »Panama und Paradise Papers« zur Steuervermeidung oder absurde Tricksereien wie bei den Cum-Ex-Geschäften offenbarten das hässliche Gesicht des Kapitalismus. Die Bevölkerung wird misstrauisch, ob das, was in den vergangenen Jahren sichtbar wurde, nur die Spitze eines Eisbergs sei. Und sie fragt sich verständlicher- und auch richtigerweise, wie vieles wohl noch in den Untiefen der marktwirtschaftlichen Unterwelt verborgen bleibe.

Auch wenn nicht alles, was nun kritisiert wird, ungesetzlich ist, und selbst wenn vieles, was angeprangert wird, im Einklang mit geltendem Recht und Gesetz verläuft, bleibt die Erkenntnis gültig, dass nicht alles, was in einer Marktwirtschaft legal ist, auch legitim ist, also mit gängigen moralisch-ethischen Ansprüchen konform geht. Bei aller Komplexität von Legalität und Legitimität verletzen gewisse Verhaltensweisen von Managern und Führungskräften ein allgemein akzeptiertes »Fairness«-Prinzip, andere widersprechen dem gesunden Menschenverstand, Treu und Glauben. Das nährt vielerorts den Verdacht, dass Kapitalismus mit einer Selbstbedienungsmentalität einhergehe und der Markt nichts mehr sei als ein praktisches Instrument zur Selbstbereicherung einiger weniger.

Wer die Marktwirtschaft vor weiterem Schaden bewahren will, muss nachweisen, dass unsichtbare Hände primär den Interessen der Gesellschaft dienen, dass freie Märkte die Macht der Mächtigen brechen und Selbstverantwortung alle an den Erfolgen des Kapitalismus teilhaben lässt. Marktwirtschaft lebt vom allgemein getragenen Vertrauen, dass es »fair« zugeht, gesetzliche Regeln für alle gleichermaßen gelten und alle von den Schiedsrichtern gleichbehandelt werden.

Werden Gesetze von Führungskräften und wohlhabenden Eliten kaltblütig gebrochen oder durch zwar möglicherweise sogar legale, aber Treu und Glauben widersprechende Umgehungstatbestände ausgehebelt, gerät die Marktwirtschaft zwangsläufig in Verruf. Wenn die Elite trickst und manipuliert, bewertet die Gesellschaft derartiges Verhalten erst misstrauisch, dann mit Verachtung. Schließlich geht die allgemeine Moral verloren. Dann jedoch steht die Marktwirtschaft vor einer existenziellen Bedrohung. Denn darin liegt der große und entscheidende Unterschied: In autoritären Systemen wird per Zwang von oben regiert, in Marktwirtschaften per Überzeugung von unten. Für sie müssen sich Mehrheiten finden – spätestens bei Wahlen und – in der Schweiz – auch bei Abstimmungen.

Wachsender Druck von außen

Wer immer schon auf den Staat setzte und dem Markt misstraute, sah sich während der Coronapandemie rundum bestätigt. Covid-19 stellte die Systemfrage neu. Während es eine der Marktwirtschaft verpflichtete Regierung zunächst nicht schaffte, die Bevölkerung in Massen rasend schnell zu impfen, waren anderenorts autoritäre Regime deutlich erfolgreicher. Manche sahen sich gar bestätigt, dass gerade eine dirigistisch geführte, zentralverwaltete Staatswirtschaft die effektivste Krisenpolitik betreibe. So wird China in deutschen Medien als nachahmenswertes Beispiel für Zero Covid propagiert und als Vorbild dafür gepriesen, dass kollektive Interessen der Gesellschaft es rechtfertigen, Zwangsmaßnahmen zu ergreifen und die Privatsphäre zu missachten.

Demokratien wirkten in der Krisenbekämpfung wie schwerfällige Dinosaurier kurz vor dem Aussterben. Sie mussten politische Entscheidungen in langwierigen Prozessen und einem Check and Balance verschiedener Ebenen verhandeln, beschließen und umsetzen – beispielsweise, als es darum ging, ob eine Corona-App vor Viren oder vor Datenmissbrauch schützen soll.

Autoritäre Regierungen hingegen können ohne langwierige und zeitraubende Diskussionen rasend schnell und ohne Rücksicht auf Privatsphäre handeln. Das kann helfen, eine Pandemie einzudämmen. Angesichts der offensichtlichen Erfolge Chinas bewerten viele Sympathisanten starker politischer Führung eine ungeschützte Offenlegung privater Daten als vergleichsweise kleine(re)s Übel – gerechtfertigt durch den Schrecken von Covid-19. Dass damit auch einem trojanischen Pferd der staatlichen Überwachung Tür und Tor geöffnet wird, wird in Kauf genommen. Big Brother wird als weniger gefährlich eingestuft als Big Business. Staatswirtschaft wird als gut, Marktwirtschaft als schlecht bewertet.

20. Rückkehr des Kalten Kriegs

Kapitalismus oder Kommunismus? Marktwirtschaft oder Zentralverwaltung? Im epochalen Wettlauf um Macht und Vorherrschaft im 21. Jahrhundert prallen in der Zeit nach der Pandemie – wie in der Nachkriegszeit des letzten Jahrhunderts – erneut konträre kapitalistische und staatsgelenkte Gesellschafts- und Wirtschaftsmodelle aufeinander. Aber komplett anders als damals ist es nun nicht mehr eine liberale Weltwirtschaftsordnung des Westens, die gegen das kommunistische Weltbild der Sowjetunion und deren Trabanten antritt. Es sind nicht mehr die »universalen« Urkräfte von Freiheit und Offenheit, die mit mehr Marktwirtschaft und Wettbewerb danach streben, abgeschlossene – teilweise mit Mauern und Stacheldraht abgeschottete – nationale Märkte für die internationale Arbeitsteilung zu öffnen und allein schon durch die damit verbundenen Wohlstandsverbesserungen zum Vorbild für die ganze Welt zu werden. Im Gegenteil: Eine nicht für möglich gehaltene Rückkehr zu Nationalismus und Protektionismus revidiert die Dynamik der Globalisierung. Handelskonflikte, Währungskriege, Strafzölle und Grenzmauern prägen die aktuelle Weltwirtschaftsunordnung.

Der Multilateralismus der Nachkriegszeit basierte auf der Macht des Rechts. Gleichberechtigte Staaten sollten unabhängig ihrer Größe oder Wirtschaftskraft auf Augenhöhe miteinander nach gegenseitig akzeptierter Marktöffnung streben. Im Ergebnis könnten alle Ökonomien von den dadurch möglich werdenden Spezialisierungsgewinnen, Skalenvorteilen der Massenproduktion und den Anreizen für technischen Fortschritt profitieren. Mit der multilateralen Welt(wirtschafts)ordnung ging eine Aufwertung der kleinen und eine entsprechende Abwertung großer Staaten einher. Weil alle Länder gleiche

Rechte hatten, war das Gewicht großer Volkswirtschaften vergleichsweise klein(er) und die Bedeutung kleiner Partner entsprechend größer. (Markt-)Macht wurde erst von den USA auf die G7 und G8, danach auf die G20 und viele andere Gremien der Staatengemeinschaft aufgeteilt.

Recht der Mächtigen verdrängt Macht des Rechts

In den vergangenen Jahren ist das Pendel des Multilateralismus weit zurückgeschwungen. Zur Ironie der Geschichte gehört es, dass die USA als Mutter der Nachkriegsordnung während der Trump-Präsidentschaft an vorderster Front zur Totengräberin der »power of law«-Philosophie wurden. Die »America First«-Doktrin von Donald Trump löste nämlich die Macht des Rechts durch das Recht des Stärkeren ab. Die Folgen machen sich vor allem bei den kleine(re)n Ländern negativ bemerkbar, die, auf sich allein gestellt, viel zu schwach sind, um den Interessen der Großen standzuhalten. Dabei darf man sich keine Illusionen machen: Selbst Deutschland gehört geostrategisch zu den kleineren Staaten, Österreich und die Schweiz sowieso.

Einzig China bleibt noch ein Gegenpol auf Augenhöhe mit den USA. Mit der Strategie »Zhongguo (Reich der Mitte) 2025« will die Regierung in Peking die Volksrepublik vom Ausland weniger abhängig machen, als es heute der Fall ist. Der Zugriff auf Ressourcen in Afrika und die Seidenstraßen-Offensive sind weitere Mosaiksteine der Machtabsicherung. Europa wird im amerikanisch-chinesischen Kampf um Dominanz und Vorherrschaft im 21. Jahrhundert zum Nebenschauplatz ohne geopolitische Bedeutung. Es wird abhängig sein vom Wohlwollen der G2 – also von den USA und China – sei es bei sicherheitspolitischen Risiken, beim Marktzugang, der Rohstoffversorgung oder beim Zugriff auf neue Technologien.

Bei nahezu allen makroökonomischen Statistiken ist die Volksrepublik China hinter den USA weltweit zur Nummer zwei aufgestiegen. So auch bei den Verteidigungsausgaben. Hier führen zu Beginn der 2020er-Jahre die USA mit einem Budget von jährlich weit mehr als einer halben Billion Euro die Weltrangliste an (2019 waren es 732 Milliarden US-Dollar) – mit großem Abstand zu den übrigen Staaten.[174] China folgt an zweiter Stelle, gab 2020 mit rund 220 Milliarden Euro (2019 waren es 261 Milliarden US-Dollar) nahezu so viel für sein Militär aus wie alle Mitgliedstaaten der Europäischen Union zusammen, wobei die von Peking offiziell veröffentlichten Ausgaben wohl tiefer liegen dürften als die wahren Beträge.

Aber anders als in Zeiten des Systemwettbewerbs während des Kalten Kriegs werden in Zukunft Waffensysteme, Kampfflugzeuge oder Panzer lediglich noch begrenzt entscheiden, wer in der Weltwirtschaft das Sagen hat. Auf dem Schachbrett der Geopolitik in Washington und Peking spielen die militärische Schlagkraft und die Kräfteverhältnisse bei der Güterproduktion zwar noch eine wichtige Rolle im operativen »Tagesgeschäft«. Beide aber wissen genau, dass im Zeitalter der Digitalisierung strategisch vorne liegt und Macht hat, wer den Cyberspace beherrscht.

Kein anderer Staat – nicht einmal die USA – setzt so konsequent auf Big Data und künstliche Intelligenz wie China. Sicher geht es dabei um die totale Kontrolle der Bevölkerung. Aber ebenso entscheidend ist, dass ein technologischer Vorsprung im Cyberspace ein, wenn nicht sogar der Erfolgsschlüssel für Dominanz in der Welt(wirtschafts)politik sein wird. Er öffnet oder verwehrt Zugänge in alle Sphären internationaler Transaktionen. Er wird auch Marktpositionen erschließen oder gefährden.

Rückkehr des Reichs der Mitte ins Zentrum der Welt

Stein um Stein fügen sich einzelne Stücke der chinesischen Politik zu einem stimmigen Mosaik zusammen. Klar zum Vorschein kommen die scharfen Konturen einer neuen Welt(wirtschafts)ordnung, die von Peking diktiert und dominiert wird. Was erkennbar wird, sollte in europäischen Marktwirtschaften alle Alarmglocken schrillen lassen. Auf dem Spiel steht nämlich nichts weniger als das Erfolgsmodell der industriellen Globalisierung. Und es geht sogar noch um weit mehr: Es geht um die Bewahrung individueller Grund- und Freiheitsrechte und um Unabhängigkeit und Eigenständigkeit westlicher Rechts- und Wirtschaftssysteme im 21. Jahrhundert.

Was aus der Ferne wie ein zufällig zusammengenähter chinesischer Flickenteppich aussieht, folgt bei genauerem Hinsehen einem präzis geplanten Schnittmuster. Erst verschaffte sich die Volksrepublik mit Investitionen in Afrika Zugriff auf Bodenschätze, Rohstoffe und seltene Erden. Danach machte man sich in aufstrebenden Volkswirtschaften Potentaten mit Krediten abhängig. Schließlich folgten durch den Kauf großer Aktienpakete aktive Beteiligungen an privaten Unternehmen und Infrastrukturanlagen – auch und besonders in Europa. Das Beispiel Griechenlands liefert dafür ein augenfälliges Beispiel. Als in der ersten Hälfte der 2010er-Jahre eine Staatspleite drohte und zur Alimentierung der griechischen Staatskasse und der Refinanzierung alter Schulden der Hafen von Piräus privatisiert werden musste, schlug die Stunde des chinesischen Staatsunternehmens China Ocean Shipping Company (COSCO), das zunächst als Pächter und danach als Käufer auftrat.

Mit einer Belt and Road Initiative will Peking nichts weniger als einen eurasischen Wirtschaftsraum vom Gelben Meer an der Ostküste Chinas bis an die europäischen Felsklippen des Atlantiks schaffen, der auch nach Afrika ausstrahlt. Die historisch wichtige Seidenstraße soll in neuem Glanz wiederbelebt werden. Gleichzeitig weitet die Volksrepublik Einfluss und Dominanz im Pazifik aus. Im November 2020 hat China mit 14 asiatisch-pazifischen Staaten das Freihandelsabkommen RCEP vereinbart. Ein pazifischer Wirtschaftsraum unter chinesischer Führung muss in Europa eine Neuorientierung der transatlantischen Perspektive erzwingen.

Eine Vielzahl weiterer Mosaiksteine belegt zweifelsfrei, dass nichts an Pekings Handeln zufällig geschieht, sondern einer nüchternen Strategie der Macht folgt. Was Hongkong gerade erlebt, muss den Europäern die Augen öffnen, was das im Klartext für alle anderen bedeutet. Ohne Rücksicht auf diplomatische Verluste exportiert die Volksrepublik ihr Rechtsverständnis, ihre Spielregeln und ihre »Sicherheitsgesetze« in die übrige Welt. Hongkong dürfte dabei nur der erste Dominostein sein, der in Pekings Hände fällt. Im Streben des Reichs der Mitte nach einer chinesisch dominierten Weltordnung dürften andere folgen.[175]

Entschlüsselt man das chinesische Mosaik, offenbart sich das vorläufige, möglicherweise sogar endgültige Ende einer amerikanischen Welt(wirtschafts)ordnung, die mehr als 70 Jahre Gültigkeit hatte. Sie verschaffte Europa – ganz besonders Deutschland und der Schweiz – einen niemals für möglich gehaltenen Wirtschaftserfolg. Künftig wird es keine sowohl USA- als auch China-Partnerschaft, sondern nur noch ein Entweder-oder geben. Entweder wählen die Europäer die USA als strategischen Verbündeten und machen sich damit China zum Erzfeind. Oder sie entscheiden sich für die Volksrepublik und verzichten auf transatlantische Bündnisse (und damit wohl auch auf den militärischen Schutzschild der USA für Europa). Europa, Deutschland, Österreich und die Schweiz werden sich auf einen der beiden Großmächte als Partner festlegen müssen: entweder mit den USA gegen China oder mit China gegen die USA.

Natürlich ist die These einer »Rückkehr des Kalten Kriegs« steil. Aber viele Indizien sprechen dafür. Das beginnt mit der Annexionspolitik Russlands. Seine Drohungen gegenüber der Ukraine sind ein weiteres Indiz. Ebenso dass die chinesischen Rüstungsausgaben nicht ab-, sondern zunehmen. Genauso provoziert Chinas Vorgehen in Bezug auf Hongkong die Frage, wie weit die Volksrepublik in ihrem Machtanspruch gehen wird. Es ist zu erwarten, dass ein neuer Kalter Krieg nicht einfach eine Fortsetzung des alten sein wird. Er wird auch weniger mit herkömmlichen militärischen Mitteln geführt werden. Eher dürfte er im Cyberspace entschieden werden.

21. Kampf um den Cyberspace

Nach dem Coronavirus ist vor dem Cybervirus. So lässt sich auf den Punkt bringen, welche Folgen mit Covid-19 auch einhergehen. Denn mit der Beschleunigung des Strukturwandels von einer globalisierten Güterwirtschaft zu einer digitalisierten Datenökonomie gehen neue existenzielle Bedrohungen für Bevölkerung und Wirtschaft einher. Hackerangriffe auf Twitter-Konten prominenter Unternehmer und Politikerinnen oder der vermutete Versuch Russlands, illegal auf Computer von Coronaforschern zuzugreifen, sind Warnschuss genug. Es gibt eben auch im Cyberspace Viren, die immensen Schaden anrichten können. Und sie gefährden natürlich genauso Menschenleben und Gesellschaften wie biochemische Viren.

Durch digitale Abläufe, Onlinehandel, Fernunterricht, Videokonferenzen und lokale 3-D-Produktion vor Ort beim Kunden entstehen ganz neue Abhängigkeiten. Bisher waren einzelne Glieder globaler Wertschöpfungsketten gefährdet, missbraucht zu werden. Sei es, dass einzelne Regierungen im Konfliktfall mit Strafzöllen, Handelsrestriktionen oder gar Verstaatlichung und Enteignung drohten. Sei es, dass Kriminelle Eigentumsrechte missachteten, den Patentschutz verletzten, Raubkopien herstellten oder sich der Markenpiraterie schuldig machten.

Wenn Digitalisierung der Globalisierung ein neues Antlitz geben wird, werden auch (politische) Abhängigkeiten und kriminelle Aktivitäten ihren Charakter ändern. Dem Wandel vom globalen Güterhandel zum virtuellen Datentransfer wird eine zunehmende Cyberkriminalität folgen.

Auf der einen Seite sind es private Big-Data-Firmen, die mehr oder weniger permanent, mehr oder weniger legal und unverdeckt firmenspezifische Daten abfischen, um Verflechtungen und Netzwerke sowie innerbetriebliche Verhaltensmuster, Entscheidungsstrukturen, Abläufe und Betriebsgeheimnisse auszuspionieren. Auf der anderen Seite können Cyberattacken dem Ziel dienen, Firmen, Persönlichkeiten, Regierungsvertretern oder Politikerinnen zu schaden, sie für eine Weile lahmzulegen, das Vertrauen ihrer Partner zu zerstören oder ihre Reputation in der Öffentlichkeit zu untergraben.

Angriffe aus dem Cyberspace entfalten dann eine verheerende Wirkung, wenn Hackerangriffe Städte zum Erliegen bringen, weil durch eine Störung der Rechenzentren von Versorgern ganze Regionen ohne Strom, Licht oder Wasser bleiben. Einen Vorgeschmack dafür lieferte im Frühjahr 2021 der Hackerangriff auf die Colonial Pipeline an der US-Ostküste, die größte Benzinpipeline der USA. Der Betrieb der Pipeline kam komplett zum Erliegen, was in Teilen des Landes Benzinengpässe verursachte. Keine Woche später war die irische Gesundheitsbehörde Ziel einer ähnlichen Attacke. Dabei wurde versucht, Patientendaten zu stehlen.

Fallen große Server aus, geht bei der Mobilität und Kommunikation oder auf den Intensivstationen der Krankenhäuser gar nichts mehr, weil das Internet flächendeckend lahmgelegt ist. Ebenso bleiben Handel, Börsen und Banken geschlossen, wenn Onlinetransaktionen beim elektronischen Daten- und Zahlungsverkehr nicht verifiziert werden können. Gefälschte Software ist in der Lage, Bankkonten auszuräumen, Rechenzentren auszuspionieren oder auch die Daseinsvorsorge in Deutschland oder den Service public in der Schweiz zu stören.

Eine digitalisierte Datenwirtschaft wird dann zum systemischen Risiko für alle, wenn »Bot«-Netzwerke Bevölkerungen manipulieren und Parlamentswahlen (ver)fälschen. Fake News vermögen es, Hass und Misstrauen zu säen und Gesellschaften zu destabilisieren. Genauso ergeben sich gewaltige Abhängigkeiten bei der Nutzung privater Datenclouds, beim Onlineshopping, beim elektronischen Datenverkehr mit Banken und Versicherungen oder bei E-Government.

Wer neue Technologien beherrscht, dominiert den Cyberspace

Angriffe aus dem Cyberspace werden im 21. Jahrhundert die Waffe sein, mit der andere Volkswirtschaften abhängig, bedroht und gefügig gemacht werden können. Sie erfolgen unsichtbar, lautlos und grenzenlos, sind deswegen aber nicht minder wirkungsvoll als die traditionellen militärischen Gefährdungen zu Land, Luft oder See. Was vielleicht – auch angesichts der Anglizismen – noch nach Science-Fiction klingt, ist bereits Realität. Gerade während des US-Wahlkampfs 2020 zeigte sich, wie heute schon ein virtueller Informationskrieg tobt, wie in den sozialen Medien des Internets weitverbreitete Falschmeldungen das öffentliche Meinungsbild prägen, wie Hack-and-Leak-Operationen die Privatsphären der Kandidaten und deren Familien torpedieren und wie Onlineplattformen missbraucht werden, um Wahlergebnisse zu verfälschen.

Die Dominanz im Cyberspace, die Qualität der Cybersicherheit und die Fähigkeit zur Abwehr von Cyberattacken werden den epochalen Wettlauf um Macht und Vorherrschaft in der Welt(wirtschaft)politik entscheiden. Sie öffnen oder schließen Zugänge zu Märkten. Sie sichern oder gefährden (monopolistische) Marktpositionen. Und zwar möglicherweise nicht nur vorübergehend, sondern für längere Zeit, weil sich Vorsprünge relativ gut verteidigen und Rückstände nicht so einfach aufholen lassen.

Genau aus dem Grund haben sich die Spannungen zwischen den beiden Supermächten USA und China in den vergangenen Jahren verschärft. Beide wissen, dass derjenige den Cyberspace beherrschen und in einem Cyberwar dominieren wird, der bei den neuen Technologien – von künstlicher Intelligenz bis maschinellem Lernen und lernenden Maschinen – vorne liegt. Viele fürchten, dass einmal erzielte (monopolistische) Vorsprünge von anderen kaum oder gar nicht mehr aufgeholt werden können. Zu dominant sind Pioniervorteile und zu groß einmal erlangte Wissensvorsprünge. Wer strategisch vorne liegt, wird sich nicht mehr so einfach von der Spitze vertreiben lassen.

Sicherheit im Cyberspace und die Abwehr von Cyberangriffen gehören zu den zentralen Staatsfunktionen im Post-Corona-Zeitalter.

Es gilt zu verhindern, dass der biologischen Pandemie eine virtuelle folgt. Das wird teuer werden und von den Steuerzahlenden wiederum zusätzliche Tribute fordern. Ungenügender Schutz jedoch ist weit kostspieliger. Er kann Existenzen zerstören und im schlimmsten Fall die Stabilität westlicher Gesellschaften infrage stellen.

22. Gebrochene Versprechen

In vielen Gesellschaften des Westens hat ein wachsender Teil der Bevölkerung den Glauben an lange bewährte Institutionen verloren. Man misstraut Kapitalismus und Marktwirtschaft. Denn anders, als es die Theorie versprochen hatte, kam es in der Praxis zu keinem Ausgleich zwischen Reich und Arm. Vielmehr war Divergenz die Regel, während Konvergenz zu oft die Ausnahme blieb. Das galt bei Vermögen noch mehr als bei Einkommen.

»Die Flut hebt alle Boote« war bereits John F. Kennedys Versprechen an die amerikanische Nation, dass wirtschaftliches Wachstum allen zugutekomme.[176] Als »Abtropf-Effekte« würden die Erfolge der Gesamtwirtschaft in die Gesellschaft insgesamt sickern und so zum Vorteil für alle werden.[177] Deshalb müsse die Bevölkerung eigentlich Kapitalismus und Marktwirtschaft positiv gegenüberstehen.

Die Flut hat in der Tat alle Boote gehoben. Aber die Flut hat nicht alle Boote gleichermaßen nach oben gebracht. Das ist das empirische Ergebnis für westliche Gesellschaften in der Nachkriegszeit. Kapitalismus und Marktwirtschaft haben die Lebensverhältnisse aller verbessert.[178] Aber nicht überall und bei allen geschah das im selben Ausmaß.[179] Wenige haben viel mehr als früher, viele nur wenig mehr. Die Schere zwischen Reich und Arm hat sich nicht geschlossen. Sie ist mancherorts auseinandergegangen. Der Abstand zu den Reichen ist für die Armen eher größer als kleiner geworden.

Ausgehend von den empirischen Arbeiten von Thomas Piketty und Branko Milanovic zeigt sich, dass sich die Einkommensverteilung im Lauf der starken Wachstumsprozesse der jüngeren Vergangenheit zulasten der Arbeit und zugunsten des Kapitals verschoben hat.[180] Das ist eigentlich auch nicht weiter verwunderlich. Denn erst durch die

Globalisierung und nun noch stärker durch die Digitalisierung haben sich die Knappheitsverhältnisse fundamental verändert. Bei der Globalisierung waren »billige« Arbeitskräfte aus aller Welt dazugekommen. Bei der Digitalisierung sind es künstliche Intelligenz und Roboter. Globalisierung und Digitalisierung vergrößern beide Hand in Hand massiv das weltweite Arbeitsangebot. Das verursacht unmittelbare Rückwirkungen auf die Arbeits- bzw. Kapitalintensität bei Wertschöpfungsprozessen. Denn dadurch stehen dem Wirtschaftsprozess viel mehr Arbeitskräfte zur Verfügung (teils in Form von Personen in Billiglohnländern, teils in Form von Robotern, die die Jobs von Menschen übernehmen). Demgegenüber bleibt Sachkapital in Form von Maschinen oder Humankapital in Form von menschlichen Fähigkeiten vergleichsweise knapper. Deshalb muss die Kapitalrentabilität – also die Renditen des Working Capitals – schneller steigen als die Löhne für einfache Beschäftigungsverhältnisse.[181] Als Folge davon nimmt die Polarisierung innerhalb einer Gesellschaft zu.[182]

Sanfte Gefühle sind wichtiger als harte Fakten

Die Statistiken, die eine wachsende Ungleichheit und eine Öffnung der Schere zwischen Arm und Reich wiedergeben, mögen für Deutschland, Österreich und die Schweiz unzureichend und widersprüchlich sein.[183] In der Wissenschaft und zwischen den Interessenverbänden – insbesondere zwischen Arbeitgeberorganisationen und Gewerkschaften – wird heftig gestritten, ob die Einkommensschere tatsächlich auseinanderlaufe oder ob »netto« – also nach Berücksichtigung aller Steuern, Abgaben und Transfers – ein derartiger Polarisierungseffekt überhaupt nicht (mehr) feststellbar sei.

Eine solche Diskussion läuft aber am eigentlichen Punkt komplett vorbei. Denn die Verhaltensökonomik kann überzeugend zeigen, dass objektive Fakten bei der Beurteilung von Einkommensverläufen eine geringere Rolle spielen als subjektive Bewertungen. Bereits ein gefühlter Nachteil lässt viele Menschen überlaufen zu den Gegnern von Offenheit, Veränderung und Anpassung an das Neue und Unbekannte.[184]

Das Misstrauen der Bevölkerung gegenüber der Marktwirtschaft gründet oft weniger auf Tatsachen als vielmehr auf einer Wirklichkeitslücke – also einer Differenz zwischen Realität und Wahrnehmung. Wachsende Teile der Gesellschaft zweifeln, ob der Markt wirklich besser als der Staat in der Lage sei, mehr Wohlstand für alle zu garantieren, oder ob nicht ökonomische Polarisierung und gesellschaftliche Spaltung zwangsläufig mit Privatisierung und Deregulierung einhergingen.

Zwar kann die Ökonomik die insgesamt positiven Auswirkungen von Kapitalismus und Marktwirtschaft eindeutig nachweisen. Ein ungehindertes Zusammenspiel von Angebot und Nachfrage fördert den Wohlstand. Arbeitsteilung, Spezialisierung sowie Freihandel haben die Lebensbedingungen der meisten Menschen in der Nachkriegszeit wesentlich verbessert. Selbst da, wo Marktversagen eintritt, müssen die daraus folgenden Kosten den ebenso möglichen Kosten eines Staatsversagens gegenübergestellt werden. Oft machen sich Bürokratie oder das Eigenleben von Verwaltung und Politik genauso negativ bemerkbar.

Aber der entscheidende Punkt liegt darin, dass es bei sozioökonomischen Entwicklungen nicht so sehr um die tatsächlichen Ergebnisse geht, sondern um die gefühlten.[185] Psychologie und Verhaltensökonomik offenbaren, wieweit bei wirtschaftspolitischen Maßnahmen nicht nur die wirtschaftliche Effizienz entscheidend ist.[186] Ebenso wichtig ist, dass die Bevölkerung die Verteilung der Effizienzvorteile als fair bewertet.

Bei Urteilen dominieren eher Gefühle als der Verstand. Sogar wenn eine Person von einer Einigung selbst profitieren würde, aber einige wenige andere sehr viel stärker begünstigt werden, empfindet die Person das Ergebnis als so ungerecht, dass sie eine derartig ungleiche Verteilungslösung ablehnt. Somit scheitern die Verhandlungen. Geschäfte platzen – selbst wenn das bedeutet, dass damit auch der (kleine) Benefit für die ablehnende Person entfällt und alle schlechter dastehen als mit einer Einigung.

Wahrnehmung und Erwartung bestimmen menschliches Verhalten. Es sind weniger objektive Fakten, sondern subjektive Bewertungen, die Entscheidungen prägen. Nicht so sehr was tatsächlich ist, sondern vielmehr wie etwas empfunden wird, lässt Menschen so oder anders handeln.[187] Menschen lassen sich von gefühlten, nicht von tatsächlichen Ungleichheiten und Ungerechtigkeiten leiten.[188]

Anders und konkreter formuliert: Menschen können durchaus mit der Ungleichheit leben, die mit Kapitalismus und Marktwirtschaft einhergeht. Sie verstehen, dass Unterschiede in der Bezahlung zum Wesen von Angebot und Nachfrage gehört und höhere Löhne gleichermaßen Anreizsignal und Motivation sind. Klaffen jedoch Einkommen, Vermögen und Chancen zu weit auseinander, sinkt die Akzeptanz.[189] Eine zu stark ungleichgewichtige Verteilung von Vorteilen wird dann als unfair bewertet.[190] Als Folge lehnen Menschen Kompromisse ab, selbst wenn sie sich mit der Ablehnung selbst schaden.[191]

Es nützt somit politisch nichts, der Bevölkerung in hochspekulativen ökonomischen Kosten-Nutzen-Rechnungen die gesamtwirtschaftlichen Vorteile von Kapitalismus und Marktwirtschaft vorzurechnen. Was schert die einzelnen Menschen der makroökonomische Gewinn, wenn sie überzeugt sind, dass die unsichtbare Hand freier Märkte das Leben härter, die Arbeitsbelastung stärker und die Zukunft der Kinder düsterer macht? Bei solcher Wahrnehmung mit harten gesamtwirtschaftlichen Fakten zu operieren, muss für viele wie blanker Hohn klingen. Da entzündet sich dann die Frustration. Sie kann zum Flächenbrand werden, der die Marktwirtschaft gefährdet.

Wer Gewinne privatisiert und Verluste sozialisiert, darf sich nicht wundern

Spätestens seit den Verwerfungen der Finanzmarktkrise von 2008/09, als Verantwortung und Haftung nicht mehr deckungsgleich waren und private Finanzinstitute (und deren Eigentümer bzw. Aktionäre) durch den Staat und das Steuergeld der Bevölkerung gerettet werden mussten, hat ein großer und wachsender Teil der Gesellschaft das Gefühl, dass mit Kapitalismus und Marktwirtschaft vieles falsch laufe und der Staat einseitig den Interessen der Eliten diene, aber die Nöte der Massen vernachlässige.

(Zu) viele Menschen empfinden, dass in guten Zeiten Gewinne privatisiert und in schlechten Zeiten Verluste sozialisiert werden. Dass Reiche immer wohlhabender würden und die Lage für Arme immer hoffnungsloser werde. Offenbar fühlen sich weltweit viele Menschen von Kapitalismus und Marktwirtschaft unfair behandelt, obwohl es ihnen heute – objektiv und absolut gesehen – wesentlich besser geht als ihren Eltern. Sie bewerten es als ungerecht, dass einige wenige Boote von der Flut so viel stärker angehoben wurden als alle anderen. Und viele haben den Glauben verloren, dass in der Marktwirtschaft ein Automatismus von allein dazu führe, dass die Flut eines Tages alle Boote heben wird.

Besonders schwer zu ertragen ist für Randgruppen, Außenstehende und Minderheiten, wenn der wirtschaftliche Status zementiert ist und vererbt wird – also wenn ein ökonomischer oder sozialer Aufstieg nicht von eigenen Fähigkeiten, sondern vom Vermögen der Eltern und Großeltern abhängig ist. Chancengleichheit am Start und eine Durchlässigkeit nach oben als Folge eigener Leistung sind unverzichtbar für eine Akzeptanz von Ungleichheit. »Wenn es zu viel Ungleichheit in einer Gesellschaft gibt, hat das irgendwann Folgen für den wirtschaftlichen Erfolg. … Die schlimmste Folge von Ungleichheit ist Armut – und die gesellschaftliche Marginalisierung armer Menschen«, so der 2017 verstorbene britische Ökonom Sir Anthony Atkinson.[192] Das gilt ganz besonders dann, wenn unten bleiben muss, wer einmal unten ist.

Hier zeigt die Marktwirtschaft Defizite, die mit hoher Priorität zu beheben sind. Geburt und Herkunft dürfen den wirtschaftlichen Erfolg nicht derart dominant bestimmen, wie das heute der Fall ist.[193] »Die Eliten leben in einer Blase. Sie gehen auf die gleichen Colleges, heiraten untereinander, wohnen in den gleichen Quartieren und arbeiten in den gleichen Büros und erwarten, dass die meisten Menschen mit dem wachsenden materiellen Wohlstand zufrieden sind«, so *The Economist*, wahrlich kein Propagandablatt für einen Klassenkampf.[194]

Gerade eine marktwirtschaftlich organisierte Gesellschaft muss mit aller Kraft dafür sorgen, dass in jeder Lebenslage und immer wieder von Neuem Wege für Menschen offenstehen, aufzusteigen und nicht unten verharren zu müssen – im schlimmsten Fall sogar über Generationen. Sie muss dem Bauchgefühl entgegenwirken, dass Marktwirtschaft ökonomische Unterschiede vergrößere und zur gesellschaftlichen Spaltung beitrage. Ein Grundeinkommen will da Abhilfe schaffen und Stimmungen drehen. Es soll zeigen, »ja, wir haben verstanden«, Marktwirtschaft kommt allen sichtbar und erkennbar direkt zugute – nicht nur indirekt über einen Wohlstandsregen, der von oben nach unten tröpfelt und der – zumindest in der Wahrnehmung – nicht immer ankommt, sondern oft versickert.

23. Lebenslange Bildung braucht beides: Geld und Zeit

Welches sind die drei wichtigsten Faktoren für wirtschaftlichen Erfolg? Die Antwort lautet: erstens Bildung, zweitens Bildung, drittens Bildung! Banale Übertreibung? Nein, empirische Erkenntnis! Sie gilt im Kleinen für einzelne Menschen genauso wie im Großen für eine Volkswirtschaft insgesamt. Gute Bildung ist nicht alles, aber ohne gute Bildung ist alles nichts!

Der Stellenwert der Bildung war immer schon zentral. Er wird in Zukunft nicht ab-, sondern weiter zunehmen. Denn wie sonst, wenn nicht mit mehr Kreativität, höherer Kompetenz und besserem Können will der Mensch mit den disruptiven Prozessen des 21. Jahrhunderts mithalten können? Nichts anderes als Bildung wird in ähnlicher Weise dem Menschen helfen, die riesigen Chancen von Algorithmen, Big Data und selbstlernenden, autonomen Informationssystemen zum eigenen Vorteil und zu mehr Wohlstand für alle zu nutzen. Und gleichzeitig wird ihm mehr Wissen und Können ermöglichen, die mit Disruption einhergehenden Risiken zu verringern. So lässt sich verhindern, zum Spielball von Big Brother und Big Business zu werden.

Bildung als Erfolgsschlüssel

Bildung war und ist der entscheidende Schlüssel für beruflichen und gesellschaftlichen Fortschritt. Sie bestimmt maßgeblich, wer auf welche Stufe der Einkommenspyramide gelangt. Mit einem höheren Berufsabschluss oder gar einem akademischen Titel hatte man schon in den vergangenen Dekaden ganz gute Chancen, oben Platz nehmen zu können. Wer nur Allgemeinwissen im Schulranzen oder gar keinen Abschluss hatte, musste hingegen unten sitzen und hatte nur wenig

Hoffnung auf einen wirtschaftlichen Aufstieg. Es galt die empirisch eindeutig belegte einfache Faustregel: Gute Bildung ist die beste Versicherung gegen Erfolglosigkeit, Arbeitslosigkeit und Armut. Als durchschnittliche individuelle Bildungsrendite errechnet sich in Deutschland für jedes zusätzliche Bildungsjahr ein um 7 bis 10 Prozent höheres Arbeitseinkommen.[195] Nicht schlecht im Zeitalter der Nullzinsen oder sogar realen Negativrenditen auf Sparbüchern.

Aber nicht nur für Einzelne wird sich im Zeitalter der Digitalisierung Bildung mehr denn je rentieren. Auch die Gesellschaft insgesamt wird von einem besseren Bildungsstand der Bevölkerung profitieren. Länder, die mehr Geld für bessere Bildung ausgeben, haben höhere Chancen auf mehr Wohlstand für alle. Die Erklärung für diese Symbiose von Lernerfolgen des Einzelnen, die zu wirtschaftlichem Erfolg für alle werden, hat etwas damit zu tun, dass Kreativität, Kompetenzen und Können Einzelner auf andere überschwappen und damit auf alle ausstrahlen. Wenn sich Einzelne bilden, profitieren alle von der höheren Leistungsfähigkeit. Der Innovationspool in einer Gesellschaft steigt. Er wird zu einem attraktiven Faktor für Standorte oder Regionen. Wie eine gut gebildete Bevölkerung zum Kern eines Clusters werden kann, zeigt sich im kalifornischen Silicon Valley. Auf engstem Raum haben die Internetriesen Amazon, Google, Apple, Uber, Facebook oder Twitter ihre Forschungszentren mit Zigtausenden von Mitarbeitenden errichtet. Als Folge ergibt sich ein rasches Wachstum von Beschäftigung und Wertschöpfung – und damit eben »mehr Wohlstand für alle«!

Disruption wird Bildung noch einmal wichtiger werden lassen, als sie es bisher ohnehin schon war. Für diese These spricht nicht zuletzt der Nachweis, dass Bildungsrenditen in den vergangenen Jahren gestiegen sind. Daraus lässt sich ableiten, »dass die Nachfrage nach gut ausgebildeten Personen in der heutigen Wissensgesellschaft stärker gestiegen ist als das Angebot an hochqualifizierten Personen. Dadurch werden Investitionen in Bildung für den Einzelnen finanziell noch attraktiver« – so die Bildungswissenschaftler des Münchener ifo Instituts für Wirtschaftsforschung.[196]

Wieso künstliche Intelligenz menschliche Bildungsrenditen gefährdet

Im 21. Jahrhundert wird es immer weniger genügen, Kinder und Jugendliche in jungen Jahren mit einem Rucksack voller Bildung auszustatten, der dann im Lauf von Erwachsensein und Erwerbstätigkeit langsam abgetragen wird, bis am Ende der Ruhestand wartet. Im 21. Jahrhundert werden Menschen länger leben und länger aktiv bleiben. Sie werden stets von Neuem angemessen auf Veränderungen zu reagieren haben. Dazu bedürfen sie immer wieder Lernphasen, um sich für neue Herausforderungen vorzubereiten. Dafür aber braucht es finanzielle Mittel, aber mehr noch – und ganz besonders bei disruptiven Entwicklungen – Auszeiten, um sich an das Neue anpassen zu können.

Bildung für Erwachsene bedeutet nicht nur ein passives Konsumieren. Es bedarf des aktiven Mitmachens, das wiederum einer Menge ergänzender Unterstützung bedarf. Ein Teil davon kann und soll privat, selber finanziert und selbstständig geleistet werden. Für viele(s) ist aber eine öffentliche Mithilfe unverzichtbar – und zwar eben im Voraus, bevor Probleme überhaupt erst entstehen. Deshalb bedeutet Bildungspolitik, aktiv den Menschen stets von Neuem Freiräume zu eröffnen.

Allerdings muss hier etwas Wasser in den Wein gegossen werden. Die Zeiten werden auch für besser qualifizierte Personen mit mehr Humankapital härter. Denn der Vorsprung gegenüber selbstlernenden Maschinen und künstlicher Intelligenz verringert sich Tag für Tag. Mehr Bildung allein genügt immer weniger, um gegen eine rasant voranschreitende Automatisierung bestehen zu können. Künstliche Intelligenz und selbstlernende Maschinen sorgen für eine gewaltige Vermehrung des Angebots von Humankapital. Dadurch werden für viele Tätigkeiten und Aktivitäten die Bildungsrenditen gedrückt werden. Deshalb muss sich das Bildungswesen neu orientieren. Es darf nicht mehr primär auf Wissensvermittlung ausgerichtet sein. Vielmehr muss es Fähigkeiten vermitteln, die jenseits künstlicher Intelligenz liegen. Dazu gehört eine Schulung des gesunden Menschenverstands. Damit ist zunächst die Urteilskraft angesprochen. Was ist möglich, was ist erlaubt? Was ist sinnvoll, was unsinnig und unvernünftig? Die Antworten folgen moralischen Wertvorstellungen, sozialen Normen und persönlichen Gefühlen. Damit wird offensichtlich, dass es bei Bildung mehr und mehr darum geht, all das zu vermitteln, was selbstlernende Maschinen und künstliche Intelligenz eben (noch nicht annährend) können. Dazu gehören Kreativität und Fantasie, Neugier und Motivation, Teamgeist und Empathie, Kritikfähigkeit und wohl auch Resilienz, eine während der Coronapandemie populär gewordene Eigenschaft, die Adaption und Adoption anspricht, also die Bereitschaft, sich neuen Umständen geschickt anzupassen.

Künftige Generationen müssen, wollen und werden sich regelmäßige Auszeiten für Weiter- und Fortbildung, zum Erwerb neuer Kenntnisse und zum Aufladen der körperlichen und geistigen Batterien nehmen. Das gilt gerade und vor allem für Beschäftigte, die vergleichsweise einfache Tätigkeiten mit geringen Qualifikationsniveaus erledigen – wie beispielsweise das Einkassieren an der Zahlstelle eines Supermarkts. Sie werden durch die Digitalisierung in besonderer Weise zu Anpassung, Veränderung, Arbeitsverkürzung und (un)gewollten Auszeiten gezwungen werden.

In der aktuellen Arbeitsmarktpolitik wirkt es widersprüchlich, von Geringqualifizierten eine längere Lebensarbeitszeit einzufordern, wenn gleichzeitig gerade für dieses Segment des Arbeitsmarkts die Digitalisierung die stärksten Umwälzungen verursachen wird und eine Vielzahl von standardisierten und repetitiven Tätigkeiten verschwinden dürften. Niedrigqualifizierte haben gegen Automaten langfristig keine Chance mitzuhalten, ihre Arbeitsproduktivität ist zu gering. Das lässt lediglich Hungerlöhne zu, von denen sich nicht ein Leben in Würde finanzieren lässt.

Es ist ökonomisch ineffizient und gesellschaftlich unfair, Menschen zu Billiglohnarbeit zu zwingen, wenn es dafür unbemannte Alternativen gibt, die dasselbe Ergebnis kostengünstiger erzeugen können. Daher muss aller intellektueller Ehrgeiz darauf ausgerichtet sein, eine klügere Arbeitsteilung zwischen Mensch und Maschinen zu finden sowie eine wirkungsvollere Wirtschaftspolitik, die allen Teilhabe am technologischen Fortschritt ermöglicht. Das Grundeinkommen liefert für diesen flächendeckend zu leistenden Transformationsprozess die Finanzierungsgrundlage.

Macht aus Pyramiden Zylinder!

Um ein Leben lang den Vorsprung gegenüber künstlicher Intelligenz und Robotern bewahren zu können, bedarf es einer radikalen Umkehr bei der Bildungsfinanzierung. Aus Bildungspyramiden müssen Zylinder werden. Auf breiter Basis und mit viel Geld konzentrieren sich Bildungsausgaben heutzutage auf Junge und lediglich punktuell auf Ältere. Im Jahr 2019 wurden in Deutschland nach vorläufigen Berechnungen des Statistischen Bundesamts vom April 2021 326 Milliarden Euro für Bildung, Forschung und Wissenschaft ausgegeben.[197] 206 Milliarden Euro davon flossen an den Elementarbereich, die Schulen, den schulnahen Bereich, die betriebliche und duale Ausbildung, an Hochschulen und Universitäten (einschließlich Forschung und Entwicklung an Hochschulen). Rund 90 Milliarden Euro gaben die Wirtschaft und private Einrichtungen für Forschung und Entwicklung aus. Für die betriebliche Weiterbildung hingegen wurden nur 12,4 Milliarden Euro ausgegeben, für Volkshochschulen 1,4 Milliarden Euro und für Bildungseinrichtungen der Kammern plus Lehrerfortbildung plus Förderung von Teilnehmenden an Weiterbildung etwa 4,4 Milliarden Euro. Holzschnittartig zusammengefasst werden von den reinen Bildungsausgaben (ohne Forschung und Entwicklung) etwa 90 Prozent für Menschen in den ersten 25 Lebensjahren ausgegeben und für die rund 60 Jahre danach verbleiben gerade einmal weniger als 10 Prozent.

Diese asymmetrische Schieflage mit einer nahezu ausschließlichen Konzentration auf die Jugend ist zu korrigieren. Private wie staatliche Bildungsbudgets sollten von der Jugend ins fortgeschrittene Alter umgeschichtet werden, sodass alle immer wieder und ein Leben lang die Option haben, sich aus-, fort- und weiterbilden zu können. Ein klug konstruiertes Bildungssystem muss stärker als in der Vergangenheit alle Altersklassen einbeziehen. Es hat Kinder und Jugendliche genauso wie Erwachsene und Ältere immer wieder mit situationsgerechten Bildungsbausteinen zu versorgen. Dafür braucht es neben Geld vor allem Zeit, um Freiräume für Bildung zu öffnen – auch jenseits der Jugendjahre. Genau dieser Einsicht folgt das Grundeinkommen.

Bildungssysteme haben sich auch mit Hochleistungsangeboten an den Bedürfnissen der 30- bis 70-Jährigen zu orientieren. Das gilt in besonderem Maß für die Universitäten und Hochschulen. Sie müssen eine Spitzenlehre nicht nur für die Ausbildung junger, sondern auch eine hochstehende Weiterbildung für ältere Studierende anbieten. Dabei geht es weniger um Wissensvermittlung als vielmehr um das Erlangen der Fähigkeit, wie man die Wissensflut verdichtet, Wichtiges von weniger Wichtigem trennt und Neues mit Bekanntem vernetzt. Und zwar so, dass Digitalisierung eben auch im Kleinen und Privaten hilft, von vorhandenem Wissen besser profitieren zu können. Das kann im Beruf oder im Privaten der Fall sein, wenn mit Facebook persönliche Beziehungen gepflegt werden oder Apps den Alltag erleichtern.

3-E-Bildung: »empowerment, enrichment, employability«

Um einem Generationenkonflikt zwischen jüngeren Digital Natives und älteren digitalen Außenseitern zu vermeiden, bedarf es stetiger altersspezifischer Weiterbildungsangebote, die zu einer erhöhten Produktivität und verbesserten Mobilität älterer Arbeitskräfte beitragen. Und es bedarf sozialer Absicherungssysteme, die Älteren die notwendigen zeitlichen Freiräume eröffnen, um sich stets und immer wieder von Neuem mit modernen Technologien, deren Umgang und Nutzung vertraut zu machen.

Natürlich nehmen fluide kognitive Fähigkeiten – also die Auffassungsgabe, Kreativität oder Originalität – mit zunehmendem Alter ab. Aber durch entsprechendes Training und dank der Fortschritte der Neurologie kann der Alterungsprozess verlangsamt werden. Auch weil mit dem Alter die kristallinen Fähigkeiten zunehmen – also Wissen und Erfahrung und die Fähigkeit, Wichtiges von Unwichtigem zu trennen. Und nicht zuletzt wird die Digitalisierung selbst helfen, die Abnahme der individuellen fluiden Fähigkeiten wenigstens teilweise kompensieren zu können und die individuelle Leistungsfähigkeit aufrechtzuerhalten.

Somit spricht vieles dafür, dass sich Digitalisierung und Demografie in wunderbarer Weise ergänzen. Weniger, aber besser gebildete Menschen werden mit dem Internet der Dinge vernetzt und verbunden sein. Sie werden mit weniger Aufwand mehr Wohlstand schaffen als heute. Einer Bevölkerung längere und produktivere aktive Lebenszeit zu ermöglichen, muss das Ziel eines Bildungssystems des 21. Jahrhunderts sein. Im Fokus sollten die drei E einer gelingenden Erwerbsbiografie stehen: »empowerment, enrichment, employability«. Das Ziel, Menschen ein Leben lang zu stärken und zu ermächtigen, beschäftigungsfähig zu bleiben, lässt sich durch Grundeinkommensmodelle einfacher und besser erfüllen als mit allen Alternativen.

Allerdings geht es für Erwachsene nicht nur um die Finanzierung direkter Kosten, wie Teilnahme- oder Studiengebühren oder Kosten für Erwachsenenbildung. Ebenso bedeutsam, und für viele wichtiger, sind die indirekten Kosten, insbesondere die Zeitkosten. Ein Grundeinkommen erlaubt, die Lücken und Löcher zu stopfen, die sich beim Haushaltseinkommen auftun, wenn Monate oder Jahre mit eigener Arbeit nichts verdient werden kann, weil man sich weiterbildet. Staatlich garantierte oder gar subventionierte Bildungsdarlehen oder staatlich finanzierte Bildungsgutscheine, die auch direkte Geldzahlungen während Weiterbildungsaktivitäten beinhalten, könnten weiterführende Ideen für lebenslange Bildungsanstrengungen sein.

Bildung ist wichtigstes Vermögen

Wenn das Sparbuch nur noch geringe Zinsen abwirft und höhere Renditen bei Sachwerten auch höhere Risiken bedeuten, wird Bildung erst recht zu einer höchst attraktiven Alternative. Sie ist und wird in disruptiven Zeiten – mehr noch als in der Vergangenheit – für die meisten Menschen das mit Abstand wichtigste Vermögen. Immer weniger können sich die Anstrengungen und Investitionen in gute Bildung auf den Lebensanfang beschränken. Sie haben ein ganzes Leben lang Priorität.

Wer immer wieder von Neuem weitergebildet wird, wird immer wieder und bis ins hohe Alter die Chance haben, gut zu verdienen. Der Clou dabei ist, dass individueller und gesamtwirtschaftlicher Erfolg Hand in Hand gehen. Wer besser gebildet länger aktiv sein kann und mehr verdient, wird auch mehr zur Finanzierung des Sozialstaats beitragen können und weniger auf soziale Unterstützung im Alter angewiesen sein. Deshalb wird der Zustand des Sozialstaats von morgen das Echo der Bildungspolitik von heute sein. Wenn die Babyboomer jetzt nicht mehr Geld für die Besserqualifizierung ihrer Kindeskinder in die Hand nehmen, werden die nach 1970 Geborenen als Seniorinnen und Senioren ab 2030 die negativen Folgen der unterbliebenen Bildungsinvestitionen zu spüren bekommen.

Deshalb ist es auch ein großer Irrtum, wenn Rentnerinnen und Rentner glauben, dass Bildung und alles, was damit einhergeht, sie nichts mehr angeht. Denn in einem Umlagesystem, bei dem die aktive Generation die Renten der Älteren zu erwirtschaften hat, spielt es natürlich sehr wohl eine Rolle, ob die Kindeskinder im Wettbewerb gegen ausländische Konkurrenten und künstliche Intelligenz werden mithalten können und ob sie imstande sind, durch ihr Wissen und Können jene Löhne zu erarbeiten, auf deren Basis die Renten der älteren Generationen zu finanzieren sein werden.

Auch die durch eigenes Kapital gedeckte private Vorsorge hängt existenziell vom gesamtwirtschaftlichen Erfolg Deutschlands, Österreichs oder der Schweiz ab. Sollte es hiesigen Firmen künftig im Zeitalter der Digitalisierung und Datenwirtschaft schlecht gehen, wird sich der Misserfolg genauso dramatisch negativ für Anleger auswirken, die auf einheimische Aktien gesetzt haben, was für die Masse der Vorsorgefonds der Fall ist.

Im Vergleich zu den Risiken, die ein verlangsamtes Fortschrittstempo als Folge unterfinanzierter und entsprechend nicht mehr zeitgemäßer Bildungssysteme heraufbeschwört, verursachen die heutigen Null- und Negativzinsen nichts mehr als einen Sturm in einem Wasserglas. Ein Zurückfallen bei der Bildung und ein dadurch verursachtes Fehlen gut qualifizierter Nachwuchs- und Fachkräfte jedoch dürfte einen Orkan auslösen. Null- oder Negativwachstum entziehen dem Sozialstaat die Finanzierungsbasis. Sie provozieren einen Umverteilungskampf zwischen steigenden Rentenansprüchen einer demografisch alternden Gesellschaft und einer schwindenden Leistungsfähigkeit jüngerer Generationen, der das Erwirtschaften des BIP immer schwerer fällt. Ältere und Ärmere würden die Folgen am stärksten spüren. Denn sie können sich am wenigsten wehren und/oder wegziehen und (andernorts) etwas Neues und anderes anfangen, das mehr Wetterfestigkeit verspricht.

»Der Rest der Welt schläft nicht. Wenn wir es nicht schaffen, mit unserem Bildungssystem in die internationale Spitze vorzurücken, gefährden wir den Wohlstand unserer Kinder«, sagt der Bildungsexperte Ludger Wössmann, Leiter des ifo Zentrums für Bildungsökonomik.[198] Wer nicht bereit ist, ab heute hier und jetzt mehr Geld für bessere Bildung auszugeben und auch Erwachsenen in fortschreitendem Alter mit einem lebenslang gewährten Grundeinkommen ein »BAföG für alle« und damit ein »Studium virtuale« zu ermöglichen, wird den Kindeskindern zu erklären haben, wieso man sich in Deutschland, Österreich und der Schweiz (zu) lange mit der Vergangenheit anstatt der Zukunft beschäftigte.

Im Zeitalter von Digitalisierung und Disruption kann man mehr denn je nicht zu viel, sondern nur zu wenig Geld in das Bildungswesen stecken. Ein besseres Bildungssystem mag teuer sein. Langfristig wird es mikroökonomisch im Kleinen wie gesamtwirtschaftlich im Großen aber eine Sache geben, die noch teurer ist als ein gutes Bildungssystem, nämlich ein schlechtes.

24. Resilienz als neues Paradigma

Hauptsache »Resilienz«. Der Begriff ist in der Pandemiebekämpfung zu einem Modewort geworden. Selbst der deutsche Sachverständigenrat hat sein Jahresgutachten 2020/21 damit überschrieben: »Corona-Krise gemeinsam bewältigen, Resilienz und Wachstum stärken«.[199] Acatech – die Deutsche Akademie der Technikwissenschaften – widmet sich sogar in einem dreibändigen Werk der Analyse, wie eine höhere Resilienz in Lieferketten und Wertschöpfungsnetzwerken erreicht werden kann, um auf Schockereignisse aller Art besser vorbereitet zu sein.[200]

Kurz zusammengefasst, geht es bei der Resilienz um die Überlebensfähigkeit von Systemen. Sie wird als Summe der Kräfte definiert, die ein System zur Abwehr exogener und endogener Schocks mobilisieren kann, sodass der durch den Schock verursachte gesamtwirtschaftliche Schaden minimiert wird. Resilienz unterscheidet sich fundamental von Resistenz. Sie zielt auf die offensive Annahme des Neuen und die Anpassungsfähigkeit an das Neue. Resistenz hingegen meint gerade das Gegenteil und will sich defensiv gegen das Neue wehren und das Alte bewahren.

Das Grundeinkommen ist die finanzielle Voraussetzung für gelingende Resilienz. Denn im Großen verfolgt Resilienz die Strategie der Adaption und Adoption, der Anpassung und Aneignung. Sie zielt auf endogene Mechanismen, die als spontane Reaktionen auf disruptive Entwicklungen von innen her selbstregulierend ausgelöst werden. Es geht um mehr oder weniger automatisch und reflexhaft ausgelöste Selbstheilungskräfte, die Menschen und Gesellschaften immer wieder ermöglichen, effizient und effektiv auf disruptive Prozesse (re)agieren zu können. So wie Kriseninterventionskräfte in unzähligen Trainingsstunden einüben, was in Notfällen zu tun ist, so meint ökonomische

Resilienz die Fähigkeit, nüchtern und sachlich, ohne blockierende Ängste und Sorgen stets kluge Strategien an neue Herausforderungen zu finden und zweckmäßig umzusetzen.

Im Kleinen geht es bei Resilienz darum, Personen zu ermächtigen, von den neuen Möglichkeiten profitieren zu können, die sich aus disruptiven Prozessen ergeben. Aneignung des Neuen durch Anwendung und Übernahme neuer Technologien sind das eine. Anpassungsfähigkeit ist das andere. Beides zusammen gewährleistet eine stete sowohl effiziente wie effektive Funktionsfähigkeit, und zwar für einzelne Personen genauso wie für staatliche Systeme der Wirtschafts- und Sozialpolitik.

Vorbeugen ist besser als heilen

Resilienz bedeutet, dass es für den Wohlstand einer Gesellschaft bei Weitem entscheidender wird, wie innovativ, kreativ und wettbewerbsfähig die Bevölkerung im Großen und Ganzen bei Adaption und Adoption an neue Rahmenbedingungen ist. Entsprechend muss ein Sozialstaat darauf ausgerichtet sein, durch Anreize Innovationspotenziale, Kreativität, Leistungsfähigkeit und damit die Anpassungsfähigkeit aller zu fördern. Er muss somit dem Prinzip des Grundeinkommens folgen. Erst ist zu fördern, was später gefordert sein wird.

Der Sozialstaat der Zukunft soll sich weniger auf die Reparatur als vielmehr auf die Prävention konzentrieren. Denn vorbeugen ist bekanntlich immer billiger als heilen. Probleme gar nicht erst entstehen zu lassen ist klüger, als sie nachträglich korrigieren zu wollen. Genauso ist agieren wirkungsmächtiger als reagieren. Künftig muss Förderung vor Forderung kommen – nicht nur bei der Bildung, sondern auch in der Sozialpolitik.

Unwillige zu Tätigkeiten zu aktivieren, für die es im Zeitalter der Digitalisierung immer weniger Bedarf gibt, ist ein Nebenschauplatz. Die Hauptbühne muss jenen gehören, die wollen, aber nicht aus eigener Kraft können. Sozialpolitik hat zu ermächtigen, nicht zu bevormunden. Sie muss Selbstverantwortung und Eigenleistung ermöglichen. Sie soll Freiräume vorauseilend eröffnen. Sie soll nicht passiv warten, bis Komplikationen entstanden sind, die es dann im Nachgang als vermeintliche Sozialfälle zu reparieren gilt. Vielmehr sind frühzeitig Chancen nutzbar zu machen, die sich aus heute noch weitgehend unbekannten und unbestimmten technologischen, gesellschaftlichen und kulturellen Entwicklungen ergeben. Risiken, die ebenso zum Wandel dazugehören, sind zu verringern. Genau das kann ein bedingungslos gewährtes Grundeinkommen leisten.

Freiwilligkeit ist besser als Zwang

Der Sozialstaat des 21. Jahrhunderts muss auf die Leistungswilligen ausgerichtet sein, nicht auf die Leistungsverweigerer. Es geht um Motivation, nicht um Sanktion. Denn es war immer schon ein Irrglaube, ein kapitalistisches Wirtschaftsmodell sei existenziell darauf angewiesen, dass es Menschen gibt, die durch Existenznot und Erwerbsdruck zu zwingen wären, für wenig Geld Jobs anzunehmen, die niemand gerne macht. Es ist höchste Zeit, mit diesem anachronistischen Ausbeutungsargument des Frühkapitalismus aufzuräumen. Die Freiheit, Nein zu sagen, ist eine fundamentale Voraussetzung für faire und auf Augenhöhe geführte Vertragsverhandlungen. Das gilt in besonderem Maß für eine Marktwirtschaft, der Fairness nicht fremd ist. Für den Arbeitsmarkt bleibt eines der wenigen eisernen Gesetze der Ökonomik auch und gerade im Zeitalter der Disruption gültiger denn je. Nämlich, dass Marktmacht oder Zwang zu ökonomisch ineffizienten Ergebnissen führen.

In den kommenden Dekaden wird es weder mikro- noch makroökonomisch für den wirtschaftlichen Fortschritt und die soziale Stabilität entscheidend sein, ob es gelingt, Menschen, die nicht wollen, zu zwingen, etwas zu tun, was sie nicht können. Arbeitszwang dient primär als Symbol der Abschreckung. Nachhaltiger Erfolg wird jedoch nicht durch Gängelung erreicht, sondern durch Innovation und Bildung. »Es ist gewiss kein schönes Los, gegen den Willen von Human-Resources-Managern auf Arbeitsplätzen ausharren zu müssen mit einer Arbeit, die der Wertschöpfung der Firma nicht nennenswert dient.«[201]

Grundeinkommensmodelle sind resilient. Sie setzen auf Leute, die motiviert sind, eigenverantwortlich und selbstständig etwas zu leisten, was ihnen und der Gesellschaft insgesamt weiterhilft. Denn der Wohlstand wird durch die Kreativen, die Innovativen und die Leistungsträger bestimmt. Sie müssen genauso gefördert werden, wie die Schwächeren gegen Not und Elend abzusichern sind. Deshalb muss eine resiliente Sozialpolitik der Zukunft bei der Zukunft der Arbeit ansetzen. Sie muss möglichst vielen Menschen helfen, jene Aktivitäten zu verfolgen, die ihren Fähigkeiten entsprechen und ihnen Spaß bereiten. Wenn die Masse der Bevölkerung mit (gut) bezahlten Jobs viel Geld verdient, stehen insgesamt auch mehr Mittel für die Unterstützung der wirtschaftlich Schwächeren zur Verfügung.

Noch einmal: erst fördern, dann fordern

Das Soziale gehört an den Anfang einer resilienten Wirtschaftspolitik für das 21. Jahrhundert. Was beim Kindergeld als selbstverständlich gilt, muss mit einem Grundeinkommen als Erwachsenengeld zum sozialpolitischen Grundsatz für alle werden. Eine Gesellschaft sollte nicht nur in junge Menschen das Vertrauen haben und mit Investitionen in die Bildung in Vorleistung gehen. Das gleiche Vertrauen müsste auch Erwachsenen entgegengebracht werden. Weit weniger als in früheren Zeiten sollen Menschen vor Veränderungen geschützt werden. Vielmehr sind sie stets von Neuem zu ermächtigen, mit Veränderungen erfolgreich mithalten zu können. Es geht um die Fähigkeit, sich von Kindesbeinen bis ins hohe Alter stets an geänderte Umstände effektiv anpassen zu können – also um Adoption und Adaption.

Resilienz bedingt, Menschen immer wieder Freiräume zu öffnen. Mit einem Grundeinkommen können sie es sich bei Bedarf leisten, sich die Zeit für Anpassung, Weiterbildung und Umschulung zu nehmen. Das gilt in ganz besonderem Maß für jene Beschäftigten, deren Jobs zuallererst durch disruptive Prozesse wegfallen. Dazu gehören Angestellte, die in Supermärkten an der Kasse sitzen, in Banken Belege weiterverarbeiten, in Eingangsbereichen Personen kontrollieren, in der Logistik, im Transportgewerbe oder in der Produktion einfache standardisierte Tätigkeiten erledigen. Ob die stete Förderung als Voraussetzung für daraus erwachsende spätere Forderungen mit einem Grundeinkommen, einem »Lebenschancenkredit« oder aus einem »Chancenkonto« finanziert wird, ist letztlich sekundär. Wichtiger ist die Einsicht, dass verbesserte Teilhabe und größere Chancengleichheit mehr Autonomie und zeitlichen Freiraum voraussetzen. Hierfür trägt die Gesellschaft eine finanzielle Mitverantwortung – nicht nur bei Jugendlichen, sondern auch bei Erwachsenen, nicht nur am Anfang eines Lebens, sondern ein ganzes Leben lang.

Disruption als Ursache verlangt nach Resilienz als Antwort. Das Grundeinkommen bildet die verbindende Brücke zwischen Veränderungsnotwendigkeit und Fähigkeit der Anpassung und Aneignung. Es weist Marktwirtschaften den erfolgreichen Weg in eine gelingende Zukunft. Er sollte begangen werden. Jetzt.

Teil 5: New Deal für das 21. Jahrhundert

»Der Kapitalismus hat uns unfassbare Erfolge beschert. Auf der Welt lebt es sich insgesamt gesehen heute besser und sicherer, reicher und satter, gesünder und länger, als es jemals für eine Menschheitsgeneration auf diesem Planeten galt.«[202] Es ist nicht ein fanatischer (Neo-) Liberaler, der diesen Lobgesang auf die Segnungen des Kapitalismus erklingen lässt. Nein, es ist Robert Habeck, Parteivorsitzender von Bündnis 90/Die Grünen. In Gedenken an »die protestantische Ethik und den Geist des Kapitalismus« des Soziologen Max Weber erkennt er in der Zeit nach der Coronapandemie die Chance »für einen anderen Kapitalismus, vielleicht für etwas ganz anderes, das heute noch keinen Namen hat«.[203] Und er hat recht: Soll der Kapitalismus erfolgreich überleben, darf er nicht bei Max Weber vor 100 Jahren stehen bleiben. Wer die Marktwirtwirtschaft vor dem Absturz oder gar Untergang retten will, muss sie den Umständen des 21. Jahrhunderts anpassen.

Den vom Grünen-Chef angemahnten Erneuerungsbedarf erkennt auch der liberale Vordenker Timothy Garton Ash, Professor der University of Oxford: »Wir sind in unserem Liberalismus eindimensional geworden. Natürlich muss man auf das Ökonomische achten. Ohne Privateigentum und freien Markt gibt es keinen Liberalismus. Aber wir haben das Politische, Soziale und Kulturelle sträflich vernachlässigt.«[204] Dieses Manko gilt es zu korrigieren. Sonst verliert der Liberalismus nicht nur die Unterstützung der Wählenden. Er verliert auch das Rennen gegen autokratische, dirigistische Wirtschaftssysteme.

Warum werden Liberale nicht geliebt?
Die Marktwirtschaft verfügt zwar in der Theorie über kluge wirksame Konzepte – beispielsweise eine verursachergerechte Bepreisung negativer externer Effekte zur Durchsetzung einer ökologischen Kostenwahrheit. Und meistens ist sie nicht die Ursache von Problemen. Vielmehr liefert sie in der Regel gute Lösungskonzepte. Aber in der Praxis findet sie wenig Unterstützung dafür. Parteien, die sich für die Marktwirtschaft stark machen, werden nicht gewählt. Dafür gewinnen Bewegungen starken Zulauf, die Verzicht und Verbote fordern. Die Grünen sind attraktiv für Junge und Frauen. Die Liberalen hingegen finden eher bei älteren Männern Zustimmung. Weder muss noch darf das so sein.

»Der Erfolg hat aus Liberalen eine selbstgefällige Elite gemacht.«[205] Es sind nicht die Gegner, sondern die liberale britische Wochenzeitschrift *The Economist,* die mit den Liberalen so hart ins Gericht geht. In den Augen vieler haben gesellschaftliche Eliten und deren kapitalistische Marktideologien hochtrabende Versprechungen zu oft gebrochen. Zu häufig blieben geweckte Erwartungen unerfüllt. Zu viele sind enttäuscht von dem, was Kapitalismus und Marktwirtschaft faktisch geliefert haben. Deshalb führt es ins politische Abseits, rechthaberisch oder gar stur und gelegentlich auch verbittert an altbackenen Prinzipien festzuhalten – selbst wenn sie in der Vergangenheit durchaus erfolgreich waren. Wer auf Konzepte von gestern setzt, wirkt aus der Zeit gefallen. Damit lässt sich bei Wahlen und Abstimmungen nichts gewinnen, aber alles verlieren.

Wer die Marktwirtschaft retten will, muss den Liberalismus weiterentwickeln. Gefordert sind überzeugende Antworten auf dringliche Zukunftsfragen. Liberale Konzepte haben Alltagserfahrungen von heute zu genügen. Sie müssen der Lebenswirklichkeit entsprechen. Es gilt, Erwartungen der Bevölkerung zu erfüllen. Ebenso sind Interessen kommender Generationen zu schützen. Das alles verlangt nach frischen, positiven, offensiven Strategien. Verstaubte ideologische Ladenhüter helfen da nicht mehr weiter. Es spricht nichts dagegen, sondern vieles dafür, Menschen, die auf eine bessere Zukunft setzen, mit liberalen Konzepten zu inspirieren – selbst, wenn einiges davon eher utopisch als realistisch zu sein scheint.

Politische Mehrheiten sind dann am einfachsten zu erzielen, wenn mehr Menschen und ihre Kindeskinder von marktwirtschaftlichen Reformideen ökonomisch profitieren, also das Leben besser, gerechter und sicherer wird, als es bei einem Weiter-so-wie-bis-anhin der Fall wäre. Das dürfte bei jenen am ehesten der Fall sein, die vom heutigen Sozialstaat systematisch diskriminiert werden – also insbesondere die Jungen und die Frauen. Für sie bietet eine Renaissance des Liberalismus die größten Hoffnungen. Sie gilt es deshalb als Allererstes (zurück)zugewinnen.

Ein New Deal für das 21. Jahrhundert hat somit drei Dimensionen gerecht zu werden: der liberalen, die Freiheit will, der sozialen, der Solidarität wichtig ist, und der konservativen, die nach Sicherheit strebt. Ein bedingungsloses Grundeinkommen liefert das perfekte Instrument für die praktische Umsetzung eines New Deal. Denn es ist mit seiner Marktorientierung liberal, der lebenslangen bedingungslosen Unterstützung wegen sozial, und als generelle Versicherung für alle erfüllt es die konservative Suche nach Schutz und Sicherheit.

25. Marktwirtschaft erneuern

»Es ist sehr gut möglich, dass der Sieg von Demokratie und Märkten im 20. Jahrhundert eine Ausnahme bleiben wird. … Märkte und auch die Demokratie haben sich nicht durchgesetzt, weil sie moralisch überlegen wären, sondern weil sie effizienter waren«, so die simple Folgerung des renommierten Wirtschaftswissenschaftlers Xavier Sala-i-Martín, Professor der New Yorker Columbia University.[206]

Damit wird offensichtlich, dass frühere Erfolge der Marktwirtschaft in keiner Weise auch in Zukunft garantiert sind. Sie müssen stets von Neuem bestätigt werden. Schafft es eine liberale Wirtschaftsordnung im Zeitalter der Disruption nicht besser als autoritär geführte dirigistische Planer und möglicherweise neu entstehende digitale Staaten, ein gutes, langes und gesundes Leben für die Kindeskinder zu sichern, wird sie schlicht nicht überleben. Lediglich eine Auffrischung alter Fundamente wird nicht genügen, um gegen autoritäre, dirigistische Wirtschaftssysteme bestehen zu können, die konsequent auf neue Technologien, Big Data und künstliche Intelligenz setzen.[207] Es bedarf neuer Stützpfeiler.

Führe niemanden in Versuchung

Glaubwürdigkeit ist das aktuelle Manko der Marktwirtschaft. Sonntags das hohe Lied von mehr »Wohlstand für alle« mit Treu und Glauben zu singen und werktags mit allen Tricks gierig die eigenen Profite zu maximieren und Steuern zu hinterziehen, das zerstört Vertrauen. Wasser zu predigen, aber selbst Wein zu trinken, stößt gerade jene besonders ab, auf deren Stimmen und Unterstützung liberale Parteien dringend angewiesen sind – Menschen, für die neben der individuellen Freiheit auch gesellschaftliche Solidarität wichtig ist. Auch wenn es sich nur um das Fehlverhalten Einzelner handelt, bleibt vielerorts der prägende Gesamteindruck, dass Marktwirtschaft zwangsläufig kalte Egoismen und widerliche Praktiken hervorrufe.

Schärfere Gesetze und härtere Strafen helfen der Marktwirtschaft nicht weiter. Sie widersprechen dem liberalen Grundverständnis, dass mündige Personen von allein verantwortungsvoll handeln. Man muss sich nicht auf Adam Smith oder Immanuel Kant berufen, um reine Vernunft, unabhängigen Willen und ethische Verankerung als entscheidende Voraussetzungen menschlichen Handelns jenseits staatlichen Zwangs hochzuhalten. Besser als alles andere schaffen es marktwirtschaftliche Grundprinzipien, das Streben nach persönlichem Glück mit gesellschaftlichen Verbesserungen der Lebensumstände zu vereinbaren. Das freie Zusammenspiel von freiem Verstand, gutem Willen und unsichtbaren Händen ist Kern und Wesen der Marktwirtschaft. Schärfere Gesetze wirken da eher irre- als zielführend. Sie zerstören die Einsicht, dass Selbstverantwortung Einzelner zum Erfolg aller wird.

Aber auch ganz praktische Gründe sprechen gegen mehr oder schärfere Gesetze. Denn viele abwegige Verhaltensweisen, absurde Steuertricksereien und korrupte Geschäftsaktivitäten spielen sich in juristischen Graubereichen ab. Manche sind gar nicht unrechtmäßig, sondern nur unmoralisch. Andere nutzen Gesetzeslücken und Schlupflöcher, die in liberalen Gesellschaften ohne massive Missachtung individueller Freiheiten kaum zu schließen sind.

Mehr Erfolg als (noch) mehr und (noch) härtere Gesetze verspricht ein einfaches Prinzip der Ökonomik. Das Gebot »führe niemanden in Versuchung« öffnet einen eleganten Ausweg aus der Zwickmühle eines Katz-und-Maus-Spiels zwischen Gesetzgebung und Missbrauch von Gesetzen. Bereits Odysseus kannte seine Wirkkraft. Deshalb ließ er sich an den Mast seines Schiffs binden. So war es für ihn ausgeschlossen, beim süßen Gesang der Sirenen den Kopf zu verlieren und dem Unheil bringenden Lockruf der Verführerinnen zu verfallen. Genauso müsste in der Ökonomie das Spielfeld der Versuchung verkleinert werden, um gar nicht erst Anreize für Schummelei, Mauschelei oder gar Betrug zu schaffen.

Das Grundeinkommen ermöglicht eine exzellente Umsetzung des Gebots, niemanden in Versuchung zu führen. Durch seine Einfachheit, Klarheit und Transparenz verringert es Graubereiche und Schattenwirtschaft, auf deren Nährboden die zahlreichen legalen und illegalen Steuersparmodelle sprießen. Der Dark Room des Steuersystems wird hell ausgeleuchtet. Das Negativsteuerkonzept eines bedingungslosen Grundeinkommens kommt weitgehend ohne Steuererklärung aus. Steuersparmodellen wird das Wasser abgegraben. Genauso verringert der komplette Wegfall der Sozialversicherungsabgaben Anreize zu Schwarzarbeit. Bereits das alles macht schon ein Steuersystem effektiver und damit auch gerechter.

Grundeinkommensmodelle sorgen für Transparenz und damit für Akzeptanz. Die Masse der Bevölkerung wird von einer Steuererklärung befreit. Ohne Fremdhilfe lässt sich nachvollziehen, wer, was und wie besteuert wird. Der berühmte Bierdeckel des Friedrich Merz dient genau dieser Idee. Alle sollen selbst in der Lage sein, zu verstehen, wie das Steuersystem funktioniert. Je komplexer das Steuerrecht nämlich ist, desto geringer wird das Verständnis der Bevölkerung für die Zusammenhänge der Finanzpolitik. Wenn *1000 ganz legale Steuertricks*[208] nur die Spitze des Eisbergs von Steuergestaltungsmöglichkeiten sind und Steuervermeidung zum Geschäftsmodell von Tausenden von Steuerberatern und deren Kundschaft wird, sinkt die allgemeine Steuermoral. In der Bevölkerung insgesamt geht die Rechtstreue zurück. Die Hemmschwelle wird niedriger, es anderen gleichzutun und dem Staat Steuern vorzuenthalten, wo, wann und wie immer es geht.

Höhere Transparenz und steigende Akzeptanz sind zentral für das Zusammenspiel von Freiheit und Solidarität. Denn es gibt kaum eine ungerechtere Steuer als die Kosten der Intransparenz. Je verworrener und undurchsichtiger ein Steuersystem ist, umso stärker werden schlechter Verdienende belastet und Besserverdienende entlastet. Wer wenig verdient, kann sich eine teure Steuerberatung kaum leisten. Zudem lässt sich bei Arbeitseinkommen (ganz besonders bei Unselbstständigen) weniger manipulieren als bei anderen Einkünften. Warum eigentlich wird nur das, was auf dem Lohnzettel der Angestellten steht, bereits an der Quelle besteuert? Gleiches müsste längst schon grundsätzlich bei allen Einkünften der Fall sein. Diese Forderung lässt sich mit dem Negativsteuerkonzept der Grundeinkommensmodelle einfach und transparent realisieren.

Verteilungsfragen gehören ins Zentrum der Marktwirtschaft

Marktwirtschaft ist eine wunderbare Sache. Ihre gewaltigen ökonomischen Erfolge sind hinreichend belegt. Sie dürfte das beste aller praktikablen Wirtschaftssysteme sein. Selbst wenn sie nicht perfekt ist, bleibt sie weniger schadensanfällig als alle Alternativen. Aber es nützt einfach nichts und hilft auch der Marktwirtschaft nicht weiter, immer wieder darauf zu setzen, dass langfristig alle Menschen automatisch von den an sich völlig unstrittigen positiven Wohlstandseffekten der Marktwirtschaft profitieren werden. Das stimmt zwar zweifelsfrei, was den allgemeinen Lebensstandard betrifft. In absoluten Größen geht es heutzutage der Masse materiell deutlich besser als ihren Eltern. Die Kaufkraft der Löhne ist viel höher. Mehr Menschen leben länger, gesünder, besser und haben mehr von nahezu allem als jemals zuvor in Deutschland, Österreich und der Schweiz.

Aber in relativen Verhältnissen ist jedoch ebenso richtig, dass die Unterschiede zwischen besser und schlechter Gestellten nicht wirklich verschwunden sind. Noch immer ist es so, dass in nahezu jeder ökonomischen Dimension die Unterschiede zwischen besser und schlechter Gestellten gewaltig sind – das gilt auch für Gesundheit und Lebenserwartung.[209] Dabei ist gar nicht so wichtig, wie groß die Unterschiede tatsächlich sind und ob sie kleiner werden oder nicht. Entscheidender ist, wie die Bevölkerung denkt, dass sich die Dinge entwickeln. Viele Menschen bewerten die ökonomische Verteilung bei Einkommen und stärker noch bei Vermögen als unfair und finden diese Erwartung durch die Coronapolitik bestätigt. Dass auch die Kosten der Pandemie(bekämpfung) die Schwächeren ökonomisch härter als die Stärkeren treffen, scheint plausibel.[210] Wer weniger Geld zur Verfügung hat, kann in aller Regel Schocks schlechter ausweichen und dürfte deshalb eher und schwerer unter den Folgen zu leiden haben.

»Freiheit« und »Solidarität«, das Liberale und das Soziale, sind die Zwillinge moderner Gesellschaften. Sie bedingen sich gegenseitig. Die Freiheiten der Einzelnen leiten sich aus Solidarität und Verantwortung für die Gesellschaft ab. Weder müssen noch dürfen sich marktwirtschaftliche Effizienz und sozialer Ausgleich ausschließen. Im Gegenteil: Sie gehören zusammen, untrennbar, wie das Yin und Yang. Auch deshalb gilt es, die beiden Teile als Einheit zu sehen, die harmonisch – also irenisch – miteinander zu verbinden sind. Es kann keine freie Marktwirtschaft ohne Umverteilung geben. Was über Märkte an Erträgen entsteht, bedarf der nachträglichen Korrektur. Die aber muss so effizient wie möglich vorgenommen werden. Genau diese Forderung kann mit einem Grundeinkommen wirkungsvoller als mit jeder Alternative erfüllt werden.

Wie bei Zwillingen lässt sich das Verhältnis zwischen »Freiheit« und »Solidarität« nicht ein für alle Mal endgültig klären. Vielmehr ist immer wieder von Neuem ein beidseits tragfähiges Gleichgewicht zu finden. Das hat sich gerade während der Coronapandemie offenbart. Da erlangte die dritte Dimension der gesellschaftlichen Ziele, die »Sicherheit«, einen prominenten Stellenwert. Sie überlagerte und verstärkte das Soziale. Ein beachtlicher Teil der Bevölkerung war nicht bereit, Polarisierung und Spaltung sowie Ungewissheit, wie es mit Job und Einkommen weitergeht, als notwendiges Übel für insgesamt verbesserte Lebensbedingungen zu akzeptieren. Viele verlangten mehr Sicherheit, mehr Chancen und mehr Ausgleich als bis anhin. Und zwar jetzt!

Die Marktwirtschaft muss die Gunst der Situation post Corona nutzen. Sie wird dann immens an Attraktivität gewinnen, wenn sie glaubwürdig und überzeugend aufzeigt, dass »Freiheit« nicht der Feind von »Sicherheit« ist. Sondern ganz im Gegenteil, dass »Freiheit« unverzichtbare Voraussetzung ist, um »Sicherheit« zu garantieren. Nur eine gut funktionierende Marktwirtschaft kann die ökonomischen Mittel erwirtschaften, um Menschen in allen Lebenslagen nachhaltig abzusichern. Anspruch und Erwartung der Liberalen muss es sein, genau diese Botschaft der Überlegenheit marktwirtschaftlicher Prinzipien im alltäglichen Praxistest zu belegen – immer wieder, aber eben auch immer unter Einbezug und nicht Ausschluss von Sicherheits- und damit einhergehenden Verteilungseffekten.

Marktwirtschaft ist nicht Selbstzweck. Sie ist ein Instrument. Sie hat den Benefit aller und nicht nur den Profit einiger zu mehren. Politik bestimmt die ökonomischen, ökologischen und sozialen Ziele. Die Marktwirtschaft setzt politische Absichten so effizient und effektiv wie irgendwie möglich in die Praxis um. Dabei muss sie für Kostenwahrheit sorgen. Sie darf nicht tolerieren, dass unbeteiligte Dritte Schaden erleiden. Nur so wird ökonomische Effizienz automatisch auch ökologisch und sozial. Denn Ziele mit dem geringsten Aufwand zu realisieren spart Ressourcen und verhindert Verschwendung. Diese Absicht wird mit einem Grundeinkommen umgesetzt. Deshalb passt es so effizient und effektiv zur Marktwirtschaft.

Es widerspricht der Marktwirtschaft in keiner Weise, »Verteilung« und »Sicherheit« neben »Freiheit« ins Zentrum zu stellen. Liberale sind keine Anti-Sozialen. Sie sind nicht auf einem Auge ohne Sehkraft und blenden Chancengleichheit aus. Genauso wenig lehnen sie »Sicherheit« ab. Warum auch sollten sie sich eindimensional auf »Freiheit« konzentrieren? »Freiheit«, »Solidarität« und »Sicherheit« wollen alle Gesellschaften haben, am liebsten gleichzeitig, wenn auch mit unterschiedlicher Mischung. Liberale müssen überzeugend und glaubwürdig darlegen, dass sie nicht einäugig nur die Freiheit verfolgen, aber blind sind gegenüber den übrigen Gesellschaftszielen. Das Grundeinkommen erfüllt genau diese Forderung nach einer Mehrdimensionalität des Liberalismus. Deshalb ist es in der Lage, dem Liberalismus Akzeptanz zu verschaffen.

Benefit für alle statt Profit für Einzelne

Das Grundeinkommen ist das liberale Versprechen, alle an den Benefits einer Marktwirtschaft teilhaben zu lassen, ohne Gegenleistung. Es ist die gleichermaßen an alle ausbezahlte Entschädigung für die gesellschaftliche Akzeptanz aller ökonomischen Risiken und Ungleichheiten, die mit den Ungewissheiten der Marktwirtschaft einhergehen. Das Grundeinkommen ist ein vorauseilender Vertrauensbeweis aller gegenüber dem guten Willen Einzelner. Wie beim Kindergeld, einem lange schon bestens bewährten Grundeinkommen für Jugendliche, geht die Gesellschaft in Vorleistung. Sie unterstützt nun aber nicht mehr nur junge Menschen in der Erwartung, dass sie in späteren Jahren die sozialpolitische Investition zurückzahlen. Das Grundeinkommen investiert nun auch in Ältere – es ist ein »Kindergeld für alle«, auch für erwachsene und älter gewordene Personen!

Das Grundeinkommen macht die Marktwirtschaft für die Bevölkerung attraktiv(er). Es ist eine offensive Antwort, die positiv ausdrückt, was die Marktwirtschaft allen bringt. Und die eben nicht nur negativ mit alten Phrasen kritisiert, was nicht geht. Es ist das konstruktive Angebot für die Akzeptanz der Freiheiten, die Marktwirtschaften als Voraussetzung für gutes Gelingen einfordern. Wer die Marktwirtschaft retten will, muss mit der Gesellschaft einen New Deal eingehen. Die Freiheit der Märkte wird mit der (Ver-)Sicherung aller erkauft.

Von einem Grundeinkommen profitieren beide: die einzelnen Menschen, aber auch die Gesellschaft insgesamt. Zu oft wird das Grundeinkommen nur als Wohltat für einzelne Personen verstanden. Geld vom Staat fürs Nichtstun, einfach so, ohne Gegenleistung. Ein derartiges Versprechen ist für viele reine Provokation – ein rotes Tuch, ein No-Go für eine Marktwirtschaft, die doch vom aktiven, leistungsgetriebenen Streben nach Einkommen lebe.

Das Gegenteil ist richtig! Nicht das Grundeinkommen ist eine Gefahr für die Marktwirtschaft. Der Verzicht auf ein Grundeinkommen ist die riskante Politik, die ein Scheitern der Marktwirtschaft provozieren kann. Denn das Grundeinkommen rettet nicht (nur) Menschen vor einem ökonomischen Absturz. Es bewahrt die Marktwirtschaft vor dem politischen Untergang. Der droht, wenn die Bevölkerung das Vertrauen in die Marktwirtschaft als beste aller Wirtschaftsordnungen verliert.

26. Mehr Markt dank mehr Staat

Was haben sich Markt- und Staatsgläubige für Schlachten geliefert! Wenig bis nichts hat man sich geschenkt beim Streit, ob mehr Markt oder mehr Staat Gesellschaften erfolgreich(er) mache. Es ist Zeit, aus den Schützengräben zu steigen. Gesunder Menschenverstand, wissenschaftliche Redlichkeit und wirtschaftliche Vernunft verlangen danach, alte Positionen aufzugeben, Standpunkte zu hinterfragen und verstaubte Ideologien in die Geschichtsbücher zu verbannen.

Es ist anzuerkennen, dass neue Zeiten ein neues Denken, neue Theorien und neues Handeln erforderlich machen. Das gilt auch für die Ökonomik – und dort insbesondere auch für jene Modelle, die das Grundeinkommen in Bausch und Bogen als illusorisch verdammen. Ein Großteil der Kritik entspringt einer Ideenwelt der Agrar- und Industriewirtschaft, einer Ökonomik, in der es Nationalökonomien und Volkswirtschaften gab. Sie liefert Antworten auf gestrige Fragen, die sich heute komplett anders stellen. Stärker denn zuvor trifft die an sich vernichtende, an Klarheit keine Zweifel offenlassende Fundamentalkritik zu, die Friedrich August von Hayek, der Nobelpreisträger für Wirtschaftswissenschaften des Jahrs 1974, äußerte: Obwohl die Makroökonomik »mit ihrer Berufung auf scheinbar messbare Größen zunächst wissenschaftlicher aussieht als die ältere Mikro-Theorie, so hat sie, glaube ich, diese Pseudo-Exaktheit um den Preis der Vernachlässigung der Beziehungen erkauft, die tatsächlich das ökonomische System lenken«.[211]

In disruptiven Zeiten digitaler Datenökonomien ist das Spannungsfeld von »Freiheit« und »Sicherheit« einerseits, »Freiheit« und »Solidarität« andererseits neu zu vermessen. Als Folge davon muss das Verhältnis von »Staat« und »Markt« in jeder Dimension neu austariert werden. »Sphäre für Sphäre«[212] ist zu hinterfragen, was in einem kapitalistischen Wirtschaftssystem die Aufgabe des Staats und was die Rolle des Markts ist.

Wer zu Recht eine dominante Staatswirtschaft verhindern will, weil sie privates Engagement, Tun und Lassen abwürgt, muss genauso eine ungezügelte Marktwirtschaft ablehnen, weil sie zu Marktmacht und Marktversagen führen kann. Ohne einen Staat, der die individuellen politischen, wirtschaftlichen und gesellschaftlichen Freiheiten schützt, gibt es keine dem Wohl aller dienende Marktwirtschaft.

Marktwirtschaft darf nicht einseitig »pro business« ausgerichtet werden. Vielmehr muss sie »pro market« orientiert sein.[213] Nicht Marktmacht und auch nicht Gewinne von Monopolen und Kartellen sind einfach so zu tolerieren. Im Gegenteil: Staat und Politik müssen Außenseiter vor den Insidern schützen. Macht und Geschäfte zulasten Dritter sind die beiden Todfeinde der Marktwirtschaft. Sie beschränken Freiheitsrechte. Und sie zerstören das eiserne Band, das Selbstbestimmung, Verantwortung und Haftung zusammenschweißen muss.

Bei Monopolen gilt es zu berücksichtigen, dass sie einen Januskopf tragen. Das freundliche Gesicht zeigen sie als Unternehmen, die etwas riskieren. Sie wollen neue, andere und bessere Angebote auf den Markt bringen. Nur als Monopolist haben Firmen die Chance, Kostenpreise durchzusetzen und Gewinne zu erzielen. Deshalb ist es das Streben nach einer Monopolstellung, das Unternehmen zu Innovationen treibt. Und es gilt: ohne Monopole keine Innovationen.

Das bedrohliche Gesicht jedoch zeigt die böse Fratze der Monopole. Sie haben Marktmacht. Sie kennen keine Konkurrenz und damit keinen Wettbewerb. Deshalb sind sie in der Lage, Gewinne zu erzielen – zur Freude der Shareholder und zum Schaden der Stakeholder. Sie können nicht nur Kunden, sondern auch Beschäftigte ausbeuten. Genau deswegen bedarf Marktwirtschaft der scharfen Zähne des Kartellrechts und der Fusionskontrolle.

Marktwirtschaft soll neue Konkurrenten fördern, die alten Platzhirschen ihre Pfründe streitig machen. Dazu gehört auch, individuelle Freiheitsrechte gegen die Marktmacht anderer zu stärken. Es gilt, Personen zu ermächtigen, sich von Abhängigkeiten zu befreien, sich stets anzupassen und Freiräume wahrnehmen zu können. Dafür jedoch bedarf es sowohl des Geldes wie auch der Zeit. Beides wird durch ein Grundeinkommen sichergestellt. Es wird zum Fürsprecher der Außenseiter und da ganz besonders der bisher systematisch benachteiligten Frauen und der Jungen, deren queren Geschäftsmodelle oder alternativen Lebensweisen eben gerade nicht althergebrachten Bedingungen entsprechen.

Gelingt es, ein neues effizientes Gleichgewicht von »Freiheit«, »Sicherheit« und »Solidarität« zu finden, muss einer liberalen, aufgeklärten, demokratischen Gesellschaft nicht bange sein. Dann wird sich die Marktwirtschaft auch im 21. Jahrhundert bewähren. Mit einem Grundeinkommen ist es zu schaffen, sich gegen dirigistische, autoritäre Zwangswirtschaften durchzusetzen, die zu oft vorgaukeln, komplexe Herausforderungen ließen sich durch einfache Lösungen bewältigen.

Misslingt die Suche nach einer neuen Balance zwischen »Freiheit«, »Solidarität« und »Sicherheit«, wird die Marktwirtschaft sich weder gegen äußeren Druck noch innere Widerstände behaupten können. Dann droht, dass China das Rennen gewinnen und zur dominanten Supermacht der Zukunft wird. Dann werden antiliberale Bewegungen Marktwirtschaft und Kapitalismus entweder instrumentalisieren, so wie es in den USA während der Präsidentschaft von Donald Trump der Fall war. Oder sie werden eine Wende zu mehr Staatswirtschaft, mehr Sicherheit und weniger Freiheit herbeiführen, wie es in Deutschland, Österreich und der Schweiz während der Coronakrise bereits passierte.

Wenn Marktversagen zur Regel wird

Digitalwirtschaft und Datenökonomie provozieren die Marktwirtschaft an vielen Stellen. Neue Gesetzmäßigkeiten setzen manche alte Weisheit des Industriezeitalters außer Kraft. Bei Schlüsseltechnologien des Internets, bei Cloud oder Edge Computing, bei künstlicher Intelligenz und Quantencomputern drohen monopolistische Strukturen, die ein Marktversagen provozieren. Marktwirtschaften stoßen bei digitaler Marktmacht an ihre Grenzen. Schlimmstenfalls sind sie sogar am Ende. Nämlich dann, wenn private Big-Business-Monopolisten in Form global agierender Big-Data-Konzerne – wie Amazon, Apple, Microsoft oder Google – gläserne Kunden dominieren. Oder wenn Big Brother – wie der chinesische Überwachungsstaat – die Hoheit über die Daten und damit die Macht über Menschen erobert – möglicherweise unwiderruflich und uneinholbar auf alle Zeiten.

In der Tat scheint es heutzutage zunehmend gute ökonomische Gründe für »mehr Staatskapitalismus« und »weniger Marktwirtschaft« bei der digitalen Infrastruktur zu geben. Sie lassen sich als »Skaleneffekte« und »Pioniervorteile« zusammenfassen. Weil Entwicklung und Errichtung neuer digitaler Technologien unfassbar viel Geld für Forschung, den Bau einer flächendeckenden Netzinfrastruktur und für Cybersicherheit verschlingen, liegt in aller Regel ein »natürliches« Monopol vor. Damit ist gemeint, dass Aufbau und Betrieb einer gemeinsam genutzten Infrastruktur und eines großen Einheitsnetzes billiger sind, als es bei mehreren gleichzeitig laufenden Systemen möglich wäre.

Die immensen Skaleneffekte führen dazu, dass die Größe des Absatzmarkts zu einem entscheidenden Erfolgsfaktor wird. Es macht eben einen Unterschied, ob viele Milliarden Euro Entwicklungskosten auf eine Milliarde Kunden (wie in China) oder auf die nach Volkswirtschaften aufgesplitterten, nationalen Bevölkerungen Europas mit maximal etwas mehr als 80 Millionen Menschen (wie in Deutschland) oder lediglich 8,6 Millionen Personen (wie in der Schweiz) umgelegt werden können. »Natürliche« Monopole können eine steigende Nachfrage mit sinkenden Durchschnittskosten versorgen. Das erlaubt günstigere Preise, was zu einer Attraktivität führt, die von keinem neuen Konkurrenten auch nur annähernd erreicht werden kann.

»Wer zuerst kommt, mahlt zuerst.« Das war so bei der Landnahme in Zeiten der Agrargesellschaften, bei der Zuteilung der Claims und der Vergabe der Schürfrechte bei Goldrausch, Minen, Öl- und Gasfeldern, und es gilt eben auch in der Datenökonomie. Anstatt Gewinne auszuschütten, können Pioniere mit eigenen Mitteln (und somit ohne zusätzliche Kosten für Fremdkapital) Expansion und Erweiterungsinvestitionen finanzieren und – dank des höheren Eigenkapitals – auch Kredite zu günstigeren Konditionen erhalten. Das wiederum kann dem Pionier uneinholbare Kostenvorteile gegenüber der Konkurrenz ermöglichen. Wer zuerst kommt, ist und bleibt dann immer billiger als alle anderen, die nachfolgen wollen.

Wenn Vorsprung uneinholbar wird

Zu den besonderen Pioniervorteilen der Datenökonomie gehören die positiven Lerneffekte. Mit diesem in der Ökonomik auch als »Erfahrungskurveneffekt« bekannten Prinzip wird erklärt, wieso Nachfolger Rückstände gegenüber den Pionieren so schlecht aufholen können. Vielleicht drohen dem Vorreiter zwar ab und zu Anfängerfehler. Aber genauso lässt sich aus der alltäglichen Praxiserfahrung lernen, wie Abläufe und Prozesse vereinfacht, verbessert und damit günstiger gemacht werden können. Wer alle Tricks und Schliche kennt, gut eingespielte Beziehungen zu Lieferanten und Kunden pflegt, über Verteilungsnetze und Lobbykanäle verfügt, hat dann so viele Trümpfe in der Hand, dass er Konkurrenz niemals mehr fürchten muss. Vor allem aber setzt der Pionier meistens auch gleich die Regeln, nach denen gespielt wird. Dass er da vor allem seine Eigeninteressen und nicht so sehr das Gesamtwohl im Auge hat, dürfte nicht überraschen.

So wurde die Geschichte der Lernvorteile in der Vergangenheit erzählt. In der Datenwirtschaft kommt nun ein weiterer Punkt dazu: Künstliche Intelligenz muss trainiert werden, um Verhaltensmuster und (Wirkungs-)Zusammenhänge zu erkennen, sie aus Big Data herauszufiltern, auszuwerten und für Prognosen oder zur Steuerung menschlichen Verhaltens nutzbar zu machen. Dass dies in China bei einer Milliarde Menschen und ohne große Rücksicht auf deren private Daten einfacher, besser und schneller möglich ist als in Deutschland, Österreich oder der Schweiz, ist nur allzu offensichtlich. Wer aber bei künstlicher Intelligenz einmal vorne liegt, besitzt das Perpetuum

Mobile des ewigen Vorsprungs. So schnell und so gut wird niemand sonst zu neuem Wissen, Erkenntnis und Erfahrung kommen.

Eine einmal eroberte Monopolstellung droht somit zu einer dauerhaften Vormachtposition zu führen. Wenn überhaupt noch, dann lässt sich für später folgende Wettbewerber nur schwerlich aufholen, was am Anfang versäumt wurde. Deshalb müssten heute in Europa alle Alarmglocken schrillen. Um hierzulande chinesische Big-Brother-Verhältnisse oder amerikanische Big-Business-Strukturen zu verhindern, muss ein neues Verhältnis von »Staat« und »Markt« gefunden werden. Wem Wettbewerb am Herzen liegt, wer überzeugt ist, dass Konkurrenz das Geschäft belebt, Abhängigkeiten verringert und für Kunden von Vorteil ist, muss in einer digitalisierten Datenökonomie auf mehr Staat setzen, um mehr Markt(wirtschaft) zu erhalten.

Big Business macht mit Big Data Big Profits

Für »mehr Staat« und »weniger Markt« spricht ganz offensichtlich nicht nur die Theorie, sondern auch die Realität. Die Welt der Digitalisierung und der Datenökonomie ist in festen Händen der Monopolisten. In den USA maximiert Big Business mit Big Data die eigenen Profite. Die Eigentümer streichen zulasten der Nutzer satte Gewinne ein, zahlen jedoch kaum Steuern an die Allgemeinheit. Kein Wunder sind die amerikanischen Big-Tech-Giganten die wertvollsten Firmen der Welt mit riesigem Vorsprung zu allen anderen. Dabei haben, wie Mariana Mazzucato in ihrem Bestseller *Das Kapital des Staates* akribisch nachweist, sowohl Apple wie auch Google ihre heutige Monopolstellung staatlichen Anschubinvestitionen in die Grundlagenforschung und in (militärische) Technologieentwicklungen (beispielsweise beim Internet, GPS oder künstlicher Intelligenz) zu verdanken.[214]

In China sind es Staatsmonopole, die, ohne sich um die Privatsphäre der Bevölkerung zu kümmern und ohne Rücksicht auf (intellektuelle) Eigentumsrechte bei Patenten, Markenrechten und Produktionsverfahren, hemmungslos und ohne entsprechende Entschädigung geschütztes Wissen kopieren, missbräuchlich verwenden und private

Daten nach Belieben nutzen. Nur zur Erinnerung: 99 der 100 größten börsennotierten Unternehmen in China sind mehrheitlich in staatlicher Hand.[215]

Vieles deutet somit auch für Europa darauf hin, die Rolle des Staats zu stärken – bei aller nicht auszuschließenden Gefahr eines Staatsversagens. Zwar wurden in der Vergangenheit bei staatlichen Innovationsoffensiven sehr oft Steuerzahlende missbraucht. Sie wurden gezwungen, in faule Äpfel zu investieren, für die sich aus guten Renditegründen kein privater Geldgeber interessierte. Aber die Risiken von Staats- und Marktversagen müssen neu abgewogen werden. Das neue Gleichgewicht dürfte sich in Richtung des Staats verschieben. Der Kampf um die Vorherrschaft im Cyberspace ist eher eine staatliche Domäne als ein privates Spielfeld. Denn da geht es um gesamt-, und nicht um einzelwirtschaftliche Interessen. Wer den Cyberspace beherrscht, dürfte im 21. Jahrhundert die Welt(wirtschafts)politik dominieren. Da wird sich entscheiden, wem Zugänge offenstehen oder verschlossen bleiben. Ebenso hängt von den Verhältnissen im Cyberspace ab, wo Marktpositionen verbessert oder gefährdet sind. Das alles sind staatspolitische Herausforderungen und nicht so sehr privat bewältigbare Risiken. Deshalb dürfen europäische Gesellschaften hier das Feld nicht den USA oder China überlassen.

Die Macht amerikanischer oder chinesischer Monopole müsste primär durch Wettbewerbsrecht gebrochen werden. Big Data ist zu regulieren, um Big Profit zulasten der gläsernen Gesellschaft zu verhindern. Genauso müssen Eigentumsrechte gesichert und die Privatsphäre geschützt werden. Es spricht nichts dagegen, auf dem Rechtsweg Abhängigkeiten und Missbrauch zu verhindern.

Von amerikanischem Big Business genauso wie vom chinesischen Big Brother ist die strikte Einhaltung von allgemeingültigen Regeln der Marktwirtschaft einzufordern, ebenfalls der Respekt vor Eigentums- und Verbraucherrechten, der Schutz der Privatsphäre und privater Daten sowie die Bezahlung von Nutzungsabgaben zur Finanzierung der öffentlichen Infrastruktur durch Gesetz und Gerichte. Private Daten gehören den Menschen und nicht den Firmen. Deshalb dürfen private Daten von anderen kommerziell nur genutzt werden, wenn die Urheber explizit zustimmen und dafür materiell entschädigt werden. Ein einfach einklagbarer Missbrauch muss mit abschreckend hohen Bußgeldern geahndet werden.

Bei allen Risiken gehen mit Big Data auch enorme Chancen für die Allgemeinheit einher. Sie gilt es zu nutzen und nicht zu gefährden. Noch nie in der Menschheitsgeschichte war es auch nur annähernd so einfach und umfassend möglich, so viel Information und Wissen so schnell und so billig weltweit und in Echtzeit auszutauschen wie heute. Das hat die Lebensqualität nahezu überall enorm verbessert. Angebote und Preise, Löhne und Zinsen lassen sich transparent vergleichen, was Wettbewerb fördert und Verbraucherrechte verbessert. Genauso konnten Herrschaftswissen, Informationsmonopole und Wissensdefizite beseitigt und damit demokratische Bewegungen und die Rechte von Minderheiten gestärkt werden.

Aus der beträchtlichen Spanne zwischen Chancen und Risiken ergeben sich gewaltige Anforderungen an hoheitliche Staatsaufgaben jenseits der Marktwirtschaft. Es gilt für europäische Marktwirtschaften, einen Mittelweg zwischen Big Business und Big Brother zu finden, der hiesigen (kulturellen) Werten und Vorstellungen von Freiheit, Sicherheit und Gerechtigkeit entspricht. Ist man zu streng, droht man bei der Digitalisierung zurückzufallen und die immensen Vorteile von klugen Algorithmen und künstlicher Intelligenz zu missachten. Ist man zu nachsichtig, verliert man Freiheitsrechte – entweder an Big Brother oder an Big Business. Es lohnt sich, nach einem neuen Gleichgewicht zu suchen, das eine kluge Balance findet zwischen dem, was alles möglich werden dürfte und dem, was in Europa, insbesondere Deutschland, Österreich und der Schweiz, von den Kindeskindern als richtig und wünschenswert bewertet werden wird.

27. Mehr Gerechtigkeit für Junge und Frauen

Junge und Frauen aller Herkunft, vereinigt euch im Kampf für ein bedingungsloses Grundeinkommen! Ihr habt nichts zu verlieren, aber eine Welt zu gewinnen. »Jahrelang haben die Sozialausgaben die Älteren und ein aus der Zeit gefallenes Sicherheitsnetz begünstigt.«[216] So glasklar charakterisiert das britische Wochenmagazin des Liberalismus, *The Economist*, im März 2021, was Sache ist.

Was auf die Jugend von heute in kommenden Jahren zukommen wird, lässt sich am Beispiel der Rente eindrücklich darlegen. Da rauben einem die Fakten alle Illusionen. Verglichen zu heute werden ab 2030 die Rentenbeiträge steigen und das Rentenniveau sinken. Um das Rentenproblem zu verschleiern, hat die Politik sogenannte Haltlinien festgezogen. So soll erstens das Niveau der Standardrente im Verhältnis zum Durchschnittslohn in den kommenden 30 Jahren nicht unter die Schwelle von 46 Prozent sinken. Zweitens dürfte der Beitragssatz bis auf maximal 25 Prozent ansteigen.

In der Praxis erweisen sich die Haltlinien als Nebelkerzen. Sie beheben keines der Probleme, sondern verlagern sie von den Sozialversicherungen zu den Staatshaushalten. Zum Stopfen der Löcher werden künftige Generationen nicht über Sozialabgaben, sondern über Steuern zur Kasse gebeten. Aber so oder so bezahlen sie die Zeche der demografischen Alterung und einer bisher unterbliebenen Anpassung des Rentensystems an Lebenswirklichkeit und Arbeitswelt des 21. Jahrhunderts. Es ist höchste Zeit, der Jugend mit einem ab sofort eingeführten Grundeinkommensmodell ein Angebot zu machen, das sie nicht systematisch benachteiligt und zum Zahlmeister ihrer Vorfahren degradiert.[217]

»Die Jüngeren werden für die Pandemie bezahlen«[218]

Die Jugend wird nicht nur beim Sozialstaat benachteiligt. Sie ist auch die große Verliererin der Pandemie(bekämpfung). Die Maßnahmen von zwangsweise angeordneten Ausgangs- und Kontaktsperren und einem teilweisen Einfrieren ökonomischer Aktivitäten haben Jüngere deutlich härter als Ältere getroffen. »Die Gruppe, die unsere Gesellschaft derzeit komplett im Regen stehen lässt, sind Jugendliche und junge Erwachsene. Weitgehend mitleidlos streichen wir ihnen seit einem Jahr fast alles, was diese prägende Lebensphase ausmacht. … Der Preis, den unsere Jugend bisher bezahlt hat und auch weiter zahlen wird, ist … verdammt hoch«[219], so Kristina Schröder, die frühere CDU-Bundesministerin für Familien, Senioren, Frauen und Jugend. Genauso sieht es Axel Börsch-Supan, Leiter des Max-Planck-Instituts für Sozialpolitik und Sozialrecht in München: Die Jüngeren »müssen die Schulden abtragen, die wir derzeit machen. Hinzu kommen finanzielle Einbußen durch Kurzarbeit oder verlorene Aufstiegschancen. … Die Renten dagegen laufen weiter.«[220]

Nirgendwo werden die Kosten für die Jungen offensichtlicher als bei der Schließung von Kindergärten, Schulen und Universitäten. Wenn Kinder, Jugendliche und Studierende nicht in gewohnter und angemessener Weise unterrichtet werden, sind für die Betroffenen die Langfristschäden immens. Was in jungen Jahren verpasst wird, kann oft ein Leben lang nicht mehr wirklich aufgeholt werden.[221] Das gilt nicht nur für fehlendes Wissen. Es geht auch um soziale Kompetenzen, die verloren gehen, wenn sich der Alltag in der Einsamkeit zu Hause statt in Klassenzimmern, Pausenhöfen und Hörsälen abspielt. Dabei ist besonders störend, dass die Folgen für Jugendliche aus ärmeren Familien kostspieliger ausfallen als für Wohlhabendere – sie können nicht so einfach ausweichen und Alternativen finanzieren, beispielsweise Nachhilfeunterricht zu Hause.

Aber eigentlich geht es nicht nur um Bildungsdefizite. Viel wichtiger ist der Vertrauensverlust. Ein beidseits als fair betrachtetes ökonomisches Gleichgewicht zwischen Alt und Jung gerät zunehmend in Schieflage. Die Jüngeren müssen mehr und mehr Lasten schultern.

Gleichzeitig aber werden sie in denjenigen Spielräumen eingeschränkt, die ihnen zur Bewältigung offenstehen. Auch in kommenden Zeiten müssen die Kindeskinder mithalten können gegenüber ihren Konkurrenten aus aller Welt. Nur so lassen sich die Einkommen erwirtschaften, die zur Finanzierung der Renten für eine wachsende Anzahl von Seniorinnen und Senioren benötigt werden. Die Bildungsqualität der Kinder von heute wird darüber entscheiden, wie produktiv und international wettbewerbsfähig die Erwachsenen von morgen sein werden.

(Alters-)Armut ist weiblich

Genauso systematisch wie Jugendliche benachteiligt der heutige Sozialstaat nach wie vor Frauen. Wie ausgeprägt die Diskriminierungen auf dem Arbeitsmarkt bei Gehalt und Karriere immer noch ausfallen, ist mehr als offensichtlich empirisch gut belegt.[222] Dass Sozial- und Steuersysteme auf einem völlig veralteten Familienbild und Rollenverständnis beruhen, lässt sich bei der gemeinsamen steuerlichen Veranlagung von Ehepaaren nachweisen.[223]

Wie sehr gerade auch während der Coronapandemie Frauen stärker als Männer belastet wurden, zeigt sich an allen Ecken und Enden. So blieben vornehmlich Mütter zu Hause, um Kitakinder wegen geschlossener Einrichtungen zu betreuen.[224] Dass der Rückstand von Frauen bei der durchschnittlichen Erwerbsarbeitszeit (Gender Time Gap) pandemiebedingt zunimmt, wird auch durch andere Analysen bestätigt.[225]

Weder ist also die Erkenntnis einer systematischen Geschlechterdiskriminierung neu noch ändern die vielen gut gemeinten Gegenmaßnahmen viel an diesem deprimierenden Sachverhalt. Umso unverständlicher ist und bleibt es, wieso Frauen nicht längst an vorderster Front politische Bewegungen anführen, die so viel Unfairness radikal korrigieren wollen. Warum lassen es Frauen zu, dass (Alters-)Armut weiblich ist? Wie kann jemand einen Sozialstaat als gerecht bewerten, der es zulässt, dass die Geburt eigener Kinder das größte ökonomische Risiko ist, das Frauen eingehen können? Oder wenn, ebenso schieflastig, Frauen ähnlich dramatische Folgekosten entstehen, wenn sie im Versprechen auf ewighaltende Partnerschaften den Beruf hinter die Mutterrolle gestellt haben und dann am Ende doch als Alleinerziehende dastehen – mit allen wirtschaftlichen Nachteilen, die damit einhergehen.

Was »Friday for Future« für den Klimaschutz und damit die Interessen von Jungen und kommenden Generationen erstreitet, muss Frauen zum Vorbild werden: »Grundeinkommen für alle!« – ohne Rücksicht auf das Geschlecht in identisch gleicher Höhe für Frauen wie Männer. Wie kann man als Frau dagegen sein, ein System der systematischen Diskriminierung niederzureißen, um es durch ein neues System der absoluten Gleichbehandlung zu ersetzen?

Alternative für Junge und Frauen

Junge und Frauen – und damit erst recht junge Frauen – tragen bis anhin einen Sozialstaat mit, der Ältere und Männer – und damit vor allem ältere Männer – bevorteilt und sie selbst benachteiligt. Das muss nicht so sein. Und es darf auch nicht so bleiben. Denn es gibt Alternativen: Grundeinkommensmodelle behandeln alle gleich, unabhängig von Alter und Geschlecht, Herkunft und Lebensweise. Sie fragen nicht danach, wer allein oder mit wem in welcher Beziehung lebt – oder wer von wem inwieweit abhängig ist. Sie basieren nicht auf einem längst untergegangenen ökonomischen Weltbild mit Massenindustrien und einem verblichenen gesellschaftlichen Rollenverständnis des 19. Jahrhunderts. Sie orientieren sich konsequent an Alltag und Lebenswirklichkeit der heutigen Generationen. Es ist das bedingungslose Grundeinkommen, das besser als jedes andere Sozialstaatsmodell auf die Interessen der Jugend, der Frauen und der Kindeskinder ausgerichtet ist.

Die Post-Corona-Zeiten der 2020er-Jahre werden die Lebensumstände so dramatisch verändern, dass man es sich ganz einfach immer weniger wird leisten können, an alten Konzepten festzuhalten, nur weil sie sich in der Vergangenheit so sehr bewährt haben. Entfernt sich die

Realität zunehmend weg von Gesetzmäßigkeiten der Vergangenheit, verursacht die sich öffnende Wirklichkeitslücke immer höhere Kosten. Genau diese negative Entwicklung droht Deutschland, Österreich und der Schweiz – auch des demografischen Wandels wegen, der einer anteilsmäßig geringer werdenden Anzahl jüngerer Personen eine immer stärker werdende Last einer alternden Gesellschaft aufbürdet.

Deshalb ist jetzt die Zeit reif für einen fundamentalen Wandel und einen Neuanfang mit einem Grundeinkommen. Nur mit einem New Deal lassen sich Junge und Frauen gleich- und vollwertig in die Marktwirtschaft integrieren. Über Fachkräftemangel zu klagen, gleichzeitig aber Potenziale bei Frauen und Jungen ungenutzt zu lassen, widerspricht sich schreiend. Sozialpolitische Brücken der Gleichbehandlung zu bauen ist ein entscheidender Schritt, um jene besser in den Arbeitsmarkt zu integrieren, die bis anhin systematisch diskriminiert wurden. Frauen und Junge sind das Reservoir an gut gebildeten, motivierten und leistungsfähigen Fachkräften, das es weit intensiver auszuschöpfen gilt, als es bis anhin der Fall war. Das Grundeinkommen hilft auch dieser Absicht.

Eine Marktwirtschaft, die Junge und Frauen systematisch diskriminiert, liefert einem Großteil der Gesellschaft keine attraktive Perspektive. Junge und Frauen haben beide eine bessere Marktwirtschaft verdient. Eine Marktwirtschaft, die allen die gleichen Chancen bietet – unabhängig von Alter oder Geschlecht. »Um eine multidimensionale Ungleichheit zu beseitigen, müssen wir radikalere Maßnahmen unterstützen, als die meisten Liberalen in den 30 Jahren seit 1989 bereit waren, in Betracht zu ziehen«, so glasklar formuliert Timothy Garton Ash seine Unterstützung eines bedingungslosen Grundeinkommens. Freie Märkte sind das eine, ein bedingungsloses Grundeinkommen ist das andere. Zusammen bilden sie einen New Deal. Er ist eine unschlagbare Alternative – gerade für bis anhin diskriminierte Frauen und Junge.

28. Grundeinkommen als New Deal

Als Deutschland nach Kriegsende darniederlag, half ein neuer Gesellschaftsvertrag der jungen Bundesrepublik, wie Phönix aus der Asche zu steigen. Die Soziale Marktwirtschaft wurde zur neuen DNA der westdeutschen Nachkriegsgesellschaft. Sie war Ursprung des Wirtschaftswunderlands und hat zu »Wohlstand für alle« geführt. Sie ist ein Erfolgsmodell. Stärker als alles andere prägte sie das ökonomische Verständnis, das wirtschaftspolitische Handeln und die gesellschaftliche Identität in der Bundesrepublik.

Heute, zu Beginn der 2020er-Jahre stellt sich die Frage des »Wie weiter?« erneut. Nach einer Pandemie, die alles Bestehende infrage stellte, und vor einer Welle disruptiver Entwicklungen, die weitere fundamentale Herausforderungen mit sich bringen werden, bedarf es erneut eines New Deal. »Angesichts des schleichenden Erfolgs autoritärer Regime müssen die Liberalen eine neue Agenda entwerfen – sie müssen aus ihren schweren Fehlern lernen und an alten Schablonen rütteln«, so Oxford-Professor Timothy Garton Ash in einem viel beachteten Essay zur »Zukunft des Liberalismus«.[226]

Ein New Deal für das 21. Jahrhundert hat den Weg zu weisen und Orientierung zu bieten. Er muss werden, was in der Nachkriegszeit die Soziale Marktwirtschaft war. Sie diente einer nach neuem Halt suchenden Bevölkerung als Gesellschaftsvertrag. Versprochen wurde ein harmonisches Miteinander von »Freiheit«, »Sicherheit« und »Gerechtigkeit«. Wohlstand für alle als Ziel, Marktwirtschaft als Weg dazu, das wurde zum Erfolgsmotto des Wirtschaftswunders. Gleiches muss jetzt wieder geschehen. In einem New Deal sollte nun jedoch der »Benefit für alle« in den Mittelpunkt rücken.

Kapitalismus für alle

Es gilt, alte ideologische Grabenkämpfe zwischen Kapitalisten und Proletariern, Marktideologien und Staatsgläubigkeit hinter sich zu lassen. Kapitalismus darf nicht nur dem Kapital dienen. Marktwirtschaft kann nicht nur auf den Markt setzen. Sie muss Interessenvertreterin aller sein, nicht nur einseitig des Kapitals. Es gibt keinen »Kapitalismus für die Wirtschaft«, sondern nur einen »Kapitalismus für die Menschen«. Er muss die Interessen aller verfolgen – also gerade jener, die selbst über wenig oder gar kein Kapital verfügen. Am Mehrwert, der sich aus der Marktwirtschaft ergibt, sollen alle teilhaben. Dabei geht es um die Erlöse jenseits der Kosten und um Ausschüttungen an die Beschäftigten jenseits der Löhne.

»Ein liberaler Ansatz beginnt nicht bei der Decke, sondern bei dem, was Ralf Dahrendorf den ›gemeinsamen Boden‹ nannte, von dem aus jeder durch seine eigene Energie und seine Fähigkeiten so hoch aufsteigen kann wie jemand, der sein Leben im Penthouse im obersten Stockwerk beginnt. Zu den Maßnahmen, die dazu beitragen könnten, gehört eine negative Einkommenssteuer (wie vor langer Zeit von Milton Friedman vorgeschlagen); ein universelles Grundeinkommen (das in einer von meinem Forschungsteam an der Universität Oxford entworfenen Umfrage von erstaunlichen 71 Prozent der Europäer befürwortet wurde)«, so wirbt Timothy Garton Ash für einen »liberal-demokratischen Kapitalismus« des 21. Jahrhunderts.[227]

Ein New Deal muss nicht alles Bewährte über Bord werfen und etwas grundsätzlich anderes neu erfinden. Ganz im Gegenteil. Er kann auf die historischen Erfahrungen und kulturell geprägten Vorstellungen der Sozialen Marktwirtschaft bauen, sie weiterentwickeln und den Umständen des 21. Jahrhunderts anpassen.

Freiheit und Ausgleich bedingen sich

Die Soziale Marktwirtschaft folgt einem einfachen Leitgedanken: der Symbiose von »Freiheit« und «Sicherheit«. Liberale und soziale Weltanschauungen sollen »in sozialer Irenik«, also harmonischer Versöhnung, vereint werden.[228] Freiheit und soziale Gerechtigkeit, marktwirtschaftliche Effizienz und sozialer Ausgleich schließen sich nicht aus. Sie bedingen sich gegenseitig. Diese Überlegung war nicht nur für die Soziale Marktwirtschaft wegleitend. Sie dient auch dem Grundeinkommen als Kompass.

Der an sich triviale und gerade deshalb so wirkungsmächtige Grundgedanke der Sozialen Marktwirtschaft liegt in der Trennung der Aufgaben von Entstehung und Verteilung des Wohlstands, also von Markt und Umverteilung. »Sinn der Sozialen Marktwirtschaft ist es, das Prinzip der Freiheit auf dem Markte mit dem des sozialen Ausgleichs zu verbinden«, schrieb 1956 Alfred Müller-Armack, der als einer der wichtigsten Stammväter der Sozialen Marktwirtschaft den damaligen deutschen Wirtschaftsminister Ludwig Erhard als Staatssekretär maßgeblich beriet.[229] Eine auf dem Leistungsprinzip und Wettbewerb basierende freie Marktwirtschaft soll demgemäß erstens einmal jenen möglichst großen Mehrwert schaffen, der dann zweitens die Grundlage des Sozialen bildet, also die Basis für eine Umverteilung von ökonomisch Stärkeren zu ökonomisch Schwächeren.

Ein New Deal ist darauf auszurichten, allen Menschen stets und immer wieder von Neuem möglichst große Handlungs- und weite Gestaltungsspielräume zu eröffnen. So sehr Ungleichheit zu Marktwirtschaft und Kapitalismus gehören muss, weil Menschen ungleiche Wünsche und Bedürfnisse, Kompetenzen und Fähigkeiten haben, so sehr muss für stete Chancengleichheit gesorgt werden. Dazu gehört auch eine Durchlässigkeit nach oben als Folge eigener Leistung. Ebenso bedarf es im Zeitalter der Disruption einer steten Gewährung der wiederholten Chance. Wer aus eigener Kraft weiterkommen will, soll rasch und unbürokratisch, ohne Stigmatisierung und Bedürftigkeitsprüfung, ohne Vorbedingung und langes Prüfverfahren soziale Unterstützung erhalten, die ihn oder sie befähigt und ermächtigt, zu tun oder zu lassen, was eigenen Erwartungen entspricht. Und zwar bevor und nicht sobald jemand zum sozialen Problemfall wird. Nur so wird sich eine gesellschaftliche Akzeptanz ökonomischer Ungleichheit und zunehmender Polarisierung durch die Folgen disruptiver Prozesse finden lassen.

Natürlich werden nicht alle gleichermaßen die Chancen staatlich abgesicherter materieller Freiräume nutzen. Manche werden sich verweigern. Andere werden sie vielleicht sogar missbrauchen. Aber Freiheit muss aushalten (können), dass nicht alle die für sie angebotenen Möglichkeiten nutzen, um für sich und andere das zu leisten, was von ihnen erwartet wird. Jedoch soll sichergestellt sein, dass jene gefördert werden, die wollen.

Sorge und Hoffnung sind die fundamentalen Motive für einen New Deal mit einem Grundeinkommen als Herzstück. Einerseits ist es die Sorge um die Marktwirtschaft, dass sie Zulauf und Unterstützung verliert. Dass sie unter innerem Widerstand und äußerem Druck kollabiert. Dass autoritäre, dirigistische Regimes ihren Bevölkerungen eine bessere Mischung von Freiheit und Sicherheit sowie eine höhere Lebensqualität zu garantieren vermögen als freie Marktwirtschaften. Auf der anderen Seite steht aber auch die Hoffnung, mit einem Grundeinkommen liberalen Gesellschaften ein gemeinsam getragenes positives Zukunftsmodell anzubieten, sodass die Attraktivität der Marktwirtschaft wiederbelebt wird – vor allem auch bei jenen, die bis anhin systematisch diskriminiert und enttäuscht wurden – also den Jungen und den Frauen. Alle mitzunehmen, niemanden auszuschließen. Neben ökonomischer Effizienz auch Sicherheit und eine soziale Umverteilung anzustreben. Einer verunsicherten Bevölkerung eine Perspektive aufzuzeigen für ein großes gemeinsames Ziel: mehr Wohlstand für alle, auch für die Kindeskinder.

Nach einer Pandemie und vor dem Aufstieg Chinas zur globalen Supermacht bedarf es eines New Deal zur Rettung der Marktwirtschaft. Dem Polarisierungsdruck im Inneren und der Arroganz autoritärer Regime im Äußeren einen positiven New Deal offensiv entgegenzustellen, das ist das Gebot der Stunde. Das Fenster der guten politischen Gelegenheit dürfte nicht lange offenstehen. Nicht das Grundeinkommen gefährdet die Marktwirtschaft. Sondern ein Verzicht darauf, es umzusetzen. Dann kann die Geschichte die Marktwirtschaft dafür bestrafen, zu spät getan zu haben, was nottut: die Chance für ein Grundeinkommen genutzt zu haben – jetzt.

29. Wie(so) das Grundeinkommen finanzierbar ist

Natürlich ist das Grundeinkommen finanzierbar. Das Gegenteil zu behaupten war eine gängige Provokation seiner Kritiker. Wie weit bei einem Festhalten an krassen Irrlehren auch die Bewahrung eigener Pfründe eine dominante Rolle spielte, möge Spekulation bleiben. Gerade Ältere haben mehr als Junge und Männer mehr als Frauen vom heutigen System profitiert. Entsprechend droht ihnen, mit einem Grundeinkommen alte Privilegien zu verlieren. Aber eigentlich ist eine einfache ökonomische Banalität so offensichtlich, dass sie kaum zu ignorieren ist. Das Grundeinkommen lässt sich nämlich als Nullsummenspiel organisieren. Also so, dass seine Finanzierung nicht einen einzigen Euro oder Franken an zusätzlichen Steuern erforderlich macht. Also klipp und klar: Um das Grundeinkommen zu finanzieren, bedarf es keiner gesamtwirtschaftlichen Steuererhöhung.

Grundeinkommen ist ein Nullsummenspiel

Wie ist die für viele möglicherweise verblüffende Steuerneutralität eines Grundeinkommens zu erklären? Die Antwort liefert das Nullsummenspiel, das viele als »Linke Tasche-rechte Tasche«-Phänomen infrage stellen. Zwar steigt die Bruttosteuerlast für die Gesellschaft insgesamt. Der Staat braucht ja zunächst mehr Geld, um das Grundeinkommen zu finanzieren. Was er aber mit der einen Hand an Geld einsammelt, schüttet er gleichzeitig in vollem Umfang in Form des Grundeinkommens wieder an die Bevölkerung aus. Somit entstehen für die Gesellschaft insgesamt keine höhere Steuerbelastungen. Die gesamtwirtschaftliche Steuerbelastung bleibt netto mit oder ohne Grundeinkommen die gleiche. Das wissen auch die Kritiker haargenau: »Dabei ist wichtig zu sehen, dass die Gesamt- bzw. Durchschnittsbelastung der Einkommen dadurch (durch ein garantiertes Grundeinkommen, der Autor) zunächst nicht steigen würde, da die Bürgerinnen und Bürger ja 2500 CHF pro Kopf vom Staat steuerfrei erhalten würden.«[230] So bestätigen es die beiden Sankt Galler HSG-Forscher Florian Habermacher und Gebhard Kirchgässner, wenn leider auch nur in einer Fußnote. Wieso findet sich diese so logische wie richtige Feststellung nicht an prominenter Stelle im Text selbst?

Was sich durch das Grundeinkommen ändert, ist die Verteilung der Nettosteuerlast. Um bei der »Taschen-«Metapher zu bleiben: Die linke und rechte Tasche gehören nicht zur selben Hose! Einige Personen, nicht jedoch die Gesellschaft insgesamt, werden netto mehr Steuern zu bezahlen haben als bis anhin. Andere jedoch werden netto entlastet. Deshalb geht es bei der Kritik am Grundeinkommen höchstens vordergründig darum, ob es finanzierbar sei. Das ist es auf jeden Fall.

Natürlich ist das bedingungslose Grundeinkommen finanzierbar. Da unterscheidet sich die Antwort in keiner Art und Weise von der Frage, ob die Renten von heute auch morgen noch sicher sein werden. Klar sind sie das. Wichtig(er) ist jedoch, auf welcher Höhe sie liegen werden und wer dafür zu bezahlen hat. Genauso verhält es sich mit dem Grundeinkommen. Wie bei jeder Steuerreform – und nichts anderes ist das Grundeinkommen – wird die Verteilungsfrage zum zentralen Streitpunkt. Wer wird vom Grundeinkommen am Ende (also netto) steuerlich belastet oder entlastet?

Stellt die Finanzierungsfrage richtig!

Die korrekte Frage nach der Finanzierbarkeit des bedingungslosen Grundeinkommens muss also ganz anders lauten, als sie gemeinhin gestellt wird. Nicht ob wir uns etwas leisten können oder nicht, ist entscheidend. Sondern was erwarten wir vom Sozialstaat und wer muss dafür wie viel bezahlen? Diese Fragen gilt es zuallererst zu beantworten. Daraus leiten sich am Ende – und nicht zu Beginn – die steuerlichen Belastungen ab, wenn ökonomisch zu finanzieren ist, was politisch gewollt und gesellschaftlich gewünscht wird.

Das Grundeinkommen ist und bleibt letztlich im Wesentlichen eine große Steuerreform. Es setzt auf eine »negative Einkommenssteuer«. Von deren Ausgestaltung hängt entscheidend ab, in welcher Höhe wer was zu bezahlen oder zu erhalten hat. Damit wird mehr als offensichtlich, dass die Ausgestaltung des Steuersystems von fundamentaler Bedeutung ist, ob und wie ein Grundeinkommen funktioniert, wer davon profitiert und wer verliert.

Genau deswegen muss das Steuersystem in den Fokus rücken. Denn am Ende wird das Grundeinkommen aus Steuermitteln zu berappen sein. Deshalb wäre es ein Fehler, die Finanzierungsseite außen vor zu lassen. Das rächte sich bereits bei der Abstimmung im Jahr 2016 zur Volksinitiative »Für ein bedingungsloses Grundeinkommen« in der Schweiz. Weil nicht klar war, wer in welcher Form ein Grundeinkommen zu finanzieren habe, war es für die Gegner ein Leichtes, fälschlicherweise seine Unbezahlbarkeit zu behaupten.

Wie unzutreffend das Argument ist, dass man sich ein Grundeinkommen nicht leisten könne, wurde in diesem Buch bereits mehrfach dargelegt. Und es wurde nachgewiesen, dass das Grundeinkommen als Nullsummenspiel organisiert werden kann. Was es an mehr Steuern bedarf, wird gleich wieder an die Bevölkerung zurückgegeben. Somit entstehen für die Gesellschaft insgesamt keine höheren Kosten. Das gilt auch mit Blick auf die von vielen befürchteten Inflationswellen, die ein Grundeinkommen auslösen könnte. Sie sind alle unbegründet. Aus der linken Tasche fließt nicht mehr in den Wirtschaftskreislauf zurück, als zuvor in der rechten Tasche zur Finanzierung eines Grundeinkommens eingesammelt wurde. In der Summe kommt nichts dazu. Wenn beispielsweise in Deutschland das Sozialbudget von rund einer Billion Euro anstatt wie bisher in neuer Form eines Grundeinkommens von 1000 Euro pro Monat und Person ausgegeben wird, ändert sich an den Staatsausgaben insgesamt nahezu nichts.

Hingegen werden einzelne Personen durchaus unterschiedlich von den Nettoeffekten eines Grundeinkommens betroffen sein. Da gibt es keine Nullsummenspiele. Einige werden steuerlich deutlich stärker, andere jedoch ebenso spürbar schwächer belastet werden.

Deshalb ist es natürlich richtig, die Folgen auf die individuelle Leistungsbereitschaft zu hinterfragen, die sich aus den Verteilungseffekten eines Grundeinkommens ergeben. Dabei gilt eine einfache ökonomische Grundregel: Sind direkte Einkommenssteuersätze hoch, ist die Leistungsbereitschaft vergleichsweise gering. Die meisten Menschen sind nicht so begeistert, wenn sie mehr und hart arbeiten, aber davon einen großen Teil in eine gemeinsame Kasse einzahlen müssen, die dann auch jene speist, die sich nicht anstrengen können oder wollen.

Bei tiefen Einkommenssteuersätzen hingegen verbleibt viel in der Tasche der Leistungserbringer. Entsprechend stark ist dann der Anreiz, ökonomisch aktiv zu sein. Aber mit tiefen Steuersätzen lässt sich nur ein niedriges Grundeinkommen finanzieren. Das wiederum mögen viele, die wenig haben, als unfair bewerten.

In der Praxis wird ein New Deal für ein neues Gleichgewicht zu sorgen haben. Wer dabei »Sicherheit« und »Solidarität« zu kleinkariert denkt, handelt sich im Ergebnis möglicherweise weniger »Freiheit« ein. Marktwirtschaft hat so viele immense ökonomische Vorteile. Aber sie hat ihren gesellschaftlichen Preis. Wer Freiheit will, sollte ihn bezahlen – um mehr Freiheit willen.

30. Wer das Grundeinkommen bezahlen soll

Wer aber zahlt künftig überhaupt noch Steuern? Wenn Automaten die Arbeit erledigen und künstliche Intelligenz dem Menschen das Denken abnimmt, bedarf es neuer Antworten. Wer sein Geld in virtuellen Welten der Datenwirtschaft verdient, kann seine Gewinne weltweit irgendwo erwirtschaften und – wenn überhaupt – dort versteuern, wo er will. Das aber bringt Staaten in die Bredouille. Sie müssen irgendwie zu den Steuereinnahmen kommen, mit denen sie öffentliche Güter wie Regierung und Verwaltung, Gerichtswesen, innere oder äußere Sicherheit, Infrastruktur, Bildung und Gesundheit oder eben ein Grundeinkommen finanzieren. Letztlich geht es darum, eine Steuer zu finden, die nicht nur Arbeitskräfte zahlen, sondern genauso auch Roboter. Nur wenn diese Suche erfolgreich verläuft, lässt sich das Grundeinkommen zum Wohl aller umsetzen.

Digital- oder Datensteuern sind der falsche Weg

Die Big-Data-Konzerne – wie Alphabet (Google), Amazon, Apple, Microsoft – machen Geschäfte in Deutschland, Österreich oder der Schweiz, versteuern ihre Profite und Erträge – wenn überhaupt – aber irgendwo außerhalb in Steueroasen wie Irland oder Zypern.[231] Im heiligen Zorn gefühlter Ungerechtigkeit verlangen viele nach einer Digital- oder Datensteuer. Die Gewinne oder doch wenigstens die Umsätze der Datenwirtschaft sollen besteuert werden. Maßgeblich dabei könnten die Erträge aus der Erbringung digitaler Dienstleistungen, die Zahl der Onlinenutzer oder die Zahl abgeschlossener Verträge über digitale Dienstleistungen sein.

Digital- oder Datensteuern gehen mit enormen Problemen einher. Wann ist im Zeitalter der allgegenwärtigen Digitalisierung ein Betrieb der Datenwirtschaft zuzurechnen und wann ist eine Unternehmung lediglich ein Datennutzer? Erfassung, Abgrenzung und Messung sind schwierig. Vermeidungs- und Umgehungsstrategien sind bei ortsungebundenen Aktivitäten gang und gäbe, solange es nicht weltweit einheitliche Lösungen gibt. Deshalb setzen Regeln des internationalen Steuerregimes einer nationalen Vorgehensweise enge Grenzen.[232] Vor allem aber sind Digital- oder Datensteuern kaum ergiebig. Selbst die Europäische Kommission, als starke Befürworterin, rechnet nur mit einem jährlichen Steueraufkommen von rund 5 Milliarden Euro innerhalb der gesamten EU.[233]

Digital- oder Datensteuern führen jedoch ganz grundsätzlich in die Irre. Es wirkt wie ein schlechter Witz eines hektischen Aktionismus, wenn man erst lauthals Europas Rückstand in der Digitalökonomie beklagt und mit Milliardensubventionen versucht, die Datenwirtschaft in Schwung zu bringen, um dann mit der Steuerkeule Erfolge gleich wieder zu zertrümmern. »Eine unüberlegte Belastung digitaler Geschäftsmodelle mit Sondersteuern birgt das Risiko, dass neue digitale Dienstleistungen zuerst in anderen Märkten entwickelt und eingeführt werden, mit dem Ergebnis, dass Europa in der Digitalwirtschaft weiter an Boden verliert.«[234] Dieser zutreffenden Warnung des Präsidenten des ifo-Instituts München, Clemens Fuest, ist wenig mehr hinzuzufügen.

Nur einseitig das Ergebnis menschlicher Arbeitskraft in die Steuer- und Abgabenpflicht einzuspannen, das Ergebnis der Roboterarbeit aber davon freizuhalten, lässt jedoch verständlicherweise die Forderung lauter werden, nicht Menschen, sondern Roboter zu besteuern. Eine Robotersteuer könnte dem mit der Digitalisierung einhergehenden Strukturwandel helfen, gesellschaftlich an Akzeptanz zu gewinnen. Sie würde bei den Einkünften aus menschlicher Arbeit und den Einkünften aus Roboterarbeit für gleiche Lasten der Finanzierung des Sozialstaats sorgen. Eine Robotersteuer hat allerdings den Nachteil, dass sie wie die seit dem Beginn der Industrialisierung immer wieder geforderte Maschinensteuer einen Schuss ins eigene Knie bedeutet.

Eine Robotersteuer bremst den Einsatz von Automaten und Maschinen. Das mag auf den ersten Blick gewollt sein. Bei genauerem Hinsehen wird jedoch deutlich, dass eine Verdrängung des Roboters aus dem Wirtschaftsprozess dem Menschen, der geschützt werden soll, schadet und nicht nützt. Die Arbeitsproduktivität, also was Menschen pro Stunde an Mehrwert schaffen, wird dann nämlich gedämpft.

Wenn Menschen von Hand Briefe sortieren, schaffen sie den Bruchteil dessen, was kluge Roboter leisten – fehlerfrei, rund um die Uhr und ohne Leistungsabfall. Reine Handarbeit statt Roboterunterstützung wirkt sich negativ auf die Lohnentwicklung aus. Längerfristig können durch eine Verlangsamung der Roboterisierung die Wettbewerbsfähigkeit und als Folge davon sogar Beschäftigung und Wachstum gefährdet werden. Am Ende verliert dann der scheinbar geschützte Mensch seinen Job – vielleicht nicht an den Roboter, sondern an das Ausland (und dessen Roboter!).

Globale Mindeststeuer hilft nicht weiter

Im Frühjahr 2021 zeichnete sich ab, dass sich die mächtigsten Industriestaaten bald einmal auf eine globale Mindeststeuer für Unternehmen einigen könnten. So wollen sie dem Steuerwettbewerb in Richtung Nullsteuerpolitik einen wirksamen Riegel schieben. Vor allem die US-amerikanisch dominierte Digitalwirtschaft soll gezwungen werden, in Europa nicht nur Gewinne einzuheimsen, sondern auch Steuern zu bezahlen.

So euphorisch die Finanzminister nach einer globalen Mindeststeuer fiebern, so sehr verletzt auch diese Idee eine ganz banale Einsicht: Am Ende werden alle Steuern – auch die indirekten – von Personen und nicht von Unternehmen, Robotern oder Big Data bezahlt. Luxussteuern auf Motorbooten und Privatjets, prunkvollen Wohnimmobilien und prächtigen Villen, Energie-, Rohstoff- oder Ressourcensteuern werden nie von den im Steuerfokus stehenden »unpersönlichen« Dingen, sondern immer von Menschen bezahlt. Was vordergründig indirekt gedacht ist, wird tatsächlich immer zu einer direkten Steuer, aber möglicherweise ganz anderswo, als ursprünglich beabsichtigt. Ob und wie einfach (indirekte) Steuern überwälzt werden können, hängt insbesondere von Macht, Marktposition und Wettbewerb ab. Als Faustregel gilt, dass am Ende des Weitergebens der heißen Steuerkartoffel das schwächste Glied der Kette von Zulieferern, Produzenten, Beschäftigten, Handel und Kunden die Steuerlast zu tragen hat. Die Schwäche gegen eine Überwälzung ergibt sich aus Abhängigkeiten und fehlender Mobilität – sowohl im räumlichen wie im beruflichen und privaten Sinn.

Dass niemand anderes als Personen Steuern zahlen, wird auch der Fall sein, wenn nun eben Google, Amazon, Apple, Microsoft oder andere multinationale Firmen mit einer weltweiten Mindeststeuer belegt werden sollen. So wenig wie das Flugzeug die Luxussteuer oder das Rohöl die Rohstoffsteuer zahlt, werden es die amerikanischen Big-Tech-Konzerne der Datenwirtschaft sein, die am Ende die Steuerlast zu tragen haben. Unternehmen sind keine Personen, deshalb zahlen sie auch keine Steuern. Sie führen lediglich in Form von Gewinn-, Körperschafts- oder Gewerbesteuern das Geld an den Fiskus ab. Das ist ein rein technischer Vorgang. Und das soll nun – und das ist das Neue einer globalen Unternehmenssteuer – nicht mehr rein national, sondern global nach identischen Mindeststandards erfolgen.

Eine globale Mindeststeuer für Firmen verfolgt aber einen völlig falschen, veralteten Ansatz. Sie wird lediglich dazu führen, dass das schwächste Glied der Kette künftig nicht mehr national, sondern global gesucht und von scheinbar pfiffigen Steuerfüchsen gefunden werden wird. Aber genauso bleibt gültig, dass am Ende alle Steuern nicht von Alphabet, Microsoft, Apple oder Amazon, sondern von Menschen entweder über die direkte Einkommenssteuer oder indirekte Konsumsteuern zu bezahlen sind. Der komplexe und in aller Regel mit Intransparenz und bürokratischem Aufwand einhergehende Umweg über die indirekte Unternehmenssteuer führt lediglich zu kostspieligen Verzerrungs- und Umgehungseffekten. Was für ein völlig unnötiges Katz-

und-Maus-Spiel der Nachverfolgung und Überprüfung! Was für eine Verschleuderung menschlicher Intelligenz, die sich zu weit klügeren, produktiven Aktivitäten nutzen ließe!

Die bereits bekannte Hundesteueranalogie (siehe Kapitel 3) hilft, weitverbreitete Steuerillusionen zu entlarven. Sie deckt auf, dass nicht der Hund, sondern der Halter die Steuer zahlt. Sie hilft auch aufzudecken, wer wirklich von Steuern belastet wird. Es sind immer Menschen und niemals Unternehmen! Deshalb ist und bleibt es ein tragischer Irrtum, Unternehmen zu besteuern und dabei zu glauben, man tue etwas Gutes für Wirtschaft, Gesellschaft und Gerechtigkeit. Das pure Gegenteil ist richtig. Ein vollständiger Verzicht auf eine Unternehmensbesteuerung wäre für Beschäftigung, Wachstum und damit Wohlstand die klügste Strategie. So ließe sich der Aberwitz internationaler Unternehmenssteuersparmodelle beseitigen. Mit vielen Tricks wird die Absicht verfolgt, Unternehmen Steuerzahlungen zu ersparen. Dabei haben die Unternehmen selbst gar keine Steuerlast zu tragen, sondern lediglich die Menschen, die dahinterstehen, also die Eigentümer.

Menschen und nicht Unternehmen – also das ausgeschüttete Kapitaleinkommen sowie Gewinne oder Dividenden und nicht das in den Firmen gebundene Kapital – zu besteuern, muss zur neuen Steuerdoktrin werden. Alles andere führt als Folge von Überwälzungseffekten zu effektiven Steuerlasten für die Schwächsten in Wirtschaft und Gesellschaft, die weder gewollt noch gerecht sind.

Teilhabe für alle ermöglichen – Wertschöpfung besteuern

Die bereits in Kapitel 3 erhobene Forderung, nicht Unternehmen, sondern Unternehmer zu besteuern, muss nun noch eine Runde weitergedacht werden. Nicht »Institutionen«, sondern »Menschen« in den Fokus zu nehmen, gelingt mit einer Wertschöpfungssteuer am besten. Alle Steuern sollten aus der Wertschöpfung bezahlt werden. Was kompliziert klingt, meint ganz einfach, dass es nur direkte Steuern für Personen geben sollte. Zu versteuern wäre das Einkommen aus allen Quellen, also aus Arbeitsentgelten, Gehältern, Vermögens- und Kapitalerträgen, Dividenden und Tantiemen, Mieten und Pachten, Lizenzen und Eigentumsrechten. Sobald Geld an Personen fließt, soll es besteuert werden. Also nicht Google, Amazon oder andere Firmen sollten besteuert werden, sondern das Einkommen und bei Verkauf die Aktienwertzuwächse von Firmeneigentümern, beispielsweise von Larry Page, Jeff Bezos, Mark Zuckerberg, Arthur Levinson, Tim Cook oder Warren Buffett.[235]

Das Wesen einer Wertschöpfungssteuer liegt darin, erst und nur dann fällig zu werden, wenn Unternehmen Geld an Menschen ausschütten. Werden Löhne für Beschäftigte, Gehälter für Manager und Führungskräfte, Zinsen für Fremdkapital und an die Eigentümer der Roboter sowie Gewinne an die Eigentümer der Firma bezahlt, sollte der Fiskus zugreifen und diese Geldflüsse besteuern. Das gilt auch für alle Wertsteigerungen, die bei einer Veräußerung von Vermögensbeständen anfallen. Nicht der Prozess, sondern das Ergebnis des Wirtschaftens ist zu besteuern. Nicht nur die gezahlten Löhne, sondern auch die erwirtschafteten Mieten und Pachten, Fremdkapitalzinsen, die verdienten Abschreibungen sowie die erzielten Gewinne und Dividenden oder Tantiemen müssen Grundlage einer gesamtwirtschaftlichen Wertschöpfungssteuer werden.[236]

In einer funktionierenden Marktwirtschaft muss alles Einkommen Ergebnis wertschöpfender Prozesse darstellen. Deshalb gibt es kein einfacheres, transparenteres Verfahren, als alle Wertschöpfung an ihrer Quelle zu besteuern. Sobald Wertschöpfung Menschen in Form von Einkommen zugutekommt, wird sie steuerpflichtig – nicht vorher und nur dann.

Wird eine Wertschöpfungssteuer Teil eines New Deal mit dem Grundeinkommen als Universalsteuer, spricht vieles für einen einheitlichen Quellensteuersatz auf alle Formen der Wertschöpfung. Das erübrigt schwierige Auf- und Zuteilungsverfahren, was nun von Menschen und was von Robotern oder Automaten geleistet wurde. Vor allem aber macht eine einheitliche Quellensteuer einen Großteil der heutigen bürokratischen Erhebung und Erfassung von Steuerpflichten überflüssig.

Eine Wertschöpfungssteuer verzichtet auf eine Vermögenssteuer. Sie besteuert nicht die Substanz, sondern deren Erträge. Erst wenn Vermögen veräußert wird, muss die Wertsteigerung versteuert werden, die sich aus der Differenz von Verkaufs- und Einstandspreis ergibt. Ob Menschen oder Roboter für Einkommen sorgen, spielt keine Rolle. Beides wird gleichbehandelt, also wird auch beides gleich besteuert. Aus der Logik heraus legitimiert sich auch, den Eigenmietwert zu besteuern – so wie das in der Schweiz ja bereits der Fall ist. Wer Liegenschaften selbst nutzt, wird für den Mietwert steuerpflichtig. Ein fiktiver ortsüblicher Durchschnitt dient der Berechnung als Grundlage. Rechtfertigung hierfür bietet der Grundsatz, dass alle Wertschöpfung, die geschaffen wird, zu besteuern ist. Das trifft eben auch auf den Mietwert selbstgenutzter Liegenschaften zu.

Kapitaleinkünfte und Arbeitseinkommen gleichermaßen besteuern

Eine Wertschöpfungssteuer ist in der Vergangenheit auf den erbitterten Widerstand der Kapitalisten gestoßen. Sie sehen bei einer Gleichbehandlung von Kapital- und Arbeitseinkommen ihre Privilegien gefährdet. Warum eigentlich? Wäre es nicht am Beginn eines neuen Zeitalters angebracht, alte Modelle und Verhaltensweisen zu überprüfen? Es war schon lange höchste Zeit, das intransparente Steuergeflecht zu durchforsten. Firmen nach Größe, Eigentümerstruktur oder irgendwelchen anderen mehr oder weniger willkürlichen normativen Rechtfertigungen steuerlich ungleich zu behandeln, macht ökonomisch keinen Sinn. New Deal und Grundeinkommen bieten die historische Chance, den lediglich aus steuerlichen Motiven geschaffenen Wirrwarr unterschiedlicher Unternehmens- und Rechtsformen zu entsorgen.

Sicher: Eine Wertschöpfungssteuer löst nicht alle alten, heute schon bestehenden Probleme, und sie verursacht einige neue. Insbesondere der Anreiz dürfte ansteigen, (steuerlich erfasste) Geldflüsse von (steuerlich befreiten) Unternehmen an Personen durch geldwerte Vorteile und Natural(lohn)leistungen zu ersetzen, die nur schwer erfassbar sind. Dazu kommt auch die durch die Digitalisierung verschärfte Schwierigkeit, dass natürlich auch die Onlinewertschöpfung im globalen Internet in zunehmendem Maß international mobil wird.[237] Mehrwert kann und wird virtuell und somit physisch losgelöst von geografisch abgrenzbaren Märkten geschaffen. Für den (nationalen) Staat ist es enorm schwierig, eine derartige standortungebundene Wertschöpfung mit einer Steuer zu erfassen und zu besteuern.[238] Aber wenn sich eine Erfassung an digitaler Quelle als zu schwierig erweisen sollte, kann die Wertschöpfung immer noch in dem Moment besteuert werden, in dem das Geld aufs Konto der Menschen fließt.

Wer Einkommen bezieht, egal ob als Selbstständiger oder Unselbstständiger, als Angestellter oder Manager, als Firmeninhaber oder Aktionär, Vermieter, Verpächter oder bei der Selbstnutzung einer eigenen Liegenschaft, kann sich nicht in Luft auflösen und so einfach in die virtuelle Welt flüchten. Auch im Zeitalter der Digitalisierung behalten Menschen in der Regel einen Wohnsitz, haben Familien ein Zuhause, gehen Kinder in der Nähe in Schulen und Studierende zur Universität. Erhalten sie Geld, schlägt der Fiskus zu. Dann besteht auch zu einer Konsumsteuer kein allzu großer Unterschied mehr. In der Theorie kommt am Ende für den Staat das gleiche Steuervolumen zusammen, unabhängig davon, ob er die Einkommensschaffung oder die Einkommensverwendung besteuert.

Wieso nicht viel offensiver und proaktiv nach einem konsensfähigen System der Wertschöpfungsbesteuerung für das 21. Jahrhundert suchen, selbst wenn einige Probleme offenbleiben? »Yes, we understand« sollte nicht nur für die Insider der Digitalisierungsbranche gelten. Gerade um zu verhindern, dass sich bei der Digitalisierung die traurige Geschichte der Abkehr von der Globalisierung wiederholt, weil die Elite es nicht vermocht hat, die Bevölkerung zu überzeugen, dass die Vorteile offener Grenzen die Nachteile bei Weitem überwiegen und sie allen gleichermaßen in fairer Art und Weise zugutekommen.

Die digitale Datenökonomie hat das positive Potenzial, das Leben der Menschen besser, gesünder und einfacher zu machen. Sie kann Personen von beschwerlichen Tätigkeiten befreien und lange Arbeitszeiten verkürzen. Damit Gesellschaften die sich bietenden immensen Chancen nutzen, bedarf es eines steuerlichen Richtungswechsels. Nicht mehr primär menschliche Arbeit wie zu Zeiten der Industrialisierung, sondern die gesamte Wertschöpfung – auch von Daten und Algorithmen – muss im 21. Jahrhundert zum Strom werden, aus dem sich der (Sozial-)Staat das Geld holt. So lässt sich das Grundeinkommen als Herz eines New Deal finanzieren.

Sind 1000 Euro realistisch?

Wie hoch müsste in Deutschland eine Wertschöpfungssteuer angesetzt werden, um ein Grundeinkommen von 1000 Euro pro Monat finanzieren zu können? Nur um holzschnittartig die Größenordnungen aufzuzeigen, möge eine einfache Überschlagsrechnung genügen. Sollen 83 Millionen Menschen ein Grundeinkommen erhalten, müssten dafür jährlich 996 Milliarden, also rund eine Billion Euro bereitgestellt werden. Die Nettowertschöpfung betrug 2020 2,356 Billionen Euro.[239] Ein Steuersatz von 42,3 Prozent aus allen ausbezahlten Einkommen an Personen würde somit zur Finanzierung des Grundeinkommens benötigt.

Um abzuschätzen, ob 42,3 Prozent viel oder wenig wäre, hilft ein Blick auf die aktuelle Situation. Das heutige Sozialbudget beläuft sich ebenfalls auf rund eine Billion Euro.[240] Um es finanzieren zu können, müssen für Besserverdienende auch heute bereits Einkommenssteuersätze in ähnlicher Höhe erhoben werden (vergleiche dazu auch Abbildung 3, Seite 67).[241] Richtig ist, dass gerade Geringverdienende heutzutage steuerlich teilweise deutlich geringere Steuersätze zu tragen haben. Aber zwei Sachverhalte relativieren die Distanz zu den 42,3 Prozent eines Grundeinkommensmodells. Erstens können die 12 000 Euro des Grundeinkommens, das ja allen jährlich zufließt, gegengerechnet werden. Das verringert gerade für geringe Einkommen die Nettosteuerlast beträchtlich – und nur darauf, also auf die Nettobilanz, kommt es schließlich an.

Zweitens müssen Geringverdienende heutzutage neben den Steuern die Sozialversicherungen alimentieren und zusätzlich zu Steuersätzen auch Sozialversicherungsabgaben in Kauf nehmen. Letztere kommen ohne Freibeträge auf dem gesamten sozialversicherungspflichtigen Einkommen zum Tragen. Fälschlicherweise vermuten viele, dass sich bei der Finanzierung die Arbeitgeber paritätisch beteiligen. Das ist aber nur theoretisch und in der Technik der Zahlungsabwicklung der Fall.

In der Praxis jedoch sind es immer die Arbeitnehmenden, die in voller Höhe die Sozialversicherungsbeiträge bezahlen. Denn aus Sicht des Arbeitgebers sind seine Beiträge zu den Sozialversicherungen Kosten, die er genauso gut in Form höherer Löhne direkt den Arbeitnehmenden überweisen könnte, statt indirekt damit eine staatliche Kasse zu alimentieren. Ohne paritätische Finanzierung wäre somit das Bruttoeinkommen der Beschäftigten um den Arbeitgeberbeitrag entsprechend höher. Momentan liegen die Sozialversicherungsbeiträge bei rund 40 Prozent.[242] Damit wird eine Sache klar: Für die meisten Menschen bedeutet ein New Deal mit einem Grundeinkommen von 1000 Euro und einer dafür in Form einer als Wertschöpfungssteuer zu erhebenden Einkommenssteuer von 42,3 Prozent im Vergleich zu heute eine steuerliche Besserstellung. Das gilt jedoch nicht für Personen mit vergleichsweise hohen Einkommen jenseits des Arbeitslohns. Sie profitieren von der bis anhin geltenden Steuermilde für Einkünfte aus anderen Quellen – also insbesondere den Kapitalerträgen. Es ist Zeit, diese Ungleichbehandlung von Arbeitseinkommen zu anderen Einkommensarten zu beenden.

Utopie realisieren – jetzt!

Nun bin ich nicht mehr jung. Mein Berufsleben neigt sich seinem Ende zu. Was mich jedoch vom ersten Arbeitstag an all die vielen verflossenen Jahre immer treu begleitet hat, steht derweil erst am Anfang eines langen Wegs: das bedingungslose Grundeinkommen. Seine Zeit ist gekommen. Jetzt.

Nach den dystopischen Erfahrungen der Pandemie(bekämpfung) ist die Realisierung einer Utopie dringlicher als jemals zuvor.[243] Die Gesellschaft braucht jetzt eine positive Blaupause einer gelingenden, glücklichen Zukunft – gerade als Gegenwelt zur Dystopie der Coronazeit. Das Grundeinkommen erfüllt genau diese Forderung. Es ist das Herz eines New Deal für das 21. Jahrhundert – eines wahrhaftigen Generationenvertrags der Gesellschaft von heute mit ihren Kindeskindern. Es liefert ein Gerüst, das einem wirklich nachhaltigen Anspruch unserer Zeit gerecht wird: kommenden Generationen eine bessere Welt zu übergeben.

Utopien wie Dystopien tragen beide den Keim einer sich selbst erfüllenden Voraussage in sich. Wer davon ausgeht, dass die besten Tage der Menschheit nicht vor, sondern hinter uns liegen, neigt dazu, zu lange an aus der Zeit gefallenen Gesetzmäßigkeiten festzuhalten. Genau das führt dann in der Tat in den Abgrund. Denn wer zu spät kommt, wird bekanntlich von der Geschichte bestraft. Der interdisziplinär forschende Wirtschaftswissenschaftler Mancur Olson beschreibt in seinem Buch *Aufstieg und Niedergang von Nationen,* wie mikroökonomische Profitmaximierung Einzelner zu makroökonomischem Scheitern ganzer Volkswirtschaften führen kann.[244] Wenn Personen zunächst die Freiheit brauchen, um an die Macht zu kommen und dann die Macht missbrauchen, um die Freiheit anderer einzuschränken, verliert Marktwirtschaft für die Masse jegliche Attraktivität. Ihr Untergang ist dann vorprogrammiert.

»Im Anfang war das Wort«

Genauso eigendynamisch, nun aber optimistisch nach vorne gerichtet, kann aus Utopien Realität werden. Ein Beginn gelingt mit der »Macht positiver Ideen«. Das war schon zu Beginn der Menschheit nicht anders: »Im Anfang war das Wort.« Es bot der Genesis Orientierung. Genauso bedarf es jetzt nach dem Schrecken der Pandemie(bekämpfung) einer positiven Zukunftsvision. Das Grundeinkommen entspricht exakt dieser Erwartung. Es wird vom Optimismus getrieben, dass die Kindeskinder an sich weit bessere Chancen auf ein erfülltes, längeres und gesünderes Leben als ihre Vorfahren haben. Das mag utopisch klingen. Ist es aber überhaupt nicht. Neue Technologien der digitalen Datenwirtschaft haben das Potenzial, das Dasein aller zu erleichtern und zu verbessern. Voraussetzung dafür allerdings bleibt, dass wir die Weichen jetzt richtig stellen. Nicht nur eigene Interessen, sondern auch jene nachfolgender Generationen müssen beachtet werden. Das sind Kern, Wesen und Forderung der heutzutage richtigerweise so hochgepriesenen Nachhaltigkeit.

Grundeinkommensmodelle ermöglichen es, Utopien Wirklichkeit werden zu lassen. Sie sind in jeder Dimension des Alltagslebens konsequent auf Umstände des 21. Jahrhunderts ausgerichtet. Damit erweisen sie sich als die eigentlichen Realisten. Denn sie stehen der Realität wesentlich näher als alle sozialstaatlichen Alternativen, die auf veralteten Ideologien aus längst verblichenen Zeiten der Agrar- und Industriegesellschaften aufbauen.

Hohe Kunst einer gemeinsam getragenen Politik ist es, dafür zu sorgen, dass das individuelle Streben nach Glück mehr oder weniger parallel mit verbesserten Lebensbedingungen aller einhergeht. Wenn Hand in Hand individueller Profit zu gesamtwirtschaftlichem Benefit wird, hat Politik das maximal Mögliche geschafft. Aber die Parallelität individueller und gesellschaftlicher Ziele ergibt sich nicht von allein.

»Freiheit«, »Sicherheit« und »Solidarität« stehen in einem Spannungsfeld. Genau deshalb genügt es gerade auch für Liberale nicht, nur einseitig für marktwirtschaftliche Freiheiten zu werben. Vielmehr müssen die Dimensionen »Sicherheit« und »Gerechtigkeit« mitverfolgt werden. Gelingt es, alle Sphären in einem ausgewogenen Gleichgewicht auszutarieren, ist das auch für »mehr Freiheit« von Vorteil.

Das Grundeinkommen ist nichts für träumende Romantiker. Es ist die Antwort nüchterner Pragmatikerinnen und rationaler Marktwirtschaftler. Es ist ein konkretes Angebot an alle. Es bietet jene (Grund-) Absicherung, die Menschen erst ermächtigt, jederzeit eigenverantwortlich und frei zu handeln. Es ist ein New Deal: »Freiheit« auf den Märkten wird mit einer jederzeit und immer bedingungslos garantierten (Ver-)Sicherung aller gegenüber existenziellen persönlichen Risiken erkauft. Und »Gerechtigkeit« wird Genüge getan, weil die Gesellschaft allen ein Leben lang die Chance auf Teilhabe finanziert – bedingungslos und ohne Gegenleistung. Zur »Gerechtigkeit« trägt auch bei, dass »brutto« zwar alle gleich viel erhalten, aber »netto« nicht alle gleich stark zur Finanzierung beitragen müssen. Wer ein höheres Einkommen hat, muss »netto« (also alles in allem) einen größeren Beitrag für alle leisten als Personen mit einem geringeren Einkommen. Diese Ungleichbehandlung gilt in absoluter Höhe genauso wie auch in relativem Bezug zum Bruttoeinkommen. Nur wer wenig oder nichts verdient, lebt auf Kosten der Allgemeinheit. Das ist aber heute nicht anders.

Was spricht gegen ein positives Menschenbild?

Wieso eigentlich soll ein rundum positives Menschenbild utopisch sein? Ja, es trifft zu: Grundeinkommen gehen davon aus, dass Menschen soziale Wesen sind, die nach einem besseren Leben für sich und ihre Angehörigen streben. Es wird – empirisch gut belegt – unterstellt, dass mündige, eigenverantwortlich entscheidende Personen am besten wissen, was zu tun und zu lassen ist, um glücklich zu sein oder zu werden. Dieser Überzeugung gilt es nicht nur mit marktwirtschaftlichen Spielregeln in der Sphäre der Ökonomie gerecht zu werden. Ihr ist grundsätzlich und überall Rechnung zu tragen. Was sich im Ökonomischen bewährt, muss doch auch für das Soziale gelten!

Deshalb verzichten Grundeinkommensmodelle darauf, paternalistisch von oben irgendwelche Bedingungen einzufordern, um für soziale Unterstützung berechtigt zu sein (oder zu werden). Sie schreiben Menschen nicht vor, wie sie sich zu verhalten halten. Das Grundeinkommen wird unbesehen persönlicher Eigenschaften und Vorlieben, Lebens- oder Familienformen gewährt. Es setzt auf Eigenverantwortung und verschafft allen gleichermaßen eine finanzielle Grundausstattung. Es versorgt Menschen mit Geld. So werden sie ermächtigt, selbst zu entscheiden, wofür sie es ausgeben. Und es wird darauf verzichtet, sie zu bevormunden oder gar zu zwingen, etwas zu tun, was sie nicht wollen. Liberaler geht eigentlich gar nicht!

Das Grundeinkommen unterstützt Leute, die motiviert sind, etwas zu leisten. Denn die Zukunft Deutschlands, Österreichs und der Schweiz hängt von den Leistungswilligen ab. Das ist genauso betriebs- wie volkswirtschaftlich zutreffend. Menschen, die nicht wollen, dazu zu zwingen, etwas zu tun, was sie nicht können, kann keine Erfolgsstrategie sein. Arbeitszwang dient primär als Symbol der Abschreckung. Wohlstand wird jedoch nicht durch Gängelung erreicht. Er wird durch die Kreativen, die Innovativen und die Leistungsträger geschaffen. Sie müssen genauso gefördert werden, wie die Schwächeren gegen Not und Elend abzusichern sind.

Das bedingungslose Grundeinkommen ist beides: Es ist radikal gerecht, aber gleichzeitig eben auch liberal und effektiv. Es bietet einer durch die Pandemie(bekämpfung) verunsicherten, durch absehbare Veränderungen herausgeforderten Bevölkerung ökonomische (Ab-) Sicherung. Es verhindert (absolute) ökonomische Armut und vermindert Gefahren sozialer Ausgrenzung. Es gewährt immer wieder eine weitere Chance für einen Neuanfang – ohne Vorbedingung und unabhängig von vergangenen (Miss-)Erfolgen. Jedoch setzt es auf Eigenverantwortlichkeit, Selbstständigkeit und Leistungswille. Wer viel leistet, wird wirtschaftlich besser dastehen, als wer wenig arbeitet. Wer mehr arbeiten und mehr als das Minimum haben möchte, wird dazu ermächtigt. Natürlich werden nicht alle die gebotenen Chancen ergreifen. Aber wer will, der kann. Das ist ein offensives, proaktives und gleichzeitig liberales wie gerechtes Angebot an alle.

Ein Grundeinkommen bricht radikal mit allen paternalistischen Forderungen nach bestimmten Verhaltensweisen. Es behandelt alle gleich. Ohne Bedingungen, unbesehen von Alter, Geschlecht, Neigungen und Eignungen. Es belastet alle – und wirklich alle – Einkommen, also auch die laufenden Einkünfte aus dem Vermögen, mit dem gleichen Steuersatz. Und es begünstigt alle mit dem exakt identischen Transferbetrag, der Monat für Monat ein Leben lang vom Staat aufs Privatkonto überwiesen wird. So lassen sich der Respekt vor einer Vielfalt der Hoffnungen auf ein gelingendes Leben und das Verständnis für unterschiedliche – auch wechselhafte – Alltagswirklichkeiten im 21. Jahrhundert verwirklichen.

Wer will, der kann

Wer will, der kann. Die Pandemie(bekämpfung) hat gezeigt, dass eine Gesellschaft nahezu alles auf den Kopf stellen kann, wenn sie will. Wenn Not scheinbar keine andere Wahl lässt, finden sich Lösungswege. Kaum jemand hat während der Coronkrise infrage gestellt, ob sich eine Gesellschaft die Kosten überhaupt leisten könne, die Liquiditätshilfen und Überbrückungskredite, Finanzspritzen und Kurzarbeitergeld verursachten. Was Notstandsgesetze, soziale Einsamkeit, Schulschließungen und Einschränkungen elementarer persönlicher Grundrechte an ökonomischen, gesellschaftlichen und auch politischen Folgen verursachten, wurde nebensächlich. Das Ziel heiligte alle Mittel.

Der Kampf gegen die Pandemie rechtfertigte abrupte Kehrtwenden vom gewohnten Trott, die niemand zuvor auch nur ansatzweise für möglich gehalten hatte. Die Wirtschaft wurde in vielen Bereichen schockartig eingefroren, das öffentliche Leben in soziale Isolation verbannt. Schulen, Büros, Restaurants, Hotels und sogar Kirchen schlossen die Pforten. Kultur-, Sport- und Freizeitbetriebe kamen zum Erliegen. Grenzen blieben zu, Flugzeuge am Boden. Mobilität und Aktivitäten reduzierten sich um Dimensionen. Das alles geschah mit breit getragenem Konsens. Der akute Schutz von Leben war der Bevölkerung ein dramatischer Einbruch beim Wirtschaftswachstum und ein massiver Anstieg der Arbeitslosigkeit wert. Wenn der politische Konsens etwas will, dann findet sich eben auch das Geld, die Absicht zu finanzieren. Das war während der Coronakrise so. Und es wird auch nach der Pandemie so sein und bleiben.

Mehr denn je ist es nun an der Zeit, nach der Pandemie(bekämpfung) ein politisch breit getragenes, gesellschaftlich weitgehend akzeptiertes und ökonomisch finanzierbares neues Gleichgewicht zwischen »Staat« und »Markt«, individueller Verantwortung und gesellschaftlicher Versicherung zu finden. Ein bedingungsloses Grundeinkommen passt perfekt zu dieser Forderung. Es ist der New Deal, um mit einer Kultur von Maß und Mitte, Kompromiss und Ausgleich, Mitsprache und Mitbestimmung künftige Herausforderungen erfolgreich bewältigen zu können. Dabei geht es nicht um einen Abbau sozialer Errungenschaften. Aber auch nicht darum, den alten Sozialstaat noch einmal weiter auszubauen. Vielmehr gilt es, Wirtschafts- und Sozialsystem zeitgemäßer, effizienter und dadurch auch gerechter zu machen.

Grundeinkommen ist ohne zusätzliche Steuerbelastung finanzierbar

Weil es zu oft falsch dargestellt wurde und für viele zu überraschend sein mag, sei hier zum letzten Mal der entscheidende Punkt wiederholt: Ein Grundeinkommen verursacht für die Steuerzahlenden in Summe keine zusätzlichen Belastungen. Was der Staat zu seiner Finanzierung an höheren Steuern einfordert, gibt er mit dem Grundeinkommen gleich wieder an die Bevölkerung zurück. Netto ändert sich für die Gesellschaft insgesamt dadurch vorerst einmal gar nichts. Die Steuerbelastung ohne oder mit Grundeinkommen bleibt absolut gleich. Sie verteilt sich nur anders. Wer viele Einkünfte jenseits des Arbeitseinkommens hat, dürfte mehr Steuern zahlen, alle anderen weniger. Das aber muss zwangsläufig so sein, wenn ein stetig größer werdender Anteil der Wertschöpfung durch Maschinen und nicht mehr durch

Arbeitskräfte erwirtschaftet wird. Dann kann ein Steuersystem nicht mehr prioritär auf Arbeitseinkommen setzen. Einkünfte aus dem Einsatz von unermüdlichen Robotern, automobilen Fortbewegungsmitteln und künstlicher Intelligenz sind steuerlich identisch zu behandeln wie Einkommen aus menschlicher Arbeit.

Disruption und Ungewissheit, Digitalisierung und Datenökonomie verlangen nach einem New Deal – einer Neuverteilung der Benefits der Marktwirtschaft und der steuerlichen Belastung. Weder lässt sich verhindern noch sollte es verhindert werden, dass Maschinen Menschen an vielen Stellen des Wertschöpfungsprozesses überflüssig machen. Denn es ist doch großartig, wenn Menschen von einer Vielzahl an Arbeiten entlastet werden und dafür mehr Zeit für ein Leben jenseits von Arbeit gewinnen. Wer kann diese erfreuliche Entwicklung ernsthaft stoppen, anstatt beschleunigen wollen? In der Welt digitaler Datenwirtschaften muss und wird Arbeit einen völlig neuen Stellenwert erhalten. Klüger ist es da, alles dafür zu tun, dass die Transformation erfolgreich gelingt – hin zu einer Ökonomie, in der mit weniger Arbeitszeit eine höhere Lebensqualität für alle möglich wird.

Wer die Marktwirtschaft retten will, der muss

Aus der Utopie muss Realität werden. Nur ein New Deal kann die Marktwirtschaft vor dem Untergang retten. Denn die Erosion des Vertrauens in die Marktwirtschaft ist enorm. Nicht nur während der Pandemie(bekämpfung) hat die Staatswirtschaft das Szepter übernommen – durchaus zum Gefallen großer Teile der Bevölkerung. Bereits zuvor tat sich der Liberalismus mehr als schwer gegenüber grünen Verzichtsideologien, sozialistischen Egalisierungsträumen und konservativen Renationalisierungsforderungen. Zweifelsfrei haben sich während der Coronapandemie die Gewichte noch einmal stärker weg von »Freiheit« hin zu »Sicherheit« und »Gerechtigkeit« verschoben. Die Bevölkerung will mehr Schutz, mehr Sicherheit und mehr Umverteilung.

Dazu muss die Marktwirtschaft Provokationen autoritärer Regime und antidemokratischer Populisten standhalten. Wo immer autokratische Machthaber können, ersetzen sie die für Liberale zentrale Macht des Rechts durch das Recht der Mächtigen. Für manche Kritiker der Marktwirtschaft ist der Aufstieg der von oben gelenkten chinesischen Staatswirtschaft zur globalen Supermacht so beeindruckend, dass sie dafür Sympathie empfinden. So wurde Chinas Strategie im Kampf gegen das Coronavirus mit rigiden Maßnahmen und einer möglichst umfassenden digitalen Nachverfolgung, unbesehen des Schutzes persönlicher Daten und der Privatsphäre, auch hierzulande von vielen als vorbildlich und nachahmenswert gepriesen. Andere halten das chinesische Modell einer starken Zentralgewalt, die von oben rasch und stark durchregiert, für das Zeitalter von Digitalisierung und Datenwirtschaft als besonders gut geeignet. Sie bewundern die zweifelsfrei beachtlichen Fortschritte Chinas bei Big Data und künstlicher Intelligenz.

Die Marktwirtschaft, die sich in Deutschland, Österreich und der Schweiz während der Nachkriegszeit als Erfolgsprinzip bewährt hat, droht zum Auslaufmodell zu werden. Das darf nicht geschehen – und es muss auch nicht so weit kommen. Aber das Rad wird sich nicht gegen den Zeitgeist zurückdrehen lassen. Anstatt defensiv den Attraktivitätsschwund der Marktwirtschaft schönreden zu wollen, wäre eine offensive Strategie Erfolg versprechender. Es gilt zu akzeptieren, dass die Bevölkerung mehr Sicherheit will und dafür bereit ist, auf Freiheitsrechte zu verzichten – so wie sie es während der Coronakrise einforderte. Das ist die Lehre aus der Pandemie(bekämpfung). Deshalb wird die Marktwirtschaft dann und nur dann Zulauf und Wahlen gewinnen, wenn sie diese Elementarforderung zu erfüllen vermag. Sie muss mehr Sicherheit garantieren und auch für mehr ökonomischen Ausgleich sorgen. Genau dafür bürgt ein Grundeinkommen – bedingungslos und lebenslang.

New Deal bedeutet anzuerkennen, dass die Marktwirtschaft unschlagbare Vorteile gegenüber allen anderen Wirtschaftssystemen aufweist. Sie setzt auf die Urkraft einer von unten über die Eigeninteressen getriebenen wirtschaftlichen Dynamik. Was aus Selbstverantwortung und Eigeninitiative erwächst, ist jeder Alternative überlegen. Aber individuelle Freiheit ist nicht ohne den Einbezug aller möglich. Die

Gesellschaft will stärker und verlässlicher teilhaben am wirtschaftlichen Erfolg, der mit der Marktwirtschaft einhergeht, als es bisher der Fall war. Sie reklamiert einen Preis dafür, dass sie der Marktwirtschaft auch künftig die persönlichen Freiräume und das Anrecht auf ein individuelles Streben nach dem eigenen Glück gewährt. Hier liegt die auch für Liberale überzeugende Rechtfertigung eines Sozialstaats jenseits rein normativer Ansprüche.

Freiheit, Sicherheit und Gerechtigkeit bedingen sich gegenseitig. Deshalb gehört es zu einem New Deal, einen Sozialstaat als ebenso unverzichtbar für die gesellschaftliche Akzeptanz der Marktwirtschaft anzuerkennen. Die Forderung, dass auch ein Sozialstaat den Maßstäben der Effizienz zu genügen hat, ist kein Widerspruch zu diesem Einverständnis. Einzig die Marktwirtschaft ist in der Lage, dem Sozialstaat jene ökonomische Basis zu garantieren, die er benötigt, um zu leisten, was von ihm richtigerweise erwartet wird: mehr Teilhabe, mehr Wohlstand und mehr Sicherheit für alle.

Warum gerade jetzt?

Liberale, es geht nicht nur um vieles. Alles steht auf dem Spiel. Die Marktwirtschaft steht unter immensem Druck von innen wie außen. Deshalb ist es Zeit, die antiliberale Stimmung zu wenden. Die Verteidigung bestehender Privilegien und Interessen oder die Bewahrung alter sozialstaatlicher Strukturen muss ein Ende finden. Stattdessen bedarf es einer offensiven, positiven Legitimation der Marktwirtschaft. Das Grundeinkommen ist Teil eines New Deal, der das Signal aussendet: Ja, wir haben verstanden! Die Gesellschaft strebt nach einem neuen Gleichgewicht zwischen »Freiheit«, »Sicherheit« und »Gerechtigkeit«. Sie will eine andere Teilhabe an Chancen und Erfolgen der Marktwirtschaft als bisher.

Die Marktwirtschaft wiederzubeleben ist jeden Preis wert. Denn sie ist und bleibt das Beste, was freien, aufgeklärten Gesellschaften offensteht. Nur sie erfüllt die Voraussetzungen, die unverzichtbar sind, um die in der Tat gewaltigen Herausforderungen der Zukunft bewältigen zu können. Menschen, die eigenverantwortlich und selbstbestimmt nach ihrem eigenen Glück streben, sind unverändert die nachhaltigste Garantie für den Erfolg einer Gesellschaft insgesamt und damit für einen »Wohlstand für alle«. Innovation statt Askese, Technologie statt Verzicht, Verhaltensänderungen statt »Weiter so wie bis anhin« und Preise, die alle Kosten abdecken – auch ökologische und soziale –, sind nur mit und nicht ohne Marktwirtschaft zu haben.

Wenn der Liberalismus – das ideologische Fundament der Marktwirtschaft – in der Öffentlichkeit als Bewahrer der Interessen des Kapitals und der Wirtschaft wahrgenommen wird, ist dieser Eindruck offensiv zu korrigieren – selbst wenn die Vorwürfe faktisch falsch sind. Die Marktwirtschaft muss klar erkennbar »Benefit für alle« erzeugen und nicht nur »Profite für wenige«. Diese Botschaft gilt es mit einem New Deal explizit zu vertreten. Nachdem in der Vergangenheit zu viele Erwartungen unerfüllt blieben, müssen marktwirtschaftliche Versprechen nun mit handfesten Maßnahmen glaubwürdig konkretisiert werden. Ein Grundeinkommen erfüllt den Lackmustest, dass die Liberalen in der Praxis Ernst machen mit einer Neuverteilung der Erfolge einer Marktwirtschaft.

Junge und Frauen: Das Grundeinkommen ist eure Chance

Besonders krass ist die Diskrepanz zwischen Anspruch und Wirklichkeit für Junge und Frauen. Da sprechen auch die Fakten eine so klare Sprache, dass man sich nur wundern kann, wie ungehört sie bleiben. (Alters-)Armut war, ist und bleibt weiblich. Und was als »Generationenvertrag« schöngeredet wird, belastet die Kindeskinder angesichts der demografischen Alterung der Bevölkerung schwer – ungefragt und ohne die für einen Vertrag eigentlich unverzichtbare Zustimmung aller Betroffenen. Dass Schulschließungen während der Coronapandemie enorme Langzeitkosten vielfältiger Art verursachen, die auch vor allem von heutigen Jugendlichen zu tragen sein werden, kommt verstärkend dazu. Genauso wie die Jugend besonders davon betroffen sein wird, dass es der Marktwirtschaft bisher nicht wirklich gelang, die ökologische Kostenwahrheit von Umweltbelastungen, Erderwärmung,

Klimawandel und Artensterben in den ökonomischen Preisen von heute durchzusetzen. Auch da überwälzt, wer jetzt (schon lange) lebt, Kosten auf die Kindeskinder.

Um es deshalb hier in aller Klarheit erneut offenzulegen: Die bis anhin unstrittig feststellbare systematische Diskriminierung von Jungen und Frauen ist der blinde Fleck der Marktwirtschaft. Er darf nicht länger verdrängt und ausgeblendet werden. Wer da nicht für Klarheit sorgt, darf sich nicht wundern, dass (jüngere) Wählerinnen dem Liberalismus abschwören und zu anderen Parteien überlaufen. Wer die Marktwirtschaft retten will, muss mit Diskriminierung und Privilegierung nach Alter und Geschlecht Schluss machen. Mit dem Grundeinkommen gibt es eine marktwirtschaftliche Alternative, die alle, unbesehen von Alter und Geschlecht oder Familienstand, gleichbehandelt. Das Grundeinkommen ist auch als Kompensation für die jahrzehntelange Diskriminierung der Frauen und der Jungen zu verstehen, die während der Pandemie(bekämpfung) erneut zum Tragen kam.

Das Grundeinkommen liefert einer Sozialen Marktwirtschaft des 21. Jahrhunderts die passende Ideologie. Liberale, deren positives Menschenbild auf Vertrauen, Mündigkeit und Eigenverantwortung setzt, müssen eine bedingungslose Sozialpolitik, die keine paternalistischen Verhaltensvorgaben festlegt, positiv bewerten. Und sie sollten einem Kindergeld für Erwachsene, einem BAföG für alle Ausbildungsgänge auch im fortgeschrittenen Alter, einer finanziellen Midlife-Förderung und einer »zweiten« Chance, um nach einem Misserfolg wieder auf eigene Beine zu kommen, grundsätzlich positiv gegenüberstehen. Familien, die sich für bunte Vielfalt der Lebensformen einsetzen, müssten sich genauso davon begeistern lassen wie Junge und Frauen, die ihre Zukunft so gestalten wollen, wie es in ihrem eigenen Sinn ist.

Nicht perfekt, aber besser als jede Alternative

Was einige schon vermuteten und andere erkannten, wurde durch das Coronavirus und dessen Folgen nun für alle offenbart. Das bedingungslose Grundeinkommen erfüllt besser als jede Alternative die Anforderungen, die sich aus den Herausforderungen des 21. Jahrhunderts an Wirtschaft und Gesellschaft ergeben. Es verzichtet konsequenterweise vollständig darauf, bestimmte Verhaltensweisen einzufordern, die morgen ohnehin nicht mehr als das Papier wert sind, auf dem sie stehen. Es setzt auf vorausschauende Vorbeugung und nicht auf nachträgliche Heilung. Es will Menschen ermächtigen und nicht paternalistisch gängeln. Probleme sollen gar nicht erst entstehen. Deshalb bedeutet das Grundeinkommen die Abkehr von einer aktivierenden Sozialpolitik und die Hinwendung zu einer präventiven Stärkung der Resilienz – der individuellen Anpassungsfähigkeit an neue Umstände.

Mehr als jedes andere Denkmodell vertrauen Grundeinkommenskonzepte auf die Mündigkeit einzelner Menschen. Personen wissen schneller und besser als Regierungen, was nun genau im Einzelfall richtig ist, um in angemessener Form und in passender Weise dramatische Umwälzungen aufzufangen. So wird das Grundeinkommen zu einer gesellschaftlich finanzierten Grundversicherung für alle gegen erkennbare, aber ungewiss bleibende systemische Großrisiken der Zukunft.

Das bedingungslose Grundeinkommen bietet mehr als eine utopische Reaktion auf die dystopischen Erfahrungen der Coronapandemie. Es ist eine zeitgemäße Modernisierung alter bewährter Prinzipien der Sozialen Marktwirtschaft, die Deutschland, Österreich und die Schweiz in der Nachkriegszeit so erfolgreich gemacht haben Es ermöglicht ein neu ausbalanciertes Zusammenspiel von »Freiheit«, »Sicherheit« und »Gerechtigkeit«. Es ist überparteilich und gleichermaßen liberal wie sozial. Damit wird es mehrheitsfähig für gesellschaftlich breit getragene Bewegungen jenseits alter Parteistrukturen.

Was politisch unmöglich scheint, wird ökonomisch unvermeidlich. Das Grundeinkommen muss zum Herzstück eines New Deal des 21. Jahrhunderts werden. Es stellt sicher, dass die Erfolge der Marktwirtschaft nicht einzelnen Interessengruppen ganz besonders und anderen bestenfalls geringfügig zugutekommen. Es verwirklicht tatsächlich das Versprechen eines »Benefits für alle«. Es lässt alle teilhaben, stets und bedingungslos. So lässt sich die Marktwirtschaft retten. Das lohnt sich – gerade für kommende Generationen. Denn Marktwirtschaft ist das Beste, was offene, liberale Gesellschaften dem Allmachtstreben autoritärer Regime entgegenzusetzen haben.

Kein Grundeinkommen ist das Risiko

Vielen erscheint das Grundeinkommen als großes Risiko. Das Gegenteil ist der Fall. Darauf zu verzichten ist weit riskanter. Ein Grundeinkommen verhilft der Marktwirtschaft zu jener Attraktivität, an der es ihr momentan so sehr mangelt. Deshalb sollte es der Marktwirtschaft zuliebe nicht Utopie bleiben, sondern Wirklichkeit werden – bevor es zu spät ist.

Das Grundeinkommen baut der Marktwirtschaft eine Brücke zurück zu Attraktivität und Erfolg. Über sie sollten all jene gehen, die verstanden haben, dass »Wohlstand für alle« nicht »Profite für wenige« bedeuten kann. Die Marktwirtschaft darf nicht nur für das Kapital, sondern muss für die Menschen beste Wahl sein. Dann wird sie den politischen Zulauf finden, den sie verdient.

»Wer das Grundeinkommen unterstützt, verschmäht es, Ansichten und Absichten zu verheimlichen. Wer das Neue will, muss das Alte überwinden. Mögen die herrschenden Interessen vor einer radikalen Neuorientierung zittern. Junge, Frauen und unsere Kindeskinder haben nichts zu verlieren als ihre Ketten. Sie haben eine Welt zu gewinnen. Anhängerinnen und Anhänger des Grundeinkommens, vereinigt euch!«[245] Jetzt.

Anhang

Anmerkungen

1 Es handelte sich dabei um die im Berner Verlag Paul Haupt von Egon Tuchtfeldt (meinem damaligen Chef) herausgegebene vierbändige Müller-Armack-Edition (1981), die »Ausgewählte Werke« enthielt, deren erster Band mit *Diagnose unserer Gegenwart* überschrieben war.

2 Alfred Müller-Armack (1901–1978) war Kölner Universitätsprofessor. Zwischen 1952 und 1963 war er zugleich engster Mitarbeiter (u. a. als Staatssekretär) von Ludwig Erhard, dem damaligen Bundeswirtschaftsminister und späteren zweiten Bundeskanzler der Bundesrepublik Deutschland.

3 Tinbergen (1968).

4 Zur »Freiburger Schule« und ihrem Verhältnis zur Sozialen Marktwirtschaft vgl. Horn (2021).

5 So der Titel eines von Quaas/Straubhaar (1995) herausgegebenen Sammelbands.

6 Straubhaar (1995).

7 Sinn (2003).

8 Steingart (2005).

9 Als »the sick man of the euro« betitelte *The Economist* (1999) seine umfassende Deutschland-Analyse im Sommer 1999.

10 Straubhaar (2008).

11 Schweizerische Eidgenossenschaft (2016).

12 Straubhaar (2017).

13 Sabroso-Wasserfall und Bayes (2021) zeigen, wie die Kommunistische Partei Chinas die Pandemie nutzt, um »auf ideologischer Ebene eine globale Machtverschiebung voranzutreiben – und der afrikanische Kontinent steht dabei besonders im Fokus«. Cardenal und Grundberger (2021, S. 77) schildern eindrücklich, wie Peking mit »opulenten Besuchsprogrammen und diplomatischem Druck lateinamerikanische Parteifunktionäre für seine geopolitischen Machtambitionen einspannt«.

14 Exemplarisch hierzu: Bregman (2017), Straubhaar (2017), Werner et al. (2017). Rinke (2020a und 2020b) präsentiert eine ausführliche Liste zu weiterführender Literatur und Quellen. Das DIW (2021a) in Berlin erweitert regelmässig sein »Dossier Grundeinkommen« um aktuelle Beiträge.

15 Beispielhaft dazu aus deutscher Perspektive: Osterkamp (2015), Flassbeck (2017), Fratzscher (2017), Kay (2017), Petersen (2017), Schneider (2017), Schupp (2020).

16 Zur »uralten Idee« eines Grundeinkommens vgl. Werner/Goehler (2010, S. 21–36). Ausführlicher dazu Vanderborght/Van Parijs (2005), Teil I (Eine neue Idee?), S. 14–36. Einen aktuellen Beitrag zur Ideengeschichte des Grundeinkommens liefern Kovce und Priddat (2019).

17 Rhys-Williams (1943, S. 138): »The State owes precisely the same benefits to all of its citizens, and should in no circumstances pay more to one than to another of the same sex and age, except in return for services rendered.«

18 Friedman (1962, S. 157). Offen blieben für Friedman die Fragen, »in welchem Umfang« und »in welcher Form« staatliche Unterstützung gewährt werden soll. Zur Höhe äußerte er sich dahingehend, dass das primär eine politische Entscheidung sei (auch wenn die Folgekosten ökonomische Verwerfungen erzeugen könnten). »It would be possible to set a floor below which no man's net income … could fall … The precise floor set would depend on what the community could afford« (Friedman 1962, S. 158). Fairerweise muss erwähnt werden, dass Friedman selber wohl nicht das Konzept eines bedingungslosen Grundeinkommens verfolgte, bei dem ohne Gegenleistungen oder Anforderungen ein Grundeinkommen an alle fließt, sondern eher ein »Kombi«-Modell, das sich an Erwerbstätige richtete, deren eigene Leistungsfähigkeit nicht genügt, um die eigene Existenz finanzieren zu können. Für diese Sicht spricht das Zitat, dass »like any other measures to alleviate poverty, it reduces the incentives of those helped to help themselves, but it does not eliminate that incentive entirely, as a system of supplementing incomes up to some fixed minimum would. An extra dollar earned always means more money available for expenditure« (Friedman 1962, S. 158).

19 Tobin (1966).

20 Vanderborght/Van Parijs (2005).

21 Vgl. dazu Opielka (2008, S. 144–147). Das Netzwerk Grundeinkommen (2021) bietet einen Überblick zur aktuellen politischen Diskussion sowie eine Presseschau, mit deren Hilfe sich der Weg zu weiterführenden Publikationen zum Grundeinkommen erschließen.

22 Opielka (2008, S. 146).

23 Werner (2007).

24 Werner (2007).

25 Althaus (2007).

26 Vgl. insbesondere die Beiträge in Borchard (2007) sowie Sachverständigenrat (2007, S. 222–244).

27 Beispielsweise vom Sachverständigenrat (2007, S. 222–244).

28 Butterwegge (2007, S. 27).

29 Spermann (2007, S. 160).

30 Vgl. dazu Schweizerische Eidgenossenschaft (2016, 2016a). Intellektuelle Motoren der Bewegung waren Häni und Kovce (2015) und die Initiative Grundeinkommen (2016). Weitere Beiträge finden sich in Blaschke/Rätz (2013).

31 Müller/Straub (2012) bieten einen Überblick verschiedener Argumente, die zur Unterstützung der Volksinitiative »Für ein bedingungsloses Grundeinkommen« führten.

32 »Die Initiantinnen und Initianten schlagen als Diskussionsgrundlage vor, dass alle Erwachsenen monatlich 2500 Franken und alle Kinder und Jugendlichen 625 Franken Grundeinkommen erhalten«, so steht es in den Erläuterungen des Schweizerischen Bundesrats (2016, S. 14) zur Volksabstimmung vom 5. Juni 2016.

33 Schweizerische Eidgenossenschaft (2016a).

34 Bundesministerium für Inneres (2019) dokumentiert Wortlaut und Ergebnis des Verfahrens.

35 Widmann/Marchart (2020).

36 Gepp (2021).

37 Rincon Restrepo (2021).

38 Vgl. dazu Schupp (2020, S. 114–115).

39 Haas (2021).

40 Auf der Website https://www.pilotprojekt-grundeinkommen.de/ (2021) lässt sich der weitere Verlauf des Modellversuchs nachverfolgen.

41 Schupp (2020) verweist auf experimentelle Feldstudien in diesem Forschungsfeld von Abhijit Banerjee und Esther Duflo, wofür beide 2019 mit dem Nobelpreis für Wirtschaftswissenschaften ausgezeichnet wurden. Vgl. dazu Banerjee/Niehaus/Suri (2019).

42 Hasdell (2020). Weitere Auswertungen zu konkreten Feldstudien finden sich in Hoynes/Rothstein (2019).

43 Hasdell (2020, S. 18).

44 Deutscher Bundestag (2019, S. 16).

45 Vgl. dazu Fritsche (2020).

46 So die Schweizerische Konferenz für Sozialhilfe (SKOS) (2021). Richtlinie A.2. (3).

47 So das deutsche Sozialgesetzbuch (2021, § 1). Sozialgesetzbuch (SGB) Zwölftes Buch (XII) – Sozialhilfe – (Artikel 1 des Gesetzes vom 27. Dezember 2003, BGBl. I S. 3022).

48 Sozialgesetzbuch (2021, § 1).

49 Bundesfinanzministerium (2020). Nach der Rechtsprechung des Bundesverfassungsgerichts »muss dem Steuerpflichtigen nach Erfüllung seiner Einkommensteuerschuld von seinem Erworbenen zumindest so viel verbleiben, wie er zur Bestreitung seines notwendigen Lebensunterhalts und (...) desjenigen seiner Familie bedarf (Existenzminimum). Die Höhe des steuerlich zu verschonenden Existenzminimums hängt von den allgemeinen wirtschaftlichen Verhältnissen und dem in der Rechtsgemeinschaft anerkannten Mindestbedarf ab; diesen einzuschätzen, ist Aufgabe des Gesetzgebers. (...) Demnach ist der im Sozialhilferecht anerkannte Mindestbedarf die Maßgröße für das einkommensteuerliche Existenzminimum.«

50 Schweizerische Konferenz für Sozialhilfe (SKOS) (2021).

51 Schweizerische Konferenz für Sozialhilfe (SKOS) (2021). Dazu auch Stadt Zürich (2021): »Das Existenzminimum besteht aus einem Grundbetrag, Zuschlägen für Miete, Krankenkasse, Berufskosten, Unterstützungs- und Unterhaltsbeiträge und anderen. Das Betreibungsamt berechnet das Existenzminimum nach Ermessen.«

52 Vgl. dazu das federführende Bundesministerium der Finanzen (2020).

53 Bundesministerium der Finanzen (2020, S. 8).

54 Werner/Goehler (2010).

55 Bundesministerium für Arbeit und Soziales (2020).

56 Schweizerische Eidgenossenschaft (2016b).

57 Vgl. dazu Schweizerischer Bundesrat (2016, S. 14).

58 Schweizerischer Bundesrat (2016, S. 15).

59 Habermacher/Kirchgässner (2016, S. 11).

60 Das wissen auch Florian Habermacher und Gebhard Kirchgässner (2016, Fussnote 37): »Dabei ist wichtig zu sehen, dass die Gesamt- bzw. Durchschnittsbelastung der Einkommen dadurch zunächst nicht steigen würde, da die Bürgerinnen und Bürger ja 2500 CHF pro Kopf vom Staat steuerfrei erhalten würden.«

61 Als völlig andere Alternative könnte der Staat kostenlos staatliche Versicherungsgutscheine an alle vergeben, die bei jeder Kranken- bzw. Unfallversicherung für eine Grundversicherung eingelöst werden können. Oder aber der Staat bietet eine öffentlich organisierte und finanzierte, wie weit auch immer reichende, medizinische Grundversorgung für alle kostenlos an. In beiden Alternativen entstehen staatliche Ausgaben für das Gesundheitswesen, die zu den Kosten für ein Grundeinkommen hinzuzurechnen sind.

62 Der Schweizerische Bundesrat (2014, S. 6571) hat klar festgehalten, dass das bedingungslose Grundeinkommen mit dem Freizügigkeitsabkommen zwischen der Schweiz und der EU und mit der EFTA-Konvention grundsätzlich vereinbar ist. Würde das bedingungslose Grundeinkommen eingeführt, könn-

ten, gestützt auf diese Staatsverträge, in der Schweiz erwerbstätige EU- und EFTA-Staatsangehörige Anspruch auf Ausrichtung des bedingungslosen Grundeinkommens erheben.

63 Das Herkunftslandprinzip ist feste Grundlage des internationalen Güterhandels. Es besagt, dass bei der Güterproduktion die Standards des Produktionslands bestimmen, was erlaubt oder verboten ist, selbst wenn dann die Güter exportiert und andernorts investiert oder konsumiert werden. Bereits beim innereuropäischen Dienstleistungsverkehr ist man davon abgewichen und macht ein Erbringer- oder Wohnsitzlandprinzip geltend (vgl. dazu Chardon 2020). Das heißt, ein ausländischer Leistungserbringer (beispielsweise ein Handwerker oder eine Beraterin) muss dem Recht des Orts genügen, an dem die Leistungsübertragung erfolgt (also beispielsweise die Wasserleitung eingebaut oder das Beratungsgespräch geführt werden). Wie sehr hier durch neue Technologien vieles ins Wanken kommt, ist bei online erbrachten Dienstleistungen offensichtlich.

64 *Spiegel-Online* (2016).

65 Vgl. dazu Menkens (2016).

66 Auf der Grundlage einer sog. Gliedertaxe wird in der privaten Unfallversicherung der Schweregrad einer körperlichen Beeinträchtigung ermittelt. Es wird eine Prozentzahl errechnet, deren Höhe davon abhängig ist, welches Körperteil wie stark eingeschränkt ist. Beispielsweise führt gemäß der Standardgliedertaxe des Gesamtverbands der deutschen Versicherungswirtschaft (GDV) der Verlust einer Hand zu einem Invaliditätsgrad von 55 Prozent, eines Daumens von 20 Prozent, des Zeigefingers von 10 Prozent und aller anderen Finger von 5 Prozent. Je höher der Invaliditätsgrad, desto mehr Geld zahlt die Unfallversicherung den Geschädigten. Vgl. dazu Deutsche Familienversicherung (2018).

67 Enste (2019, S. 31).

68 Sozialversicherungsbeiträge wurden von den Kranken- und Pflegekassen 2021 nur bis zu einer Höchstgrenze des jährlichen Arbeitsentgelts von 58 050 Euro erhoben. Für die Renten- und Arbeitslosenversicherung lag die Beitragsbemessungsgrenze bei 80 400 Euro in den neuen und bei 85 200 Euro in den alten Bundesländern. Vgl. dazu Bundesregierung (2021).

69 Als »Eigernordwand«-Phänomen hat Sinn (2003, S. 180) das kontraproduktive Phänomen bezeichnet, dass sich als Folge von deutlichen Transferentzügen bei Arbeitsaufnahme das verfügbare Nettoeinkommen nicht nennenswert erhöht. Ein Arbeitsloser erhält als Folge einer Erwerbsaufnahme weniger staatliche Hilfe. Gleichzeitig hat er auf dem nun durch eigene Anstrengung erwirtschafteten Einkommen Sozialabgaben und Steuern zu leisten. Transferentzug auf der einen und Beiträge an die Sozialversicherungen und Steu-

ern auf der anderen Seite können gemeinsam zu einem Grenzsteuersatz von 80 bis 90 Prozent führen.

70 Langenmayr (2017, S. 13).

71 Vgl. dazu auch Habermacher/Kirchgässner (2016, S. 10–11).

72 Das Prinzip des Eigenmietwerts wird heute bereits (und damit auch losgelöst von der Diskussion über eine Konsumsteuer) in der Schweiz umgesetzt. Es müsste genauso beim nachfolgend vertretenen Grundsatz greifen, »Unternehmer statt Unternehmen« zu besteuern.

73 Fuest et al. (2017, S. 27).

74 Wie schon Blankart (2017, S. 243) mit Blick auf die Körperschaftsteuer feststellte, bleibt die Forderung nach einer Abschaffung der Unternehmensbesteuerung und einem Verzicht, Unternehmen zu besteuern, richtiger als jemals zuvor, »denn eine Steuer, die infolge von unklaren Überwälzungsmöglichkeiten von der Fiskalillusion lebt, kann wenig zu rationalen finanzpolitischen Entscheidungen beitragen«.

75 Zur »Gesellschaft mit gebundenem Vermögen« vgl. Fels/Frey (2021). Grundidee des Verantwortungseigentums ist es, dass Eigentümer keine Vermögensrechte, sondern nur noch Verantwortungsrechte besitzen. Somit ist es nicht möglich, Unternehmensvermögen ohne Gegenleistung in Privatvermögen zu überführen.

76 Blankart (2017, S. 253).

77 Die Eigenmietwertbesteuerung ist in der Schweiz seit 1940 integraler Bestandteil des Steuerrechts. Vgl. dazu Eidgenössische Steuerverwaltung (2015). Dass selbst genutzte Liegenschaften als Naturaleinkommen der direkten Steuerpflicht unterliegen, ist Gegenstand anhaltender politischer Auseinandersetzungen.

78 Fuest et al. (2017, S. 22).

79 Aktuell läuft seit 2017 ein Gesetzgebungsverfahren »Eigenmietwert abschaffen«, das allerdings in einem langwierigen Vernehmlassungsverfahren feststeckt. Vgl. dazu Egloff (2021).

80 Die folgenden Beispielsberechnungen stammen alle aus Straubhaar (2017).

81 An der Stelle unterbleibt eine Klärung verschiedener Gerechtigkeitsbegriffe (Bedarfsgerechtigkeit, Chancengerechtigkeit, Verteilungsgerechtigkeit, Leistungsgerechtigkeit), da eine Bewertung sehr stark von der konkreten Ausgestaltung eines Grundeinkommens abhängig ist, die *nicht* im Vordergrund der hier vorgetragenen Argumente steht.

82 Bei zusammenlebenden Erwachsenen sollen die geteilten Fixkosten keine Legitimation für ein geringeres Grundeinkommen bieten. Eine Absenkung für Erwachsene, die in Mehrpersonenhaushalten leben, würde der Bedingungslosigkeit und dem Individualprinzip des Grundeinkommens widersprechen.

Zudem würden wieder Bürokratie- und Kontrollkosten entstehen. Ebenso würde eine Verletzung des Individualprinzips Anreize für Verhaltensänderungen bieten. Beispielsweise würde es dann attraktiv, in kleinen Einheiten »über den Flur« zu wohnen, um als Einpersonenhaushalt in den Genuss des vollen Grundeinkommens zu kommen. Dadurch wiederum entstünden Verzerrungen für die Wohnungswirtschaft.

83 Vgl. dazu die einzelnen Beiträge in Butterwegge/Rinke (2018) sowie in Roman Herzog Institut e. V. (2019). Als Einstieg hilft auch eine Schlagwortsuche »Grundeinkommen« im Wirtschaftsdienst (2021), deren Ergebnisse neben der Breite der Kontroverse auch deren zeitlichen Verlauf während der letzten 15 Jahre offenbaren.

84 Siebert (2007). Ähnlich äußern sich Raddatz (2019) für Deutschland (er spricht von einem Luftschloss) und Habermacher/Kirchgässner (2016, S. 6) für die Schweiz (die »eine schöne heile Welt der Initianten … auf mehreren Milchmädchenrechnungen« ruhen sehen).

85 Siebert (2007).

86 Vgl. dazu beispielsweise Knabe/Schöb/Thum (2014) oder Arni et al. (2014).

87 Mindestlohnkommission (2020, S. 84). Bestätigend dazu: Bruttel (2020), kritischer, aber nicht wirklich entscheidend widersprechend dazu: Knabe/Schöb/Thum (2020a), und die Abweichungen zwischen Erwartung und Realität erklärend: Knabe/ Schöb/Thum (2020b).

88 Einen wenn auch kritischen, so doch sachlichen Überblick mit reichhaltigen Quellenverweisen liefert Osterkamp (2016).

89 Hasdell (2020), Übersetzung durch Straubhaar.

90 Vgl. dazu Enste (2019, S. 7–8).

91 Bischoff (2006).

92 Schäfer (2007, S. 282).

93 Butterwegge (2016).

94 Cremer (2019, S. 25).

95 Mit »Paternalismus« ist gemeint, dass Staatsvertreter oder Interessengruppen vorgeben, am besten zu wissen, was andere als richtig, wünschens- und erstrebenswert bewerten. Er strebt nach einer autoritären staatlichen Bevormundung des Verhaltens einzelner Personen. Menschen sollen von anderen zu ihrem Glück gezwungen werden.

96 »Anmassung von Wissen« lautete der Titel der aus Anlass der Verleihung des Nobel-Gedächtnispreises in Wirtschaftswissenschaften am 11. Dezember 1974 in Stockholm gehaltenen Rede von Friedrich August von Hayek (1975).

97 Vgl. hierzu ausführlich Adriaans/Liebig/Schupp (2019).

98 Vgl. dazu Douma (2018) oder Rinke (2020b) und Raddatz (2019), der eine grafische Gegenüberstellung verschiedener in Deutschland diskutierter Grundeinkommenskonzepte liefert.

99 Der Sachverständigenrat (2007, S. 222–244) steht dem bedingungslosen Grundeinkommen kritisch gegenüber und vermutet bei dem Solidarischen Bürgergeldmodell von Althaus (2007) eine »Finanzierungslücke von 227 Mrd. €« (a. a. O., S. 223). Angesichts der radikalen Systemreform gilt natürlich die Unsicherheit von Prognosen in alle Richtungen. Auch wenn versucht wird, möglichst viele Einflussgrößen in einer Modellrechnung zu berücksichtigen, bleibt eine Abschätzung der Folgeeffekte eines Grundeinkommens so genau oder ungenau, wie mikro- und makroökonomische Reaktionen einer derartigen »sozialpolitischen Revolution« richtig antizipiert werden können. »Doch selbst wenn die modernsten empirischen Methoden angewandt werden: Es bleiben grosse Unsicherheiten mit Bezug auf die dynamischen Verhaltensanpassungen der Menschen« Spermann (2007).

100 Die Erwartungen an die Wirkungsweise des Mindestlohns liefern ein gutes Beispiel für den vergeblichen Versuch, die Folgeeffekte von politischen Systemänderungen im Voraus richtig zu quantifizieren. Vgl. dazu das Zeitgespräch in *Wirtschaftsdienst* (2014) vor dem Inkrafttreten des Mindestlohngesetzes in Deutschland, für die Erfahrungen danach vergleiche Bossler (2016).

101 Diese Einschränkung ist in der ökonom(etr)ischen Literatur als »Lucas-Kritik« bekannt. Der Nobelpreisträger Robert Lucas (1976, S. 41) hat seine berühmt gewordene Kritik an einer naiven Extrapolation bisheriger Erfahrungen in die Zukunft bei einem radikalen Systemwechsel damit begründet, dass die Parameterwerte nicht stabil bleiben. Die Verhaltensanpassungen bei einer radikalen Neuausrichtung der Politik haben nichts mehr mit der Vergangenheit zu tun. Somit wird es mehr oder weniger reine Spekulation, in welche Richtung und wie stark sich Verhaltensänderungen auf die Modellberechnungen auswirken. Deshalb werden Überlegungen und Analysen, die für die »alten« Zeiten und deren Rahmenbedingungen passten, für die »neuen« Zeiten und deren Politik (völlig) unbrauchbar.

102 Vgl. dazu Körber-Stiftung (2016).

103 Werner/Goehler (2010, Kapitel 3 »Wie ein Lotto-Gewinn für alle«, S. 51–70) und Häni/Kovce (2015, S. 38–40) verweisen beide mit einer Vielzahl anekdotischer Beispiele auf das »Ich bin fleissig, du bist faul«-Paradox und zeigen, dass viele Menschen nicht aufhören würden zu arbeiten, wenn das Existenzminimum abgesichert wäre. Vielleicht würden sie anders arbeiten. Ob sich daraus eine allgemeingültige Verhaltensregel ableiten lässt, ist einer der Streitpunkte bei der Bewertung des Grundeinkommens.

104 Fetzer (2007), S. 170.

105 Das Zitat stammt von Paulus (Bibel 2016, Paulus, 2 Thess 3,10). Werner/ Goehler (2010, S. 71–72) halten eine Verankerung des christlichen Arbeitsethos mit einer Referenz auf Paulus für unzulässig. Sie verstehen das Paulus-Zitat als: »Auch wer nicht arbeitet, darf essen!« Eine Interpretation, die sicherlich nicht unstrittig ist.

106 Göbel (2006). Allerdings verweist Schramm (2007, S. 212) auf ein Missverständnis hinsichtlich des Begriffs der Subsidiarität: »Subsidiarität wird von Heike Göbel nur zeitlich konzipiert.« Von der Sache her weitaus wichtiger sei jedoch ein struktureller Befähigungsbegriff der Subsidiarität. Demgemäß müssten die Strukturen einer Gesellschaft »*grundsätzlich* so ausgestaltet sein, dass sie *dauerhaft* (und nicht erst dann, wenn die Leute individuell ›erschöpft‹ sind) zu eigenverantwortlichem Handel befähigen.« Genau dieser Absicht gerecht zu werden ist (auch) Ziel eines bedingungslosen Grundeinkommens.

107 Nur der Korrektheit halber sei daran erinnert, dass beim Umlageverfahren die Einzahlungen der jeweils gerade aktiven Erwerbsgeneration (Beiträge der Versicherten und Arbeitgeber sowie Zuschüsse aus dem Bundeshaushalt) für die laufenden Rentenzahlungen verwendet werden. Die Versicherten von heute erhalten im Gegenzug einen – verfassungsrechtlich geschützten – Anspruch auf Rente im Alter, der dann von der nächsten Beitragszahler-Generation finanziert werden muss.

108 Zum Zusammenspiel zwischen Solidarität und Subsidiarität vgl. Schramm (2008) sowie Fetzer (2007).

109 Mit Blick auf das bedingungslose Grundeinkommen vgl. hierzu Schramm (2007, S. 216–218) und Reuter (2016).

110 So wie Flassbeck/Spiecker/Meinhardt/Vesper (2012, S. 15–16).

111 Dahrendorf (2003).

112 Vgl. hierzu Reuter (2016).

113 Boldt (2021).

114 Feldenkirchen (2021) und Stelter (2021).

115 Garton Ash (2021) und Lehnartz/ Schuster (2021).

116 »Wohlstand für alle« war das Versprechen Ludwig Erhards (1957).

117 »Disruption« wurde als Begriff von Christensen (1997) in die aktuelle Diskussion eingebracht. Das Schlagwort »Disruption« hat in der Folge eine so starke Verbreitung gefunden, dass Zukunftsforscher Matthias Horx (2021) mittlerweile von einem »Mythos Disruption« schreibt, weil »das Wort Disruption wie eine große Angstschweiß-Wolke über allem hängt: Nichts ist mehr gewiss!«

118 Diamond (2005) nennt als Beispiele untergegangener Gesellschaften die Mayas oder die Wikinger.

119 Schumpeter (1967, S. 295). Schumpeter (1912) hatte das Konzept der »schöpferischen Zerstörung« als Motor des Wirtschaftswachstums geprägt. Weil in

bestehenden Märkten der Wettbewerb die Gewinne verschwinden lässt, suchen clevere Geschäftsleute nach neuen Ideen, Produkten und Prozessen, um für Kunden attraktiv zu sein, die bereit sind, für bessere Lösungen höhere Preise zu bezahlen. Ein dynamischer Unternehmer strebt somit als Pionier nach einer »Durchsetzung neuer Kombinationen«. Ist er erfolgreich, entsteht in einer funktionierenden Marktwirtschaft automatisch ein enges (zeitliches) Wechselspiel zwischen Innovator und Imitator. Denn der dynamische Pionier wird nun seinerseits zum Gejagten. Nachahmer werden versuchen, die Erfolge des Innovators zu kopieren. Sie übernehmen so rasch wie möglich die Neuerungen. So schwappt der technologische Fortschritt auf die ganze Wirtschaft über. Davon profitiert dann die Gesellschaft insgesamt.

120 Eine private Versicherung wird angeboten, wenn (a) eine hinreichend grosse Zahl von Menschen sich durch gleichartige Risiken bedroht sieht, (b) nicht zu einem Zeitpunkt alle Bedrohten gleichzeitig von den Folgen dieser Risiken betroffen sind, (c) die einzelnen Schadensfälle voneinander unabhängige Ereignisse sind, (d) die individuellen Schadenswahrscheinlichkeiten allen bekannt und nicht beeinflussbar sind und (e) das Ausmaß des Gesamtschadens kalkulierbar ist. Zu einem Marktversagen kommt es bei (asymmetrischen) Informationsdefiziten bezüglich der individuellen Schadenswahrscheinlichkeit (»adverse selection«-Problem einer Negativauslese schlechter Risiken) und beim Auftreten eines moralischen Risikos (Moral Hazard), das besagt, dass Versicherte den Schadensfall selbst beeinflussen oder sogar absichtlich herbeiführen können (vgl. hierzu Graf von der Schulenburg/ Lohse 2014).

121 Grundlage privater Versicherungen ist das Äquivalenzprinzip (Individualversicherungsprinzip). Es verlangt, dass für jeden Versicherten seinem persönlichen Risiko entsprechende Beiträge erhoben werden. Die Beiträge werden so kalkuliert, dass über alle Versicherten die entstehenden Versicherungsleistungen und die eingehenden Versicherungsbeiträge – über die gesamte Vertragslaufzeit gesehen – in einem Gleichgewicht sind. Die Solidargemeinschaft bezieht sich somit lediglich auf die sich für ein konkretes Risiko versichernden Personen. Anders als beim Äquivalenzprinzip richten sich beim Solidaritätsprinzip die Versicherungsbeiträge nach der finanziellen Leistungsfähigkeit (und eben nicht wie beim Äquivalenzprinzip nach dem Versicherungsrisiko des Versicherten).

122 So gab es bei Apple, Cisco und dem weltgrößten Versicherungsmakler Aon Überlegungen, mit einem neuen Verbundangebot »gläsernen« Kunden günstigere Konditionen mit geringerem Selbstbehalt oder ohne Eigenbeteiligung anzubieten.

123 Vgl. dazu die ausführliche Darstellung im Jahresgutachten des Sachverständigenrats für Verbraucherfragen (2018).

124 Hawking (2018, S. 208).

125 Marx und Engels (1845–1846, S. 22).

126 Keynes (1930).

127 Graeber (2018, S. 31) definiert Bullshit Jobs als »Beschäftigungen, die so vollkommen sinnlos, unnötig oder schädlich sind, dass selbst der Beschäftigte ihre Existenz nicht rechtfertigen kann«.

128 Lewin (1983).

129 Piguet/Mahnig (2001). Zu zwei Dritteln traf die Arbeitslosigkeit die ausländischen Arbeitnehmer. Da die Arbeitserlaubnisse bei den sog. Jahresaufenthaltern nach Ablauf der Einjahresfrist nicht mehr verlängert wurden, verließen Hunderttausende – vor allem Italiener – die Schweiz. Der Anteil der Ausländerbevölkerung an der Gesamtbevölkerung ging entsprechend stark zurück.

130 Destatis (2021a).

131 Kalender- und saisonbereinigte Monatswerte für das erste Quartal 2020 von Destatis (2021b).

132 Obstfeld (2016, S. 15).

133 Vgl. dazu Wippermann (2018).

134 Siehe dazu ausführlich Krämer (2015).

135 Krämer (2015, S. 37).

136 Haskel/Westlake (2017) meinen mit »Capitalism without Capital« eine Wirtschaft, in der immaterielles (»intangible«) Kapital (wie Human- oder Sozialkapital oder Organisationswissen) wichtig(er) wird und das materielle (»tangible«) Sachkapital in Form von Maschinen und Anlagen vergleichsweise an Bedeutung verliert.

137 Das »Güter- und Faktorpreisausgleichstheorem« ist das A und O marktwirtschaftlicher Konkurrenzmärkte. Es besagt, dass sich Warenpreise, Arbeitslöhne und Kapitalzinsen international an- und im theoretischen Extremfall sogar ausgleichen sollten. Jede Abweichung von gleichen Lebensstandards weltweit muss demzufolge als Indiz für ein Marktversagen interpretiert werden.

138 Von Hayek (1969, S. 252).

139 Statistisches Bundesamt/Bundeszentrale für politische Bildung (2004, S. 40.)

140 Statistisches Bundesamt/Bundeszentrale für politische Bildung (2021, S. 52.)

141 Statistisches Bundesamt/Bundeszentrale für politische Bildung (2021, S. 51.)

142 Statistisches Bundesamt/Bundeszentrale für politische Bildung (2021, S. 51.)

143 Duden (2021).

144 Schramm (2008, S. 200).

145 MacKay (2020).

146 Vgl. dazu die Revision vom 23. Mai 2020 von MacKay (2020).

147 Hawking (2018, S. 169–170).

148 Zum Wesen eines systemischen Risikos gehört, dass es ganze Systeme (wie Volkswirtschaften, Regionen oder Branchen) und damit alle betrifft, unabhängig vom Einzelrisiko, das nur isoliert bestimmte Personen betrifft, wie etwa Karies. Grund für das »Systemische« sind externe Effekte, die sich aus dem Verhalten anderer für an sich unbeteiligte Dritte ergeben. Unter externe Effekte fallen Ansteckungseffekte (Contagion-Effekte) wie etwa bei einer Pandemie oder überschwappende Domino-Effekte (Spill-over-Effekte) wie etwa auf Finanzmärkten. Vgl. dazu ausführlich Sachverständigenrat (2009, insbesondere S. 136–142).

149 »Von einem systemischen Risiko spricht man immer dann, wenn eine Entwicklung im Finanzsystem gravierende Auswirkungen auf die gesamte Volkswirtschaft hat – so wie das in der internationalen Finanzkrise 2008/09 der Fall war. Systemische Risiken existieren für das Finanzsystem durch Ansteckungs- und Rückkopplungseffekte, die einen sich selbst verstärkenden Mechanismus in Gang setzen können, wodurch sich Risiken bei einzelnen Instituten auf das ganze Finanzsystem ausweiten« (Deutsche Bundesbank 2016).

150 Jedes ordentliche Lehrbuch der Versicherungsökonomik widmet der Frage des Marktversagens bei Versicherungsmärkten eine ausführliche Behandlung (vgl. hierzu Graf von der Schulenburg/Lohse (2014).

151 Offensichtlich ist, dass natürlich bereits die Annahmen in der Praxis regelmäßig verletzt werden. So gilt es beispielsweise die Anreize zur Schadensverhütung mitzuberechnen, und zwar sowohl beim Versicherer wie den Versicherten – also etwa wie sich bauliche Maßnahmen oder Sicherheitsanlagen auf Einbruch und Diebstahlwahrscheinlichkeiten auswirken.

152 Wer zum Beispiel sein Fahrrad versichert hat, wird nachlässiger bei der Fahrradsicherung, was die Diebstahlwahrscheinlichkeit stark erhöht. Dadurch muss ein privater Versicherer seine Prämien anheben, was tendenziell zu einer Abnahme der Versicherungsnehmenden führt, weil die Versicherungsprämie relativ zur potenziellen Schadenshöhe unverhältnismäßig hoch wird. Als Folge ziehen es die »guten« Risiken vor, sich nicht mehr zu versichern und selbst vorzusorgen. Dadurch verbleiben dem Versicherer nur die »schlechten« Risiken, was wiederum ein Anheben der Versicherungsprämien erwirkt. Eine effektive Maßnahme, die von privaten Versicherern ergriffen werden kann, ist, nur noch eine Teilabsicherung des Risikos vorzunehmen und hohe Selbstbehalte einzufordern. Wird der Selbstbehalt hoch genug angesetzt, wird

Moral Hazard relativ rasch relativ stark zurückgehen, weil jetzt jeder Schaden unmittelbar auch die Versicherten zur Kasse bittet.

153 In aller Regel können Personen relativ genau abschätzen, ob sie selbst einer bestimmten Risikogruppe angehören und welches Risiko sie damit bezüglich eines bestimmten Schadens für die Versicherung darstellen. Beispielsweise sind medizinisch schwer diagnostizierbare Erkrankungen den Betroffenen sehr wohl bekannt – sie spüren ja die Schmerzen und leiden tagtäglich darunter. Um nicht als »schlechtes« Risiko, entsprechend der hohen Schadenswahrscheinlichkeit, auch eine hohe Versicherungsprämie bezahlen zu müssen, sind die Betroffenen bemüht, bei der Versicherung ein möglichst »gutes« Risiko vorzutäuschen, um so eine bessere Prämie aushandeln zu können. Die Versicherungen ihrerseits verfügen nicht über die notwendigen Informationen, beispielsweise weil als Folge einer ärztlichen Schweigepflicht beim Versicherungsabschluss nicht alle intimen Fragen auch tatsächlich überprüft werden dürfen. »Schlechte« Risiken werden also versuchen, ihre tatsächliche Schadenswahrscheinlichkeit zu vertuschen und sich als »gute« Risiken zu versichern. Die »guten« Risiken ihrerseits haben keine Möglichkeit, dem Versicherer glaubwürdig zu »beweisen«, dass ihre Schadenswahrscheinlichkeit tatsächlich tief ist. Die Folge der Informationsasymmetrie ist, dass ein privater Versicherer Gefahr läuft, überdurchschnittlich viele »schlechte« Risiken zu versichern, was mit einem entsprechenden Anstieg der Prämien verbunden ist. Dadurch bestehen aber für weitere Menschen zusätzliche Anreize, den Versicherer zu wechseln, was eine Preis-Kosten-Spirale auslöst, die früher oder später einen privaten Versicherer zur Aufgabe zwingt.

154 Die Lösung des Problems der Informationsasymmetrie und der dadurch verursachten adversen Selektion liegt für den privaten Versicherer darin, dass er mit spezifisch auf die jeweilige Risikogruppe zugeschnittenen Selbstbehalten die Versicherer zu einer selbstständigen Selektion motiviert, die der »Wahrheit« und den tatsächlichen Wahrscheinlichkeiten, dass ein Schaden eintritt, besser entspricht.

155 Kumpmann (2006, S. 46).

156 An der Stelle geht es nicht darum, ob die Mitversicherung von Ehefrauen gerecht sei oder nicht. Der entscheidende Punkt ist: Wenn eine Mitversicherung von Ehefrauen gesellschaftlich gewünscht wird, stellt sich die Frage, warum dann nur die Sozialversicherungspflichtigen und nicht alle für eine sozialpolitisch gewollte Umverteilung bezahlen sollen.

157 Fratzscher (2021b).

158 Haan/Kemptner/Lüthen (2019).

159 Vgl. dazu ausführlich Hüther/Straubhaar (2009).

160 Fratzscher (2021a). Wie viel kritischer er einem Grundeinkommen noch vor Kurzem gegenüberstand, lässt sich nachlesen in Fratzscher (2017).

161 Vgl. dazu Rinke (2020a und 2020b). Das bereits 1986 gegründete internationale Netzwerk Basic Income Earth Network (BIEN) (2021), das Netzwerk Unconditional Basic Income Europe (UBIE) (2021) oder das Netzwerk Grundeinkommen (2021) liefern einen guten Überblick der aktuellen Grundeinkommensdiskussion in vielen Ländern.

162 Wyss (2021).

163 Ruf (2021). »Zum Kern dessen, was die *Washington Post* eine ›seismische Verwerfung‹ nennt, zählt die erstmalige Einführung eines Grundeinkommens ohne Arbeitszwang für Eltern«, so Winkler (2021).

164 Wyss (2021).

165 Gepp (2021).

166 Generation Grundeinkommen (2021).

167 »Symptomatisch zeigt sich dies seit März 2020 an persönlich eingereichten Petitionen an den Petitionsausschuss des Deutschen Bundestages sowie über die Internetplattformen https://www.change.org und https://www.open.petition.de an Bundestagsabgeordnete und Regierungsmitglieder«, so Rinke (2020a oder 2020b).

168 DIW (2020 oder 2021a) sowie Pilotprojekt Grundeinkommen (2021).

169 Vgl. dazu Haas (2021).

170 Dahrendorf (1986).

171 Hennig-Wellsow (2021).

172 Garton Ash (2020).

173 »Im Zuge der Affäre um Maskendeals haben inzwischen mehrere Politiker ihre Parlamentsmandate niedergelegt und sind in manchen Fällen auch aus der CDU und CSU ausgetreten. Zu diesem Kreis gehören der einstige CDU-Abgeordnete Nikolas Löbel, der Ex-CSU-Politiker Georg Nüßlein, der frühere bayerische Justizminister Alfred Sauter und der frühere CDU-Bundestagsabgeordnete Mark Hauptmann«, so berichtete der *Spiegel* (2021) über dubiose Maskendeals im Zug der Coronabekämpfung.

174 SIPRI (2020).

175 Rudolf (2020).

176 Hines et al. (2001) griffen das Kennedy zugeschriebene Zitat »A rising tide lifts all boats« auf und testeten seine empirische Evidenz.

177 Die auch »Trickle-down-Theorie« genannte Abtropf-Theorie besagt, dass Wirtschaftswachstum und allgemeiner Wohlstand nach und nach über Konsum und Investitionen in die unteren Schichten der Gesellschaft sickern würden.

178 Vgl. dazu Rosling/Rosling Rönnlund/Rosling (2018).

179 Vgl. dazu Milanovic (2016), Obstfeld (2016) sowie die Angaben der World Inequality Database (2021).

180 Piketty (2014) und Milanovic (2016). Alle Daten der weltweiten Verteilungsentwicklung (gemessen in sog. Gini-Koeffizienten) und der empirischen Daten von Piketty und Milanovic sind abrufbar auf der Website https://wld.world (World Inequality Database, 2021).

181 So das wichtigste Ergebnis von Thomas Piketty (2014, Introduction): »When the rate of return on capital exceeds the rate of growth of output and income, capitalism automatically generates arbitrary and unsustainable inequalities that radically undermine the meritocratic values on which democratic societies are based.«

182 Branko Milanovic (2016) präsentiert in seinem auch auf Deutsch erschienenen Bestseller *Die ungleiche Welt* überzeugende Belege dafür, dass im Zeitalter der Globalisierung die Ungleichheit zwischen den Volkswirtschaften eher geringer, innerhalb der Volkswirtschaften jedoch eher größer geworden ist. Er dokumentiert, dass die Unterschiede zwischen Nord und Süd, westlicher und östlicher Welt, Industrie- und aufstrebenden Ländern schwächer werden, aber die Polarisierung zwischen Ober- und Unterschicht innerhalb der Gesellschaften zunimmt. Die WTO (2017) wiederum verweist in ihrem Welthandelsbericht 2017 darauf, dass weniger die Globalisierung als vielmehr der Technologiewandel die Ursache für das Öffnen der Wohlstandsschere war.

183 Vgl. dazu den Interpretationsstreit zwischen Fratzscher (2016) und Felbermayr, Battisti und Lehwald (2016).

184 Vgl. dazu die Analyse von Trebilcock (2014).

185 Hüther/Straubhaar (2009).

186 Vgl. dazu die vielen einschlägigen Publikationen von Ernst Fehr oder Bruno S. Frey, beispielsweise Fehr/Schwarz (2002), Fehr/Schmidt (2003) oder Frey (1995).

187 Das Problem von Wahrnehmung und Erwartung liegt darin, dass beide mit immensen Fehlerquellen zu kämpfen haben. Nicht nur dass Informationen, die zur persönlichen Meinungsbildung dienen, veraltet, unvollständig, teilweise falsch und manchmal von anderen manipulativ missbraucht sein können. Als Faustregel nutzt man aus Erfahrung und Bequemlichkeit die immer gleichen Informationsquellen und Vertrauenspersonen, um sich ein eigenes Urteil zu bilden. Die Verengung auf Bekanntes kann das Spektrum für neue Einsichten verengen und zu einem Festhalten an veralteten Standpunkten führen. Die Herde folgt dann dem ausgetretenen Pfad der Leitkuh, selbst wenn sich die Realität und damit die Richtung, in die man sich bewegen sollte, komplett verändert haben.

188 Vgl. dazu Hüther/Straubhaar (2009).

189 Vgl. hierzu ausführlich Fehr (2002) und Fehr/Schmidt (2003).

190 Empirisch ist dieser Sachverhalt gut untersucht und nachgewiesen worden von Frey/Feld (2002), Frey (2005) sowie Weck-Hannemann/Pommerehne (1989).

191 Das ist nicht zuletzt auch das Ergebnis des »Gefangenendilemmas«. Es besagt, dass kollektive und individuelle Analysen zu unterschiedlichen Handlungsempfehlungen führen können, sodass Menschen, die nur auf den eigenen Vorteil bedacht sind, zu schlechteren Ergebnissen kommen können, als wenn sie kooperieren würden.

192 Schipper (2015). Atkinson (2015, Kapitel 6, insb. ab S. 169) schlägt deshalb ein »Mindesterbe« vor, das der Staat »jedem Staatsbürger zum 18. Geburtstag auszahlt« und das sich »über höhere Erbschaftssteuern« finanzieren ließe.

193 Schnitzlein (2013).

194 *The Economist* (2018, S. 12).

195 Ifo (2021) mit weiterführenden Literaturangaben.

196 Ifo (2021).

197 Statistisches Bundesamt (2021a).

198 Turzer (2019).

199 Sachverständigenrat (2020).

200 Kagermann/Süssenguth/Körner/Liepold/Behrens (2021).

201 Von Petersdorff (2014).

202 Habeck (2021).

203 Habeck (2021).

204 Garton Ash (2021).

205 *The Economist* (2018).

206 Gersemann/Rosenfeld/Zschäpitz (2019).

207 So auch der ehemalige Chefredakteur von *Spiegel* und der *Deutschen-Presseagentur* (dpa), Wolfgang Büchner (2021): »In der Corona-Krise dürfte auch den Letzten klar geworden sein: Dieser Staat braucht kein ›Weiter so‹, dieses Land benötigt spätestens nach der Bundestagswahl im Herbst eine grundlegende Modernisierung. Ein neues Betriebssystem. Wenn die nächste Bundesregierung diese Chance verpasst, wird dies dramatische Folgen für unseren Wohlstand und unsere liberale Lebensweise haben. Denn mit dem Status quo werden wir den Systemwettbewerb gegen hocheffiziente, autoritäre Systeme wie China nicht bestehen.«

208 So der Titel von Konz (2021).

209 Die empirischen Belege für die gesundheitliche Ungleichheit als Folge ökonomischer Ungleichheit sind eindeutig. »Die sozialepidemiologische Forschung und die Gesundheitsberichterstattung haben inzwischen überzeugend belegt, dass Personen mit niedrigem im Vergleich zu denjenigen mit

höherem sozioökonomischem Status von vielen Krankheiten, Beschwerden und Funktionseinschränkungen verstärkt betroffen sind und zu einem größeren Anteil vorzeitig sterben«, so Lampert et al. (2018, S. 2). Und weiter: »Die bislang für Deutschland vorliegenden Studien sprechen dafür, dass die sozialen Unterschiede in der Gesundheit und Lebenserwartung über die letzten 20 bis 30 Jahre relativ stabil geblieben sind oder sich sogar noch ausgeweitet haben» (Lampert et al. 2018, S. 17).

210 Man muss nicht alles akzeptieren, was der schwedische Mathematiker Martin Kulldorff (2021), Professor an der Harvard Medical School, mit Blick auf die USA provokant zusammenfasst, aber vieles scheint plausibel zu sein: »Lockdowns schützen die Laptop-Klasse, Menschen, die im Homeoffice arbeiten können. In Los Angeles und Toronto etwa hat es die ärmeren Wohngebiete stärker getroffen als die wohlhabenden. Wir haben es also geschafft, das Risiko von den wohlhabenden auf die weniger wohlhabenden Klassen zu verlagern. In den USA waren die Lockdowns der größte Angriff auf die Arbeiterklasse seit der Rassentrennung.«

211 Von Hayek (1969, S. 95).

212 »Sphären der Gerechtigkeit« hat Michael Walzer (2006) seine Philosophie benannt.

213 Zingales (2012, S. 46) fordert: »A probusiness agenda aims at maximizing the profits of existing firms; a promarket agenda, by contrast, aims at encouraging the best business conditions for everyone.«

214 Mazzucato (2014).

215 BDI (2020).

216 *The Economist* (2021).

217 Christian Breuer, Chefredakteur des *Wirtschaftsdiensts*, weist überzeugend nach, dass Kinder (und deren Familien) in Deutschland überproportional von Armut bedroht sind. Entsprechend fordert er »Ein Grundeinkommen für Kinder«. Vgl. dazu Breuer (2018).

218 Börsch-Supan (2021).

219 Schröder (2021).

220 Börsch-Supan (2021).

221 Vgl. dazu Ifo (2021).

222 Die empirischen Belege für diese These sind so überwältigend, dass der Hinweis auf die Publikationen der Forschungsgruppe Gender Economics (2021b) des DIW Berlin genügt.

223 In der Schweiz wird mit der gemeinsamen Veranlagung von Ehepaaren »das Zweiteinkommen (in der Regel das der Frau) teilweise dermaßen hoch besteuert, dass sich eine Erwerbsarbeit für viele Frauen finanziell schlichtweg nicht lohnt – vor allem wenn die hohen Kosten der externen Kinderbetreuung

hinzukommen«, so kommentiert Nicole Rütti (2021) positiv zustimmend die eingereichte Initiative zur Einführung der Individualbesteuerung.

224 So Meyer (2021), der sich auf Zahlen der Krankenkasse Barmer zum Kinderkrankengeld bezieht.

225 So Lott/Zucco (2021).

226 Garton Ash (2020).

227 Garton Ash (2020).

228 Vgl. dazu Müller-Armack (1950). Der Begriff der sozialen Irenik besagt, dass es eine Versöhnung zwischen Marktwirtschaft und Gerechtigkeit, zwischen Effizienz und Umverteilung sowie zwischen dem primären Einkommen auf der Grundlage der individuellen Leistungsfähigkeit und dem sekundären Einkommen auf der Grundlage der individuellen Bedürfnisse gibt. Zum Begriff der sozialen Irenik siehe Quaas (2005, S. 408–411).

229 Müller-Armack (1956).

230 Habermacher/Kirchgässner (2016, Seite 11/12, Fussnote 37).

231 In ihrem Buch *Der Triumph der Ungerechtigkeit* beschreiben Saez und Zucman (2020) eindrücklich, wie multinationale Großkonzerne immer ausgeklügeltere Methoden entwickeln, um ihre Gewinne am Fiskus vorbeizuschleusen, »was verheerende gesellschaftliche und politische Konsequenzen haben kann« (S. 8).

232 Becker und Englisch (2017).

233 Europäische Kommission (2018, S. 11).

234 Fuest (2018, S. 25).

235 Um den Vorwurf zu entkräften, von direkten Personensteuern würde nur das Wohnsitzland der Eigentümer großer Firmen und damit das Ausland, nicht aber Deutschland, Österreich oder die Schweiz profitieren, hilft ein weiteres Mal die Hundesteuer weiter. Selbstverständlich sollen Hundebesitzer für alle Kosten bezahlen, die ein Hund unbeteiligten Dritten antut. Dafür aber sind nicht Steuern zu erheben, sondern nutzungsgerechte Abgaben und Nutzungsgebühren für die öffentliche Infrastruktur. Genauso sollen die ausländischen Datenmultis – wie auch alle inländischen Firmen – für alle externen Effekte bezahlen, die sie verursachen. Preise müssen der Kostenwahrheit entsprechen. Und zwar in jeder Dimension, also auch für soziale und ökologische Folgen. Direktes Pricing, verursacher- oder nutzergerechte Abgaben für alle Unternehmen und deren Aktivitäten sind das Gebot der Stunde. Sie müssen für alle gelten, unbesehen von Herkunft, Branche oder Nationalität. Mit allgemeinen Steuern hat das jedoch nichts zu tun, auch nicht mit globalen Mindeststeuern.

236 Vgl. dazu auch Rürup/Huchzermeier (2017).

237 Industrieanlagen waren ortsgebunden und weitgehend immobil. Und die weit mobilere Arbeit musste zu den Fabriken und Produktionsstätten ziehen. Da hatte der Fiskus vergleichsweise leichtes Spiel, auf die Einkommen der Belegschaften Zugriff zu nehmen.

238 Vgl. dazu Grömling (2016). Er zeigt, dass insbesondere in Übergangsphasen technologischer Neuerungen merkliche Dämpfeffekte auf die statistisch erfassbare (bzw. erfasste) Produktion zu erwarten sind, da »ein Teil der neuen Güter nicht in den volkswirtschaftlichen Gesamtrechnungen erscheint, die negativen Substitutionseffekte jedoch dort voll sichtbar sind« (a. a. O., S. 139).

239 Statistisches Bundesamt (2021b).

240 Bundesministeriums für Arbeit und Soziales (2020).

241 Der Spitzensteuersatz liegt im Jahr 2021 bei 42 Prozent und gilt für ein Jahreseinkommen ab 57 919 Euro. Ab einem Einkommen von 274 613 Euro greift dann noch der sog. Reichensteuersatz von 45 Prozent. Vgl. dazu Bundesministerium der Finanzen (2021a).

242 Ab Januar 2021 betragen die Beiträge in der Sozialversicherung insgesamt 38,65 Prozent des Bruttoverdiensts (14,6 % für Krankenversicherung, 18,6 % für Rentenversicherung, 3,05 % für Pflegeversicherung und 2,4 % für Arbeitslosenversicherung). Vgl. dazu Techniker Krankenkasse (2021).

243 »Utopien für Realisten« nennt Rutger Bregman (2017) sein Plädoyer für das bedingungslose Grundeinkommen.

244 Olson (1991).

245 Freie Aktualisierung des Aufrufs am Ende des Manifests der Kommunistischen Partei von Karl Marx (1848).

Literaturverzeichnis

Adriaans, Jule; Liebig, Stefan; Schupp, Jürgen (2019): »Zustimmung für bedingungsloses Grundeinkommen eher bei jungen, bei besser gebildeten Menschen sowie in unteren Einkommensschichten«, in: *DIW-Wochenbericht*, Jg. 86, H. 15, S. 263–270. Online abrufbar unter: https://www.diw.de/de/diw_01.c.618749.de/publikationen/wochenberichte/2019_15_1/zustimmung_fuer_bedingungsloses_grundeinkommen_eher_bei_jung___ser_gebildeten_menschen_sowie_in_unteren_einkommensschichten.html (Zugriff: 6.5.2021).

Ahmad, Nadim; Schreyer, Paul (2016): »Measuring GDP in a Digitalised Economy«, in: *OECD Statistics Working Papers* 2016/7, OECD: Paris.

Ahmad, Nadim; Ribarsky, Jennifer; Reinsdorf, Marshall (2017): »Can Potential Mismeasurement of the Digital Economy Explain the Post-Crisis Slowdown in GDP and Productivity Growth?«, in: *OECD Statistics Working Papers* 2017/9, OECD: Paris.

Althaus, Dieter (2007): »Das Solidarische Bürgergeld – Sicherheit und Freiheit ermöglichen Marktwirtschaft«, in: Borchard, Michael (Hg.): *Das Solidarische Bürgergeld – Analysen einer Reformidee*, Lucius & Lucius: Stuttgart, S. 1–12.

Arni, Patrick; Eichhorst, Werner; Pestel, Nico; Spermann, Alexander; Zimmermann, Klaus F. (2014): »Der gesetzliche Mindestlohn in Deutschland: Einsichten und Handlungsempfehlungen aus der Evaluationsforschung«, in: *Schmollers Jahrbuch*, Jg. 134, H. 2, S. 149–182.

Askenazy, Philippe; Bellmann, Lutz; Bryson, Alex; Galbis, Eva Moreno (Hg.) (2016): *Productivity Puzzles Across Europe*, Oxford University Press: Oxford.

Atkinson, Anthony B. (2015): *Inequality – What Could Be Done?*, Harvard University Press: Cambridge.

Banerjee, Abhijit; Niehaus, Paul; Suri, Tavneet (2019): »Universal Basic Income in the Developing World«, in: *Annual Review of Economics*, Jg. 11, S. 959–983.

Basic Income Earth Network (BIEN) (2021): Plattform. Online abrufbar unter: https://basicincome.org/ (Zugriff: 4.5.2021).

BDI (Bundesverband der Deutschen Industrie) (2020): China in der Welthandelsorganisation. Berlin (Information vom 1.10.2020). Online abrufbar unter: https://bdi.eu/artikel/news/china-in-der-wto/ (Zugriff: 4.5.2021).

Becker, Johannes; Englisch, Joachim (2017): »Ein größeres Stück vom Kuchen: Besteuerung der Gewinne von Google und Co.«, in: *Wirtschaftsdienst*, Jg. 97, H. 11, S. 801–808. Online abrufbar unter: https://www.wirtschaftsdienst.eu/inhalt/jahr/2017/heft/11/beitrag/ein-groesseres-stueck-vom-kuchen-besteuerung-der-gewinne-von-google-und-co.html (Zugriff: 7.5.2021).

Blankart, Charles B. (2017): Öffentliche Finanzen in der Demokratie: Eine Einführung in die Finanzwissenschaft, 9. Auflage, Verlag Franz Vahlen: München, 1. Auflage (1991).

Blaschke, Ronald; Rätz, Werner (Hg.) (2013): *Teil der Lösung: Plädoyer für ein bedingungsloses Grundeinkommen*, Rotpunktverlag: Zürich.

Bregman, Rutger (2017): *Utopien für Realisten: Die Zeit ist reif für die 15-Stunden-Woche, offene Grenzen und das bedingungslose Grundeinkommen*, Rowohlt: Reinbek.

Breuer, Christian (2018): »Ein Grundeinkommen für Kinder«, in: *Wirtschaftsdienst*, Jg. 98, H. 7, S. 481–488. Online abrufbar unter: https://www.wirtschaftsdienst.eu/inhalt/jahr/2018/heft/7/beitrag/ein-grundeinkommen-fuer-kinder.html (Zugriff: 7.5.2021).

Bertelsmann Stiftung (Hg.) (2020): *Produktivität und inklusives Wachstum*, Verlag Bertelsmann Stiftung: Gütersloh.

Bibel (2016): Lutherbibel 1984. Online abrufbar unter: https://www.die-bibel.de/bibeln/online-bibeln/lutherbibel-1984/bibeltext/ (Zugriff: 6.5.2021).

Bischoff, Joachim (2006): »Grundeinkommen: Abschied von der neoliberalen Lebenslüge Vollbeschäftigung oder Stilllegungsprämie?«, in: *Sozialismus Aktuell,* vom 30.10.2006. Online abrufbar unter: http://www.sozialismus.de/kommentare_analysen/detail/artikel/grundeinkommen-abschied-von-der-neoliberalen-lebensluege-vollbeschaeftigung-oder-stilllegungspraemi-1/ (Zugriff: 17.5.2021).

Börsch-Supan, Axel (2021): »Die Jüngeren werden für die Pandemie bezahlen«, in: *Spiegel Online*, Interview von Jan Friedmann, vom 22.4.2021. Online abrufbar unter: https://www.spiegel.de/panorama/gesellschaft/corona-krise-die-juengeren-werden-fuer-die-pandemie-bezahlen-a-b1a35aee-a2b0-40a2-9439-f18f55fd5182 (Zugriff: 7.5.2021).

Boldt, Klaus (2021): »Nach 16 Jahren Merkel ist Deutschland in vielen Bereichen ein Sanierungsfall«, in: *Die Welt*, vom 7.4.2021.

Borchard, Michael (Hg.) (2007): *Das Solidarische Bürgergeld – Analysen einer Reformidee*, Lucius & Lucius: Stuttgart.

Bossler, Mario (2016): »Mindestlohn in Deutschland, Großbritannien und in den USA«, in: *Wirtschaftsdienst*, Jg. 96., H. 6, S. 422–425. Online abrufbar unter: https://www.wirtschaftsdienst.eu/inhalt/jahr/2016/heft/6/beitrag/min

destlohn-in-deutschland-grossbritannien-und-in-den-usa.html (Zugriff: 6.5.2021).

Bregman, Rutger (2017): *Utopien für Realisten: Die Zeit ist reif für die 15-Stunden-Woche, offene Grenzen und das bedingungslose Grundeinkommen,* Rowolt: Reinbek.

Bruttel, Oliver (2020): »Die Auswirkungen des gesetzlichen Mindestlohns – eine Bilanz«, in: *Ifo Schnelldienst*, Jg. 73, H. 4, S. 7–9.

Brynjolfsson, Erik; Oh, JooHee (2012): »The attention economy: Measuring the value of free digital services on the internet«, in: *MIT working paper*, July 2012.

Brynjolfsson, Erik; Saunders, Adam (2009): «What the GDP Gets Wrong (Why Managers Should Care)», in: *MIT Sloan Management Review*, Jg. 51, Nr. 1, 95–96. Online abrufbar unter: https://sloanreview.mit.edu/article/what-the-gdp-gets-wrong-why-managers-should-care/ (Zugriff: 4.5.2021).

Büchner, Wolfgang (2021): »Deutschland braucht ein neues Betriebssystem – darum unterstütze ich die FDP«, in: *Die Welt,* vom 26.2.2021. Online abrufbar unter: https://www.welt.de/debatte/kommentare/plus227080353/FDP-Deutschland-braucht-ein-neues-Betriebssystem.html (Zugriff: 4.5.2021).

Bundesministerium der Finanzen (2020): »Bericht über die Höhe des steuerfrei zu stellenden Existenzminimums von Erwachsenen und Kindern für das Jahr 2022 (13. Existenzminimumbericht)«, Berlin, vom 11.9.2020. Online abrufbar unter: https://www.bundesfinanzministerium.de/Content/DE/Standardartikel/Themen/Steuern/2020-09.23-existenzminimumbericht-anl.pdf?__blob=publicationFile&v=2 (Zugriff: 5.5.2021).

Bundesministerium der Finanzen (2021a): Einkommensteuer. Online abrufbar unter: https://www.bundesfinanzministerium.de/Web/DE/Themen/Steuern/Steuerarten/Einkommensteuer/einkommensteuer.html (Zugriff: 7.5.2021).

Bundesministerium der Finanzen (2021b): Lohn- und Einkommensteuerrechner. Online abrufbar unter: https://www.bmf-steuerrechner.de/ekst/eingabeformekst.xhtml (Zugriff: 7.5.2021).

Bundesministerium für Arbeit und Soziales (2020): »Sozialbudget 2019«, Stand: Juni 2020. Online abrufbar unter: https://www.bmas.de/SharedDocs/Downloads/DE/Publikationen/a230-19-sozialbudget-2019.pdf?__blob=publicationFile&v=1 (Zugriff: 5.5.2021).

Bundesministerium für Inneres (2019): »Volksbegehren Bedingungsloses Grundeinkommen«. Online abrufbar unter: https://www.bmi.gv.at/411/Volksbegehren_der_XX_Gesetzgebungsperiode/Bedingungsloses_Grundeinkommen/start.aspx#uebersicht (Zugriff: 5.5.2021).

Bundesregierung (2021): Neue Bemessungsgrenzen für 2021. Online abrufbar unter: https://www.bundesregierung.de/breg-de/suche/beitragsbemessungs grenzen-2021-1796480 (Zugriff: 5.5.2021).

Butterwegge, Christoph (2007): »Grundeinkommen und soziale Gerechtigkeit«, in: *Aus Politik und Zeitgeschichte* (Beilage zur Wochenzeitung *Das Parlament*), Nr. 51–52/2007 vom 17.12.2007, S. 25–30.

Butterwegge, Christoph (2016): »Das bedingungslose Grundeinkommen – ein Irrweg in die Armut«, in: *Focus Online*, vom 2.10.2016. Online abrufbar unter: http://www.focus.de/politik/experten/butterwegge/schweizer-stimmen-darueber-ab-das-bedingungslose-grundeinkommen-ein-gefaehrlicher-irrweg-in-die-armut_id_5592502.html (Zugriff: 6.5.2021).

Butterwegge, Christoph; Rinke, Kuno (Hg.): *Grundeinkommen kontrovers: Plädoyers für und gegen ein neues Sozialmodell*, Beltz Juventa: Weinheim 2018.

Byrne, David M.; Fernald, John G.; Reinsdorf, Marshall B. (2016). »Does the United States Have a Productivity Slowdown or a Measurement Problem?«, in: *Brookings Papers on Economic Activity*, Spring 2016, S. 109–157. Online abrufbar unter: https://www.brookings.edu/wp-content/uploads/2016/03/byrnetextspring16bpea.pdf (Zugriff: 4.5.2021).

Cardenal, Juan Pablo; Grundberger, Sebastian (2021): »Von der Kunst, Freunde zu gewinnen (Wie Lateinamerikas Parteien von China verführt werden)«, in: *Auslandsinformationen der Konrad-Adenauer-Stiftung*, Jg. 37, Ausgabe 1/2021, S. 76–87.

Chardon, Matthias (2020): »Dienstleistungsrichtlinie bzw. Herkunftslandprinzip«, in: Große Hüttmann, Martin; Wehling, Hans-Georg (Hg.): *Das Europalexikon*, 3. Auflage, Verlag J. H. W. Dietz: Bonn. Online abrufbar unter: https://www.bpb.de/nachschlagen/lexika/das-europalexikon/177046/herkunftsland prinzip (Zugriff:12.05.2021).

Christensen, Clayton M. (1977): *The Innovator's Dilemma: The Revolutionary Book that Will Change the Way You Do Business*, Harvard Business School Press: Cambridge (Mass.).

Corrado, Carol; Hulten, Charles; Sichel, Daniel (2009). »Intangible Capital and US Economic Growth«, in: *Review of Income and Wealth*, Series 55, No. 3, S. 661–685.

Corrado, Carol; Haskel Jonathan; Jona-Lasinio, Cecilia; Iommi, Massimiliano (2012): »Intangible Capital and Growth in Advanced Economies: Measurement Methods and Comparative Results«, in: *IZA DP*, No. 6733, IZA July 2012: Bonn. Online abrufbar unter: http://ftp.iza.org/dp6733.pdf (Zugriff: 4.5.2021).

Coyle, Diane (2014): *GDP: A brief but affectionate history*, Princeton University Press: New Jersey.

Cremer, Georg (2019): »Das bedingungslose Grundeinkommen: kein Weg in das Reich der Freiheit«, in: Roman Herzog Institut e. V. (Hg.): *Das bedingungslose Grundeinkommen: zum Für und Wider eines gesellschaftspolitischen Reformkonzepts*, RHI-Diskussion, Nr. 32, München, S. 17–27. Online abrufbar unter: https://www.romanherzoginstitut.de/fileadmin/user_upload/Publikationen/PDFs-Publikationen/RHI-Diskussion_Nr_32_Bedingungsloses_Grundeinkommen/RHI_Diskussion_32_Bedingunsloses_Grundeinkommen.pdf (Zugriff: 6.5.2021).

Dahrendorf, Ralf (1986): »Für jeden Bürger ein garantiertes Einkommen«, in: *Zeit Online*, vom 17.1.1986. Online abrufbar unter: http://www.zeit.de/1986/04/fuer-jeden-buerger-ein-garantiertes-einkommen (Zugriff: 6.5.2021).

Dahrendorf, Ralf (2003): *Auf der Suche nach einer neuen Ordnung – Eine Politik der Freiheit für das 21. Jahrhundert*, C. H. Beck: München.

Demary, Vera (2015): »Mehr als das Teilen unter Freunden – Was die Sharing Economy ausmacht«, in: *Wirtschaftsdienst*, Jg. 95, H. 2, S. 95–98.

Destatis (2021a): »Registrierte Arbeitslose und Arbeitslosenquote nach Gebietsstand«, Statistisches Bundesamt (Destatis): Wiesbaden. Online abrufbar unter: https://www.destatis.de/DE/Themen/Wirtschaft/Konjunkturindikatoren/Lange-Reihen/Arbeitsmarkt/lrarb003ga.html (Zugriff: 6.5.2021).

Destatis (2021b): »Arbeitslose«, Statistisches Bundesamt (Destatis): Wiesbaden. Online abrufbar unter: https://www.destatis.de/DE/Themen/Wirtschaft/Konjunkturindikatoren/Arbeitsmarkt/karb820.html (Zugriff: 6.5.2021).

Deutsche Bundesbank (2016): Risiko- und Stabilitätsanalyse. Online abrufbar unter: https://www.bundesbank.de/de/aufgaben/finanz-und-waehrungssystem/finanz-und-waehrungsstabilitaet/risiko-und-stabilitaetsanalyse/risiko-und-stabilitaetsanalyse-602000 (Zugriff: 4.5.2021).

Deutsche Familienversicherung (2018): »Gliedertaxe und Invalidität: Wie viel ist (m)ein Körper wert?«, Frankfurt am Main, vom 2.3.2018. Online abrufbar unter: https://www.deutsche-familienversicherung.de/versicherungen/unfallversicherung/ratgeber/artikel/gliedertaxe-und-invaliditaet-wie-viel-ist-mein-koerper-wert/ (Zugriff: 4.5.2021).

Deutscher Bundestag (2019): Grundgesetz für die Bundesrepublik Deutschland. Online abrufbar unter: https://www.btg-bestellservice.de/pdf/10060000.pdf (Zugriff: 4.5.2021).

Diamond, Jared (2005): *Collapse: How Societies Choose to Fail or Succeed*, Reprint Edition, vom 27.12.2005, Penguin Books: London.

Die Schweizerische Konferenz für Sozialhilfe (SKOS) (2021): Internetseite. Online abrufbar unter: https://skos.ch/themen/sozialhilfe (Zugriff: 5.5.2021).

DIW (2020): »Pilotprojekt Grundeinkommen«, DIW Berlin (Deutsches Institut für Wirtschaftsforschung). Online abrufbar unter: https://www.diw.de/de/diw_01.c.796681.de/projekte/pilotprojekt_grundeinkommen.html (Zugriff: 4.5.2021).

DIW (2021a): »Dossier Grundeinkommen«, DIW Berlin (Deutsches Institut für Wirtschaftsforschung). Online abrufbar unter: https://www.diw.de/de/diw_01.c.632734.de/dossier/dossier_grundeinkommen.html (Zugriff: 4.5.2021).

DIW (2021b): »Forschungsgruppe Gender Economics«. DIW Berlin (Deutsches Institut für Wirtschaftsforschung). Online abrufbar unter: https://www.diw.de/de/diw_01.c.617235.de/forschungsgruppe_gender_economics.html (Zugriff: 4.5.2021).

Douma, Eva (2018): *Sicheres Grundeinkommen für alle: Wunschtraum oder realistische Perspektive?*, Cividale Verlag: Berlin.

Duden (2021): Das Wort »normal«. Online abrufbar unter: https://www.duden.de/rechtschreibung/normal (Zugriff: 6.5.2021).

Eckert, Daniel (2020): »Die Corona-Krise verspricht den nächsten Boom«, in: *Die Welt*, vom 30.1.2020. Online abrufbar unter: https://www.welt.de/wirtschaft/plus205449477/Coronavirus-Die-Krise-verspricht-den-naechsten-Boom.html (Zugriff: 4.5.2021).

Economist (1999): »The sick man of the euro«, Special section, vom 5.6.1999. Online abrufbar unter: https://www.economist.com/special/1999/06/03/the-sick-man-of-the-euro (Zugriff: 4.5.2021).

Economist (2013): »Dissecting the miracle«, Special Report on Germany, vom 13.6.2013. Online abrufbar unter: https://www.economist.com/special-report/2013/06/13/dissecting-the-miracle (Zugriff: 4.5.2021).

Economist (2018): »A manifesto for renewing liberalism«, vom 13.9.2018. Online abrufbar unter: https://www.economist.com/leaders/2018/09/13/a-manifesto-for-renewing-liberalism (Zugriff: 4.5.2021).

Economist (2021): »How to make a social safety-net for the post-covid world«, vom 6.3.2021 (Leader). Online abrufbar unter: https://www.economist.com/leaders/2021/03/06/how-to-make-a-social-safety-net-for-the-post-covid-world (Zugriff: 4.5.2021).

Egloff, Hans (2021): *Vier Jahre »Systemwechsel bei der Wohneigentumsbesteuerung« – und noch immer kein Entscheid!*, HEV Schweiz.

Eidgenössische Steuerverwaltung (2015): »Die Besteuerung der Eigenmietwerte«, ESTV: Bern. Online abrufbar unter: https://www.estv.admin.ch/estv/de/

home/allgemein/steuerinformationen/fachinformationen/schweizerisches-steuersystem/dossier-steuerinformationen.html (Zugriff: 4.5.2021).

Einav Liran; Levin Jonathan (2014): »Economics in the age of big data«, in: *Science*, Vol. 346, Issue 6210, 7. November 2014, S. 715. Online abrufbar unter: https://science.sciencemag.org/content/346/6210/1243089.long (Zugriff: 4.5.2021).

Enste, Dominik H. (2019): *Geld für alle: Das bedingungslose Grundeinkommen – eine kritische Bilanz*, Orell Füssli Verlag: Zürich.

Erhard, Ludwig (1957): *Wohlstand für alle*, Econ: Berlin.

Europäische Kommission (2018): »Zeit für einen modernen, fairen und effizienten Steuerstandard für die digitale Wirtschaft«, Brüssel, vom 21.3.2018, COM(2018) 146 final. Online abrufbar unter: https://ec.europa.eu/transparency/regdoc/rep/1/2018/DE/COM-2018-146-F1-DE-MAIN-PART-1.PDF (Zugriff: 7.5.2021).

Fama, Eugene F. (1970): »Efficient Capital Markets: A Review of Theory and Empirical Work«, in: *Journal of Finance*, Vol. 25, No. 2, S. 383–417.

Fama, Eugene F. (1998): »Market efficiency, long-term returns, and behavioural finance«, in: *Journal of Financial Economics*, Vol. 49, S. 283–306.

Fehr, Ernst (2002): »Über Vernunft, Wille und Eigennutz hinaus«, in: Fehr, Ernst; Schwarz, Gerhard (Hg.): *Psychologische Grundlagen der Ökonomie,* Verlag Neue Zürcher Zeitung: Zürich, S. 11–18.

Fehr, Ernst; Schwarz, Gerhard (2002): *Psychologische Grundlagen der Ökonomie*, 2. Auflage, Verlag Neue Zürcher Zeitung: Zürich.

Fehr, Ernst; Schmidt, Klaus M. (2003): »Theories of Fairness and Reciprocity – Evidence and Economic Applications«, in: Dewatripont, Mathias; Hansen, Lars Peter; Turnovski, Stephen J.: *Advances in Economics and Econometrics*, Eighth World Congress of the Econometric Society, Bd. 1, Cambridge University Press: Cambridge, S. 208–257.

Felbermayr, Gabriel; Battisti, Michele; Lehwald, Sybille (2016): »Entwicklung der Einkommensungleichheit: Daten, Fakten und Wahrnehmungen«, Stiftung Familienunternehmen, München. Online abrufbar unter: http://www.familienunternehmen.de/media/public/pdf/publikationen-studien/studien/Studie_Stiftung_Familienunternehmen_Einkommensungleichheit.pdf (Zugriff: 7.5.2021).

Feld, Lars; Frey, Bruno S. (2021): »Diese Unternehmensidee ist besonders wertvoll für die soziale Marktwirtschaft«, in: *Welt Online*, vom 19.3.2021. Online abrufbar unter: https://www.welt.de/wirtschaft/article228655091/Verantwortungseigentum-Wertvoll-fuer-die-soziale-Marktwirtschaft.html (Zugriff: 7.5.2021).

Feldenkirchen, Markus (2021): »Multiples Politikversagen«, in: *Spiegel Online*, vom 23.3.2021. Online abrufbar unter: https://www.spiegel.de/politik/deutschland/corona-chaos-in-deutschland-multiples-staatsversagen-kommentar-a-2647f186-883e-4823-8cc4-9a0b3de38af9 (Zugriff: 6.5.2021).

Fetzer, Joachim (2007): »Subsidiarität durch Solidarisches Bürgergeld – Stellungnahme unter sozialethischen Gesichtspunkten«, in: Borchard, Michael (Hg.): *Das Solidarische Bürgergeld – Analysen einer Reformidee*, Lucius & Lucius: Stuttgart, S. 163–188.

Flassbeck, Heiner; Spiecker, Friederike; Meinhardt, Volker; Vesper, Dieter (2012): *Irrweg Grundeinkommen – Die große Umverteilung von unten nach oben muss beendet werden*, Westend Verlag: Frankfurt.

Flassbeck, Heiner (2017): »Universal Basic Income Financing and Income Distribution – The Questions Left Unanswered by Proponents«, in: *Intereconomics*, Jg. 52, Nr. 2, S. 80–83.

Fratzscher, Marcel (2016): *Verteilungskampf: Warum Deutschland immer ungleicher wird*, Hanser Verlag: München.

Fratzscher, Marcel (2017): »Irrweg des bedingungslosen Grundeinkommens«, in: *Wirtschaftsdienst*, Jg. 97, Nr. 7, S. 521–523.

Fratzscher, Marcel (2021a): »Zeit für soziale Experimente«, in: *Zeit Online*, vom 26.2.2021. Online abrufbar unter: https://www.zeit.de/wirtschaft/2021-02/grundeinkommen-bge-sozialstaat-wandel-initiative/komplettansicht (Zugriff: 4.5.2021).

Fratzscher, Marcel (2021b): »Ohne Rentenreform keine Generationengerechtigkeit«, in: Zeit Online, vom 9.7.2021. Online abrufbar unter: https://www.zeit.de/wirtschaft/2021-07/gesetzliche-rente-deutschland-rentenreform-demografischer-wandel-generationengerechtigkeit-rentenversicherung/komplettansicht (Zugriff: 14.7.2021).

Frey, Bruno S. (1995): »Economic Man and Fairness: Towards New Frontiers in Institutional Economics«, in: *Por onde vai a economia portuguesa? Actas da Conferência realizada por ocasião do jubileu académico de Francisco Pereira de Moura*, Instituto Superior de Economia e Gestão, Lisboa, Junho. Online abrufbar unter: http://www.bsfrey.ch/articles/C_267_1995.pdf (Zugriff: 7.5.2021).

Frey, Bruno S.; Feld, Lars P. (2002): »Deterrence and Morale in Taxation: An Empirical Analysis«, in: *CESifo Working Paper* No. 760, München, August 2002. Online abrufbar unter: https://www.cesifo.org/en/publikationen/2002/working-paper/deterrence-and-morale-taxation-empirical-analysis (Zugriff: 7.5.2021).

Frey, Bruno S. (2005): »Excise Taxes: Economics, Politics, and Psychology«, in: Cnossen, Sijbren (Hg.): *Theory and Practice of Excise Taxation: Smoking, Drin-*

king, Gambling, Polluting, and Driving, Oxford University Press: Oxford, Kapitel 8, S. 234–248.

Friedman, Milton (1962): *Capitalism and Freedom*, University of Chicago Press: Chicago.

Fritsche, Jan Philipp (2020): »Negative Einkommensteuer: Faire Alternative«, in: *Wirtschaftsdienst*, Jg. 100, H. 5, S. 312. Online abrufbar unter: https://www.wirtschaftsdienst.eu/inhalt/jahr/2020/heft/5/beitrag/negative-einkommensteuer-faire-alternative.html (Zugriff: 5.5.2021).

Fuest, Clemens; Peichl, Andreas; Siegloch, Sebastian (2017): »Wer trägt die Lasten von Steuern auf Unternehmensgewinne? – Lehren aus den Erfahrungen mit der deutschen Gewerbesteuer«, in: *ifo Schnelldienst*, Jg. 70, Nr. 24, vom 21.12.2017, S. 22–27. Online abrufbar unter: https://www.ifo.de/publikationen/2017/aufsatz-zeitschrift/wer-traegt-die-lasten-von-steuern-auf-unternehmensgewinne (Zugriff: 5.5.2021).

Fuest, Clemens (2018): »Digitalisierung und Steuerpolitik«, in: *ifo Schnelldienst*, Vortrag bei der Jahresversammlung des ifo Instituts am 28. Juni 2018, Jg. 71, H. 14, S. 21–25.

Fukuyama, Francis (1992): *The End of History and the Last Man*, Penguin Books: London. Online abrufbar unter: https://www.marxists.org/reference/subject/philosophy/works/us/fukuyama.htm (Zugriff: 4.5.2021).

Garton Ash, Timothy (2020): »The future of liberalism«, in: *Prospect*, vom 9.12.2020. Online abrufbar unter: https://www.prospectmagazine.co.uk/magazine/the-future-of-liberalism-brexit-trump-philosophy (Zugriff: 6.5.2021).

Garton Ash, Timothy (2021): »Schluss mit Vereinfachungen wie: Ihr seid Faschisten und Rassisten«, in: *Die Welt*, Interview von Sascha Lehnartz und Jacques Schuster, vom 14.4.2021. Online abrufbar unter: https://www.welt.de/politik/deutschland/plus230177015/Timothy-Garton-Ash-Wie-der-Liberalismus-gerettet-werden-kann.html?cid=onsite.onsitesearch (Zugriff: 7.5.2021).

Generation Grundeinkommen (2021). Homepage. Online abrufbar unter: https://fuereinander.jetzt/verein (Zugriff: 1.6.2021).

Gepp, Joseph (2021): »Bedingungsloses Grundeinkommen: Eines für alle«, in: *profil*, vom 29.4.2021. Online abrufbar unter: https://www.profil.at/wirtschaft/bedingungsloses-grundeinkommen-eines-fuer-alle/401364653 (Zugriff: 24.5.2021).

Gersemann, Olaf; Rosenfeld, Dagmar; Zschäpitz, Holger (2019): »Top-Ökonom warnt vor Gefahr für Marktwirtschaft und Demokratie«, in: *Welt am Sonntag*, vom 27.1.2019. Online abrufbar unter: https://www.welt.de/wirtschaft/article187766858/Top-Oekonom-warnt-vor-dem-Ende-von-Marktwirtschaft-und-Demokratie.html?wtrid=onsite.onsitesearch (Zugriff: 4.5.2021).

Gordon, Robert (2014): »The Demise of U.S. Economic Growth: Restatement, Rebuttal, and Reflections«, National Bureau of Economic Research Working Paper number 19895. Online abrufbar unter: www.nber.org/papers/w19895 (Zugriff: 4.5.2021).

Gordon, Robert J. (2016): *The Rise and Fall of American Growth: The U. S. Standard of Living Since the Civil War*, Princeton University Press: New Jersey.

Graeber, David (2018): *Bullshit Jobs – Vom wahren Sinn der Arbeit*, Klett-Cotta: Stuttgart.

Graf von der Schulenburg, Matthias J.; Lohse, Ute (2014): *Versicherungsökonomik: Ein Leitfaden für Studium und Praxis*, 2. Auflage, Verlag Versicherungswirtschaft GmbH: Karlsruhe.

Grossman, Sanford J.; Stiglitz Joseph E. (1980): »On the Impossibility of Informationally Efficient Markets«, in: *American Economic Review*, Bd. 70, Nr. 3, S. 393–408.

Grömling, Michael (2016): »Digitale Revolution – eine neue Herausforderung für die Volkswirtschaftlichen Gesamtrechnungen?«, in: *Wirtschaftsdienst*, 96. Jg, H. 2, S. 135–139. Online abrufbar unter: https://www.wirtschaftsdienst.eu/inhalt/jahr/2016/heft/2/beitrag/digitale-revolution-eine-neue-herausforderung-fuer-die-volkswirtschaftlichen-gesamtrechnungen.html (Zugriff: 4.5.2021).

Göbel, Heike (2006): »Althaus' Radikalkur«, in: *Frankfurter Allgemeine Zeitung*, Nr. 266, vom 14.11.2006, S. 1.

Haan, Peter; Kemptner, Daniel; Lüthen, Holger (2019): »Besserverdienende profitieren in der Rentenversicherung zunehmend von höherer Lebenserwartung«, in: DIW-Wochenbericht, Jg. 86, H. 23, S. 392–399. Online abrufbar unter: https://www.diw.de/documents/publikationen/73/diw_01.c.625759.de/19-23.pdf (Zugriff: 14.7.2021).

Haas, Christine (2021): »Genial oder linke Utopie? Jetzt beginnt das deutsche Grundeinkommen-Experiment«, in: *Welt*, vom 2.6.2021. Online abrufbar unter: https://www.welt.de/wirtschaft/plus231508141/Bedingungsloses-Grundeinkommen-Pilotversuch-startet-mit-122-Teilnehmern.html (Zugriff: 02.06.2021).

Habeck, Robert (2021): »Die pandemische Ethik und der Gemeinschaftsgeist«, Festrede zur Verleihung des Max-Weber-Preis für Wirtschaftsethik vom 3.3.2021. Online abrufbar unter: https://www.robert-habeck.de/texte/blog/mit-dem-geld-ins-grab-steigen/ (Zugriff: 4.5.2021).

Habermacher, Florian; Kirchgässner, Gebhard (2016): »Das bedingungslose Grundeinkommen: Eine (leider) nicht bezahlbare Idee«, Discussion Paper No. 2016-07, April 2016, Universität St. Gallen: St. Gallen. Online abrufbar unter: https://www.researchgate.net/publication/301788563_Das_bedingungslose_Grundeinkommen_Eine_leider_nicht_bezahlbare_Idee (Zugriff: 4.5.2021).

Hansen, Alvin H. (1938): *Full Recovery or Stagnation?*, W.W. Norton & Co.: New York.

Hasdell, Rebecca (2020): *What we know about Universal Basic Income: A cross-synthesis of reviews*, Basic Income Lab: Stanford, CA. Online abrufbar unter: https://basicincome.stanford.edu/uploads/Umbrella%20Review%20BI_final.pdf (Zugriff: 4.5.2021).

Haskel, Jonathan; Westlake, Stian (2017): *Capitalism without Capital: The Rise of the Intangible Economy*, Princeton University Press: Princeton, NJ.

Hawking, Stephen (2018): *Kurze Antworten auf große Fragen*, Klett-Cotta Verlag: Stuttgart.

Hennig-Wellsow, Susanne (2021): »In Wahrheit schaut die CDU in den Spiegel – und sieht eine erschöpfte Volkspartei«, in: *Die Welt*, vom 3.3.2021. Online abrufbar unter: https://www.welt.de/debatte/article227527133/Susanne-Hennig-Wellsow-In-Wahrheit-schaut-die-CDU-in-den-Spiegel-und-sieht-eine-erschoepfte-Volkspartei.html (Zugriff: 4.5.2021).

Hines, James R.; Hoynes, Hilary; Krueger, Alan B. (2001): »Another Look at Whether a Rising Tide Lifts all Boats«, *NBER Working Paper Series*, No. 8412, Cambridge Mass. Online abrufbar unter: https://www.nber.org/system/files/working_papers/w8412/w8412.pdf (Zugriff: 4.5.2021).

Horn, Karen (2021): »Freiburger Schule«, in: Konrad Adenauer Stiftung: *Soziale Marktwirtschaft (Lexikon)*. Online abrufbar unter: https://www.kas.de/de/web/soziale-marktwirtschaft/freiburger-schule (Zugriff: 4.5.2021).

Horx, Matthias (2021): »Der Mythos Disruption«, Zukunftsinstitut: Frankfurt am Main. Online abrufbar unter: https://www.zukunftsinstitut.de/artikel/innovation-und-neugier/der-mythos-disruption/ (Zugriff: 4.5.2021).

Hoynes, Hilary; Rothstein, Jesse (2019): »Universal Basic Income in the United States and Advanced Countries«, in: *Annual Review of Economics*, Jg. 11, S. 929–958.

Häni, Daniel; Kovce Philip (2015): *Was fehlt, wenn alles da ist?: Warum das bedingungslose Grundeinkommen die richtigen Fragen stellt*, Orell Füssli Verlag: Zürich.

Hüther, Michael; Straubhaar, Thomas (2009): *Die gefühlte Ungerechtigkeit – Warum wir Ungleichheit aushalten müssen, wenn wir Freiheit wollen*, Econ: Berlin.

IAB (2021): »Daten zur kurzfristigen Entwicklung von Wirtschaft und Arbeitsmarkt«, Stand: April 2021, Institut für Arbeitsmarkt- und Berufsforschung der

Bundesagentur für Arbeit (IAB). Online abrufbar unter: http://doku.iab.de/arbeitsmarktdaten/Aktuelle_Daten.pdf (Zugriff: 4.5.2021).

Ifo (2021): ifo Zentrum für Bildungsökonomik. Online abrufbar unter: https://www.ifo.de/forschung/ifo-zentrum-fuer-bildungsoekonomik (Zugriff: 7.5.2021).

Jones, Chad I. (2016): »The Facts of Economic Growth«, in: Taylor, John B.; Uhlig, Harald (Hg.): *Handbook of Macroeconomics*, Bd. 2A, Elsevier: Amsterdam, S. 3–69.

Kagermann, Henning; Süssenguth, Florian; Körner, Jorg; Liepold, Annka; Behrens, Jan Henning (2021): »Resilienz als wirtschafts- und innovationspolitisches Gestaltungsziel«, in: *acatech IMPULS*, vom 19.4.2021. Online abrufbar unter: https://www.acatech.de/publikation/resilienz-als-wirtschafts-und-innovationspolitisches-gestaltungsziel/ (Zugriff: 7.5.2021).

Kalkhof, Maximilian (2020): »China auf der Überholspur«, in: *Welt Online*, vom 27.12.2020. Online abrufbar unter: https://www.welt.de/politik/ausland/plus223256210/Pandemie-Gewinner-China-auf-der-Ueberholspur.html?cid=onsite.onsitesearch (Zugriff: 4.5.2021).

Kath, Dietmar (1999): »Sozialpolitik«, in: *Vahlens Kompendium der Wirtschaftstheorie und Wirtschaftspolitik*, Bd. 2, 7. Auflage, Verlag Franz Vahlen: München, S. 477–542.

Kay, John (2017): »The Basics of Basic Income«, in: *Intereconomics*, Jg. 52, Nr. 2, S. 69–74.

Kersting, Silke (2021): »Robert Habeck: Im Geist des Kapitalismus«, in: *Handelsblatt*, vom 4.3.2021, S. 47.

Keynes, John Maynard (1930): »Economic Possibilities for our Grandchildren«, in: *Essays in Persuasion*, W. W. Norton & Co.: New York, 1963, S. 358–373. Online abrufbar unter: http://www.econ.yale.edu/smith/econ116a/keynes1.pdf (Zugriff: 6.5.2021).

Kleinknecht, Alfred (2017): »Angebotsökonomie: wenig Innovation – viele Jobs!«, in: *Wirtschaftsdienst*, Jg. 97, H. 13, S. 25–27. Online abrufbar unter: https://www.wirtschaftsdienst.eu/pdf-download/jahr/2017/heft/13/beitrag/angebotsoekonomie-wenig-innovation-viele-jobs.html (Zugriff: 4.5.2021).

Knabe, Andreas; Schöb, Ronnie; Thum, Marcel (2014): »Der flächendeckende Mindestlohn«, in: *Perspektiven der Wirtschaftspolitik*, Bd. 15, H. 2, S. 133–157.

Knabe, Andreas; Schöb, Ronnie; Thum, Marcel (2020a): »Prognosen und empirische Befunde: Wie groß ist die Kluft beim Mindestlohn wirklich?«, in: *Perspektiven der Wirtschaftspolitik*, Bd. 21, H. 1, S. 25–29.

Knabe, Andreas; Schöb, Ronnie; Thum, Marcel (2020b): »Alles im grünen Bereich« (Bilanz nach fünf Jahren: Was hat der gesetzliche Mindestlohn gebracht?), in: *Ifo Schnelldienst*, Jg. 73, H. 4, S. 3–6.

Konz, Franz (2021): *Konz: 1000 ganz legale Steuertricks*, 37. Ausgabe, Knaur Verlag: München.

Kovce, Philip; Priddat, Birger P. (Hg.) (2019): *Bedingungsloses Grundeinkommen: Grundlagentexte,* Suhrkamp Verlag: Berlin.

Krämer, Hagen (2015): »Schaffen Dienstleistungen Werte?«, Diskussionsbeiträge aus der Fakultät für Wirtschaftswissenschaften 3/2015, Hochschule Karlsruhe –Technik und Wirtschaft: Karlsruhe.

Kulldorff, Martin (2021): »Lockdowns schützen die Laptop-Klasse«, in: *Welt Online,* Interview von Birgit Herden, Tim Röhn und Pia Heinemann, vom 15.4.2021. Online abrufbar unter: https://www.welt.de/gesundheit/plus230405807/Great-Barrington-Declaration-Warum-ein-Kritiker-die-Lockdowns-fuer-einen-Irrweg-haelt.html?cid=onsite.onsitesearch (Zugriff: 17.5.2021).

Kumpmann, Ingmar (2006): »Negative Einkommensteuer«, in: *WiSt –Wirtschaftswissenschaftliches Studium*, Jg. 35, H. 1, S. 46–49.

Körber-Stiftung (2016): »Arbeit, Rente, unversorgt? Was uns übermorgen erwartet, Ergebnisse einer repräsentativen Forsa-Umfrage zur neuen Lebensarbeitszeit«, Körber-Stiftung: Hamburg. Online abrufbar unter: https://www.koerber-stiftung.de/fileadmin/user_upload/koerber-stiftung/redaktion/fokus thema_neuelebensarbeitszeit/pdf/2016/Broschuere_Koerber-Stiftung_forsa-Umfrage_Arbeit_Rente_unversorgt.pdf (Zugriff: 17.5.2021).

Lampert, Thomas; Kroll, Lars Eric; Kuntz, Benjamin; Hoebel, Jens (2018): »Gesundheitliche Ungleichheit in Deutschland und im internationalen Vergleich: Zeitliche Entwicklungen und Trends«, in: *Journal of Health Monitoring,* 3(S1), Robert Koch-Institut: Berlin.

Langenmayr, Dominika (2017): »Steuerflucht – ein (lösbares?) Problem«, in: *Wirtschaftsdienst*, Jg. 97, H. 12, S. 830–831.

Lehnartz, Sascha; Schuster, Jacques (2021): »Schluss mit Vereinfachungen wie: Ihr seid Faschisten und Rassisten«, in: *Die Welt*, vom 14.4.2021. Online abrufbar unter: https://www.welt.de/politik/deutschland/plus230177015/Timothy-Garton-Ash-Wie-der-Liberalismus-gerettet-werden-kann.html?cid=onsite.onsitesearch (Zugriff: 6.5.2021).

Leng, Alyssa; Lemahieu, Hervé (2021): »Looking for the keys to Covid ›success‹«, Lowy Institute (Sydney), vom 1.2.2021. Online abrufbar unter: https://www.lowyinstitute.org/the-interpreter/looking-for-keys-covid-success (Zugriff: 4.5.2021).

Lewin, Ralph (1983): »Niveau und Struktur der Arbeitslosigkeit in der Schweiz 1973–1983«, Schweizerische Nationalbank (SNB), Quartalsheft 4/1983, S. 59–80. Online abrufbar unter: https://www.snb.ch/de/mmr/reference/quartbul_1983_4_a/source/quartbul_1983_4_a.de.pdf (Zugriff: 4.5.2021).

Lott, Yvonne; Zucco, Aline (2021): »Stand der Gleichstellung – Ein Jahr mit Corona«, *WSI Report* Nr. 64, März 2021, WSI – Wirtschafts- und Sozialwissenschaftliches Institut der Hans-Böckler-Stiftung: Düsseldorf. Online abrufbar unter: https://www.boeckler.de/pdf/p_wsi_report_64_2021.pdf (Zugriff: 4.5.2021).

Lucas, Robert Jr. (1976): »Econometric policy evaluation: A critique«, in: Brunner, Karl; Meltzer, Allan H. (Hg.): *The Phillips Curve and Labor Markets*, Carnegie-Rochester Conference Series on Public Policy, Bd. 1, S. 19–46.

MacKay, Graeme (2020): Editorial Cartoon by Graeme MacKay, in: *The Hamilton Spectator*, Canada, Cartooning, Ontario, vom 11.3.2020. Online abrufbar unter: https://mackaycartoons.net/2020/03/18/wednesday-march-11-2020/ (Zugriff: 4.5.2021).

Marx, Karl (1848): *Manifest der Kommunistischen Partei*. Verwendet wurde: Marx, Karl; Engels, Friedrich: Werke, Bd. 4, Dietz Verlag: Berlin.

Marx, Karl; Engels, Friedrich (1845–1846): *Die deutsche Ideologie*, Unveränderter Neudruck nach dem Originalmanuskript des Marx-Engels-Lenin-Instituts, Moskau, 1932. Online abrufbar unter: http://www.mlwerke.de/me/me03/me03_009.htm (Zugriff: 26.5.2021).

Mayer, Thomas (2021): »Das Märchen vom erfolgreichen ›unternehmerischen Staat‹«, in: *Welt am Sonntag*, vom 25.2.2021. Online abrufbar unter: https://www.welt.de/wirtschaft/article226827613/Impfdesaster-der-EU-Das-Maerchen-vom-erfolgreichen-unternehmerischen-Staat.html (Zugriff: 4.5.2021).

Mazzucato, Mariana (2014): *Das Kapital des Staates – Eine andere Geschichte von Innovation und Wachstum*, Antje Kunstmann Verlag: München.

Menkens, Sabine (2016): »Regierung zeigt Härte gegen europäischen ›Sozialtourismus‹«, in: *Die WELT*, vom 26.4.2021. Online abrufbar unter: https://www.welt.de/politik/deutschland/article158697044/Regierung-zeigt-Haerte-gegen-europaeischen-Sozialtourismus.html (Zugriff: 7.5.2021).

Meyer, Laurin (2021): »Doppelt so oft zuhause – Das Betreuungsproblem der Mütter«, in: *Die Welt*, vom 26.4.2021. Online abrufbar unter: https://www.welt.de/wirtschaft/article230650359/Kinderkrankengeld-Doppelt-so-oft-zuhause-das-Betreuungsproblem-der-Muetter.html?cid=onsite.onsitesearch (Zugriff: 7.5.2021).

Milanovic, Branko (2016): *Die Ungleiche Welt – Migration, das Eine Prozent und die Zukunft der Mittelschicht*, Suhrkamp Verlag: Berlin.

Mindestlohnkommission (2020): »Dritter Beschluss zu den Auswirkungen des gesetzlichen Mindestlohns: Bericht der Mindestlohnkommission an die Bundesregierung nach § 9 Abs. 4 Mindestlohngesetz«, Berlin. Online abrufbar unter: https://www.mindestlohn-kommission.de/DE/Bericht/pdf/Beschluss 2020.html?nn=7081728 (Zugriff: 17.5.2021).

Müller-Armack, Alfred (1950): »Soziale Irenik«, in: *Weltwirtschaftliches Archiv*, Bd. 64, S. 181–203, J:C. B.Mohr (Paul Siebeck): Tübingen.

Müller-Armack, Alfred (1956): »Soziale Marktwirtschaft«, in: *Handwörterbuch der Sozialwissenschaften*, Bd. 9, Vandenhoeck & Ruprecht: Göttingen, S. 390–392.

Müller-Armack, Alfred (1981): *Diagnose unserer Gegenwart. Zur Bestimmung unseres geistesgeschichtlichen Standorts*, 2., erweiterte Auflage, Paul Haupt Verlag: Bern.

Müller, Christian; Straub, Daniel (2012): *Die Befreiung der Schweiz: Über das bedingungslose Grundeinkommen*, Limmat Verlag: Zürich.

Netzwerk Grundeinkommen (2021): Internetseite. Online abrufbar unter: https://www.grundeinkommen.de/ (Zugriff: 5.5.2021).

Obstfeld, Maurice (2016): »Get on Track with Trade«, in: *Finance & Development*, December 2016, Bd. 53, Nr. 4, S. 12–16.

OECD (Organisation for Economic Cooperation and Development) (2019): *Measuring the Digital Transformation: A Roadmap for the Future*, OECD Publishing: Paris. Online abrufbar unter: http://www.oecd.org/going-digital/measuring-the-digital-transformation-9789264311992-en.htm (Zugriff: 4.5.2021).

Olson, Mancur (1991): *Aufstieg und Niedergang von Nationen*, Mohr Siebeck: Tübingen.

Opielka, Michael (2008): »Grundeinkommen als umfassende Sozialreform – Zur Systematik und Finanzierbarkeit am Beispiel des Vorschlags Solidarisches Bürgergeld«, in: Straubhaar, Thomas; Hohenleitner, Ingrid (Hg.): *Bedingungsloses Grundeinkommen und Solidarisches Bürgergeld – mehr als sozialutopische Konzepte*, Edition HWWI, Bd 1. Hamburg University Press: Hamburg, S. 129–175.

Osterkamp, Rigmar (2015): »Auf dem Prüfstand: Ein bedingungsloses Grundeinkommen für Deutschland?«, in: Osterkamp, Rigmar (Hg.): *ZfP (Zeitschrift für Politik)*, Nomos: Baden-Baden, S. 225–250.

Osterkamp, Rigmar (2016): »Fünf Streitfragen um das bedingungslose Grundeinkommen – unaufgeregt betrachtet«, in: *ifo Schnelldienst*, Jg. 69, Nr. 21, vom 10.11.2016. Online abrufbar unter: https://www.ifo.de/DocDL/sd-2016-21-osterkamp-bedingungsloses-grundeinkommen-2016-11-10.pdf (Zugriff: 6.5.2021).

Petersen, Thieß (2017): »Makroökonomische Effekte eines bedingungslosen Grundeinkommens«, in: *Wirtschaftsdienst*, Jg. 97, Nr. 9, S. 629–636.

Piguet, Etienne; Mahnig, Hans (2001): »Quotas d'immigration: l'expérience suisse«, Cahiers de Migrations Internationales, Bureau International du Travail, Genève.

Piketty, Thomas (2014): *Capital in the Twenty First Century*, Harvard University Press: Cambridge (Mass.).

Pilotprojekt Grundeinkommen (2021). Website. Online abrufbar unter: https://www.pilotprojekt-grundeinkommen.de/ (Zugriff: 1.6.2021).

Quaas, Friedrun; Straubhaar, Thomas (Hg.) (1995): *Perspektiven der Sozialen Marktwirtschaft*, Paul Haupt Verlag: Bern.

Quaas, Friedrun (2005): »Soziale Marktwirtschaft: Soziale Irenik«, in: Hasse, Rolf H.; Schneider, Hermann; Weigelt, Klaus (Hg.): *Lexikon Soziale Marktwirtschaft – Wirtschaftspolitik von A bis Z*, UTB Taschenbuch, 2. Auflage, Paderborn (Schöningh), S. 408–411. Online abrufbar unter: http://www.kas.de/wf/de/71.10270/ (Zugriff: 17.5.2021).

Raddatz, Guido (2019): »Das bedingungslose Grundeinkommen – ein Luftschloss«, in: Stiftung Marktwirtschaft (Hg.): *Zeitthemen 02*, Berlin. Online abrufbar unter: https://www.stiftung-marktwirtschaft.de/fileadmin/user_upload/Zeitthemen/ZT_02_Grundeinkommen_2019.pdf (Zugriff: 6.5.2021).

Reuter, Timo (2016): *Das bedingungslose Grundeinkommen als liberaler Entwurf: Philosophische Argumente für mehr Gerechtigkeit*, Springer VS: Heidelberg.

Rhys-Williams, Juliet (1943): *Something to look forward to: A suggestion for a new social contract*, Macdonald: London.

Rinke, Kuno (2020a): »Das (bedingungslose) Grundeinkommen«, Online-Publikation der Bundeszentrale für politische Bildung (bpb), vom 3.8.2020. Online abrufbar unter: https://www.bpb.de/politik/innenpolitik/arbeitsmarktpolitik/316914/das-bedingungslose-grundeinkommen (Zugriff: 4.5.2021).

Rinke, Kuno (2020b): »Grundeinkommen: Finanzierungskonzepte und Modellversuche«, Online-Publikation der Bundeszentrale für politische Bildung (bpb), vom 3.8.2020. Online abrufbar unter: https://www.bpb.de/politik/innenpolitik/arbeitsmarktpolitik/316925/finanzierungskonzepte-und-modellversuche (Zugriff: 4.5.2021).

Rincon Restrepo, Sonja (2021): »Bedingungsloses Grundeinkommen – unnötig, unfinanzierbar und schädlich«, in: *Position der Wirtschaftskammer Österreich*, vom 19.04.2021. Online abrufbar unter: https://news.wko.at/news/oesterreich/bedingungsloses-grundeinkommen.html (Zugriff: 24.5.2021).

Roman Herzog Institut e.V. (Hg.) (2019): *Das bedingungslose Grundeinkommen: zum Für und Wider eines gesellschaftspolitischen Reformkonzepts*, RHI-Diskussion, Nr. 32, München.

Rosling, Hans; Rosling Rönnlund, Anna; Rosling, Ola (2018): *Factfulness: Wie wir lernen, die Welt so zu sehen, wie sie wirklich ist,* Ullstein: Berlin.

Royal Swedish Academy of Sciences (1987): Sveriges Riksbank Prize in Economic Sciences in Memory of Alfred Nobel 1987 for Robert M. Solow, Press Release of 21 October 1987. Online abrufbar unter: https://www.nobelprize.org/prizes/economic-sciences/1987/press-release/ (Zugriff: 4.5.2021).

Rudolf, Moritz (2020): »Das Gesetz zur nationalen Sicherheit in der Sonderverwaltungszone Hongkong – Ein Vorbote für Chinas neue Deutungshoheit bei internationalen Rechtsfragen«, in: *SWP-Aktuell*, Nr. 91, November 2020. Online abrufbar unter: https://www.swp-berlin.org/publikation/das-gesetz-zur-nationalen-sicherheit-in-der-sonderverwaltungszone-hongkong/ (Zugriff: 6.5.2021).

Ruf, Renzo (2021): »USA führen Grundeinkommen ein«, in: *Aargauer Zeitung*, vom 12.3.2021. Online abrufbar unter: https://www-1wiso-2net-1de-100be9eja01f9.emedien3.sub.uni-hamburg.de/document/AGZ__52c8544d055db7fc46e0219c0d4dd3193c2a8caf (Zugriff: 4.5.2021).

Rürup, Bert; Huchzermeier, Dennis (2017): »Wertschöpfungsabgaben verdienen eine ergebnisoffene Evaluation«, in: *Arbeiten 4.0 – Werkheft 04: Sozialstaat im Wandel*, Bundesministerium für Arbeit und Soziales, Berlin, S. 136–138.

Rütti, Nicole (2021): »Die frauenfeindliche Besteuerungspraxis gehört endlich abgeschafft«, in: *Neue Zürcher Zeitung*, vom 8.3.2021. Online abrufbar unter: https://www.nzz.ch/meinung/die-frauenfeindliche-besteuerungspraxis-gehoert-endlich-abgeschafft-ld.1605190?mktcid=nled&mktcval=167_2021-03-08&kid=nl167_2021-3-8&ga=1&trco= (Zugriff: 4.5.2021).

Sabroso-Wasserfall, Anna Lena; Bayes, Tom (2021): »COVID-19 als Beschleuniger einer globalen Machtverschiebung?« (Chinas wachsende ideologische Einflussnahme in Afrika), in: *Auslandsinformationen der Konrad-Adenauer-Stiftung*, Jg. 37, Ausgabe 1/2021, S. 63–75.

Sachverständigenrat (zur Begutachtung der gesamtwirtschaftlichen Entwicklung) (2007): *Das Erreichte nicht verspielen*, Jahresgutachten 2007/08. Online abrufbar unter: https://www.sachverstaendigenrat-wirtschaft.de/publikationen/jahresgutachten/fruehere-jahresgutachten/jahresgutachten-200708.html (Zugriff: 5.5.2021).

Sachverständigenrat (zur Begutachtung der gesamtwirtschaftlichen Entwicklung) (2009): *Die Zukunft nicht aufs Spiel setzen*, Jahresgutachten 2009/10. Online abrufbar unter: https://www.sachverstaendigenrat-wirtschaft.de/publikatio

nen/jahresgutachten/fruehere-jahresgutachten/jahresgutachten-200910.html (Zugriff: 4.5.2021).

Sachverständigenrat (zur Begutachtung der gesamtwirtschaftlichen Entwicklung) (2015): *Zukunftsfähigkeit in den Mittelpunkt*, Jahresgutachten 2015/16. Online abrufbar unter: https://www.sachverstaendigenrat-wirtschaft.de/publikationen/jahresgutachten/fruehere-jahresgutachten/jahresgutachten-201516.html (Zugriff: 4.5.2021).

Sachverständigenrat (zur Begutachtung der gesamtwirtschaftlichen Entwicklung) (2016): *Zeit für Reformen*, Jahresgutachten 2016/17. Online abrufbar unter: https://www.sachverstaendigenrat-wirtschaft.de/publikationen/jahresgutachten/fruehere-jahresgutachten/jahresgutachten-201617.html (Zugriff: 4.5.2021).

Sachverständigenrat (zur Begutachtung der gesamtwirtschaftlichen Entwicklung) (2019): *Den Strukturwandel meistern*, Jahresgutachten 2019/20. Online abrufbar unter: https://www.sachverstaendigenrat-wirtschaft.de/jahresgutachten-2019.html (Zugriff: 4.5.2021).

Sachverständigenrat (zur Begutachtung der gesamtwirtschaftlichen Entwicklung) (2020): *Corona-Krise gemeinsam bewältigen, Resilienz und Wachstum stärken*, Jahresgutachten 2020/21. Online abrufbar unter: https://www.sachverstaendigenrat-wirtschaft.de/jahresgutachten-2020.html (Zugriff: 4.5.2021).

Sachverständigenrat für Verbraucherfragen (2018): *Verbrauchergerechtes Scoring*, Gutachten, Berlin, Oktober 2018. Online abrufbar unter: https://www.svr-verbraucherfragen.de/dokumente/verbrauchergerechtes-scoring/ (Zugriff: 6.5.2021).

Saez, Emmanuel; Zucman, Gabriel (2020): *Der Triumph der Ungerechtigkeit*, Suhrkamp: Berlin.

Schipper, Lena (2015): »Eine zivilisierte Gesellschaft braucht hohe Steuern«, in: *Frankfurter Allgemeine Sonntagszeitung*, Nr. 13, vom 29.3.2015, S. 21. Online abrufbar unter: https://www.faz.net/aktuell/wirtschaft/wirtschaftspolitik/armut-und-reichtum/interview-mit-tony-atkinson-ueber-armut-ungleichheit-und-mindesterbe-13511563.html (Zugriff: 7.5.2021).

Schmid, Thomas (2021): »Die fehlgeleitete Sehnsucht nach dem starken Mann«, in: *Die Welt*, vom 21.2.2021. Online abrufbar unter: https://www.welt.de/debatte/kommentare/plus226785757/Italiens-neue-Expertenregierung-unter-Mario-Draghi.html?cid=onsite.onsitesearch (Zugriff: 4.5.2021).

Schneider, Hilmar (2017): »Universal Basic Income – Empty Dreams of Paradise«, in: *Intereconomics*, Jg. 52, Nr. 2, S. 83–87.

Schnitzlein, Daniel D. (2013): »Wenig Chancengleichheit in Deutschland: Familienhintergrund prägt eigenen ökonomischen Erfolg«, in: *DIW Wochenbericht*, Nr. 4, vom 23.1.2013, S. 3–9.

Schramm, Michael (2007): »Das Solidarische Bürgergeld – eine sozialethische Analyse«, in: Borchard, Michael (Hg.): *Das Solidarische Bürgergeld – Analysen einer Reformidee*, Lucius & Lucius: Stuttgart, S. 189–223.

Schramm, Michael (2008): »Subsidiäre Befähigungsgerechtigkeit durch das Solidarische Bürgergeld«, in: Straubhaar, Thomas (Hg.): *Bedingungsloses Grundeinkommen und Solidarisches Bürgergeld – mehr als sozialutopische Konzepte*, Edition HWWI, Bd. 1, Hamburg University Press: Hamburg, S. 179–218.

Schröder, Kristina (2021): »Jugendlichen nehmen wir vieles, was diese prägende Lebensphase ausmacht, in: *Die Welt*, vom 5.3.2021. Online abrufbar unter: https://www.welt.de/debatte/kommentare/plus227587721/Corona-Jugendliche-haben-es-im-Lockdown-besonders-schwer.html?cid=onsite.onsitesearch (Zugriff: 4.5.2021).

Schumpeter, Joseph A. (1912): *Theorie der wirtschaftlichen Entwicklung*, (zitiert nach der 7. Auflage (1987), Duncker & Humblot: Berlin. Unveränderter Nachdruck der 4. Auflage 1934.

Schumpeter, Joseph A. (1967): »Die Analyse von Veränderungen der Wirtschaft«, in: Weber, Wilhelm; Neiss, Hubert (Hg.): *Konjunktur- und Beschäftigungstheorie*, Kiepenheuer & Witsch: Köln, S. 291–306.

Schupp, Jürgen (2020): »Bedingungsloses Grundeinkommen: viel Zustimmung, aber auch große Ablehnung«, in: *Wirtschaftsdienst*, Jg. 100, H. 2, S. 112–116.

Schweizerischer Bundesrat (2014): Botschaft zur Volksinitiative »Für ein bedingungsloses Grundeinkommen« vom 27. August 2014. BBl 2014 6551. Online abrufbar unter: https://www.fedlex.admin.ch/eli/fga/2014/1491/de (Zugriff: 5.5.2021).

Schweizerischer Bundesrat (2016): Erläuterungen des Bundesrates zur Volksinitiative »Für ein bedingungsloses Grundeinkommen«. Online abrufbar unter: https://www.admin.ch/gov/de/start/dokumentation/abstimmungen/20160605/fur-ein-bedingungsloses-Grundeinkommen.html (Zugriff: 5.5.2021).

Schweizerische Eidgenossenschaft (2016): Eidgenössische Volksinitiative »Für ein bedingungsloses Grundeinkommen«, Bern. Online abrufbar unter: https://www.admin.ch/ch/d/pore/vi/vis423.html (Zugriff: 5.5.2021).

Schweizerische Eidgenossenschaft (2016a): Volksinitiative »Für ein bedingungsloses Grundeinkommen«. Online abrufbar unter: https://www.admin.ch/gov/de/start/dokumentation/abstimmungen/20160605/fur-ein-bedingungsloses-Grundeinkommen.html (Zugriff: 4.5.2021).

Schweizerische Konferenz für Sozialhilfe (SKOS) (2021): Anpassung des Grundbedarfs (GBL) an die Preis- und Lohnentwicklung. Online abrufbar unter: https://skos.ch/fileadmin/user_upload/skos_main/public/pdf/richtlinien/2021_Anpassung_GBL_01.pdf (Zugriff: 17.5.2021).

Schäfer, Matthias (2007): »Das Solidarische Bürgergeld – zusammenfassende Bemerkungen«, in: Borchard, Michael (Hg.): *Das Solidarische Bürgergeld – Analysen einer Reformidee*, Lucius & Lucius: Stuttgart, S. 225–286.

Siebert, Horst (2007): »Gegen ein bedingungsloses Grundeinkommen. Eine abstruse Idee mit starken Fehlanreizen«, in: *Frankfurter Allgemeine Zeitung* (FAZ), vom 27.6.2007.

Sinn, Hans-Werner (2003): *Ist Deutschland noch zu retten?*, Econ Verlag: München.

SIPRI (2020): »SIPRI Yearbook 2020: Armaments, Disarmament and International Security«, Oxford University Press: Oxford. Online abrufbar unter: https://www.sipri.org/yearbook/2020/08 (Zugriff: 6.5.2021).

Solow, Robert M. (1987): »We'd Better Watch Out«, Book Review on The Myth of the Post-Industrial Economy, by Stephen S. Cohen and John Zysman, in: *The New York Times Book Review*, vom 12.6.1987, S. 36.

Sozialgesetzbuch (2021): Zwölftes Buch (XII) – Sozialhilfe – (Artikel 1 des Gesetzes vom 27. Dezember 2003, BGBl. I S. 3022). Online abrufbar unter: https://www.gesetze-im-internet.de/sgb_12/BJNR302300003.html#BJNR302300003BJNG000100000 (Zugriff: 5.5.2021).

Spermann, Alexander (2007): »Das Solidarische Bürgergeld – Anmerkungen zur Studie von Michael Opielka und Wolfgang Strengmann-Kuhn«, in: Borchard, Michael (Hg.): *Das Solidarische Bürgergeld – Analysen einer Reformidee*, Lucius & Lucius: Stuttgart, S. 143–162.

Spiegel Online (2016): »Was Cameron ausgehandelt hat«, in: *Spiegel Online*, vom 20.2.2016. Online abrufbar unter: https://www.spiegel.de/politik/ausland/brexit-verhandlungen-das-hat-david-cameron-erreicht-a-1078433.html (Zugriff 5.5.2021).

Spiegel (2021):»Linke wirft CSU ›Clankriminalität‹ bei Maskenbeschaffung vor«, in: *Spiegel*, vom 8.5.2021. Online abrufbar unter: https://www.spiegel.de/politik/deutschland/maskenaffaere-linke-wirft-csu-clankriminalitaet-vor-a-2cf300ad-28e1-47c9-abe2-a189cf34d5b9 (Zugriff: 13.7.2021)

Stadt Zürich (2021): Existenzminimum bei Lohnpfändung. Online abrufbar unter: https://www.stadt-zuerich.ch/portal/de/index/politik_u_recht/stadtammann-_undbetreibungsaemter/betreibungsamt/betreibungsverfahren/existenzminimum.html (Zugriff: 5.5.2021).

Statista (2021): Täglich gemeldete Neuinfektionen und Todesfälle mit dem Coronavirus (COVID-19) in Deutschland seit Januar 2020. Online abrufbar unter: https://de.statista.com/statistik/daten/studie/1100739/umfrage/entwicklung-der-taeglichen-fallzahl-des-coronavirus-in-deutschland/ (Zugriff: 4.5.2021).

Statistisches Bundesamt (2020): Experimentelle Daten – Einführung. Online abrufbar unter: https://www.destatis.de/DE/Service/EXDAT/_inhalt.html (Zugriff: 4.5.2021).

Statistisches Bundesamt; Bundeszentrale für politische Bildung (2004): »Datenreport 2004: Zahlen und Fakten über die Bundesrepublik Deutschland«, 2. aktualisierte Auflage, Schriftenreihe Bd. 450, Bonn.

Statistisches Bundesamt; Bundeszentrale für politische Bildung (2021): »Datenreport 2021: Ein Sozialbericht für die Bundesrepublik Deutschland«, Bonn.

Statistisches Bundesamt (2021a): »Bildungsausgaben: Budget für Bildung, Forschung und Wissenschaft 2018/19«, Statistisches Bundesamt (Destatis), vom 6.4.2021. Online abrufbar unter: https://www.destatis.de/DE/Themen/Gesellschaft-Umwelt/Bildung-Forschung-Kultur/Bildungsfinanzen-Ausbildungsfoerderung/Publikationen/Downloads-Bildungsfinanzen/bildungsausgaben-pdf-5217108.pdf?__blob=publicationFile (Zugriff: 7.5.2021).

Statistisches Bundesamt (2021b): »Volkswirtschaftliche Gesamtrechnungen: Hauptaggregate der Sektoren Vierteljahresergebnisse ab 1999«, 4. Vierteljahr 2020, vom 24.2.2021. Online abrufbar unter: https://www.destatis.de/DE/Themen/Wirtschaft/Volkswirtschaftliche-Gesamtrechnungen-Inlandsprodukt/Publikationen/Downloads-Einkommensverteilung-Sektorkonten/hauptaggregate-sektoren-pdf-5812103.pdf?__blob=publicationFile (Zugriff: 7.5.2021).

Steingart, Gabor (2005): *Deutschland – der Abstieg eines Superstars*, Piper: München.

Stelter, Daniel (2021): »Deutschlands strukturelles Staatsversagen«, in: *Manager Magazin*, vom 12.3.2021. Online abrufbar unter: https://www.manager-magazin.de/lifestyle/deutschlands-strukturelles-staatsversagen-a-205a9575-ae58-497e-9bda-5f8c6a32e7f0 (Zugriff: 6.5.2021).

Straubhaar, Thomas (1995): »Perspektiven der sozialen Sicherheitssysteme in Europa«, in: Quaas, Friedrun; Straubhaar, Thomas (Hg.): *Perspektiven der Sozialen Marktwirtschaft*, Paul Haupt Verlag: Bern, S. 81–98.

Straubhaar, Thomas (Hg.) (2008): *Bedingungsloses Grundeinkommen und Solidarisches Bürgergeld – mehr als sozialutopische Konzepte*, Hamburg University Press: Hamburg.

Straubhaar, Thomas (2017): *Radikal gerecht – Wie das bedingungslose Grundeinkommen den Sozialstaat revolutioniert*, edition Körber-Stiftung: Hamburg.

Summers, Lawrence H. (2014): »U.S. Economic Prospects: Secular Stagnation, Hysteresis and the Zero Lower Bound«, in: *Business Economics*, Vol. 49, No. 2, S. 65–73. Online abrufbar unter: http://larrysummers.com/wp-content/uploads/2014/06/NABE-speech-Lawrence-H.-Summers1.pdf (Zugriff: 4.5.2021).

Summers, Lawrence H. (2016): »The Age of Secular Stagnation – What It Is and What to Do About It«, in: *Foreign Affairs*, Vol. 95, Nr. 2, S. 2–9. Online abrufbar unter: https://www.foreignaffairs.com/articles/united-states/2016-02-15/age-secular-stagnation (Zugriff: 4.5.2021).

Techniker Krankenkasse (2021): »Wie sind die aktuellen Beitragssätze in der Sozialversicherung?«. Online abrufbar unter: https://www.tk.de/firmenkunden/versicherung/beitraege-faq/beitragssaetze/aktuelle-beitragssaetze-in-der-sozialversicherung-2031554?tkcm=aaus (Zugriff: 7.5.2021).

Tinbergen, Jan (1968): *Wirtschaftspolitik – Beiträge zur Wirtschaftspolitik*, Verlag Rombach: Freiburg.

Tobin, James (1966): »The Case for an Income Guarantee«, in: *The Public Interest*, No. 4, S. 31–41.

Trebilcock, Michael J. (2014): *Dealing with Losers: The Political Economy of Policy Transitions*, Oxford University Press: New York.

Triplett, Jack E. (1999): »The Solow Productivity Paradox: What do Computers do to Productivity?«, in: *The Canadian Journal of Economics*, Vol. 32, No. 2, Special Issue on Service Sector Productivity and the Productivity Paradox (Apr. 1999), S. 309–334.

Turzer, Caroline (2019): 18 Jahre nach dem Pisa-Schock. Was für Deutschland auf dem Spiel steht, in: *Welt*, vom 02.12.2019. Online abrufbar unter: https://www.welt.de/wirtschaft/karriere/bildung/article203982444/Schulbildung-18-Jahre-nach-dem-Pisa-Schock.html (Zugriff: 24.5.2021).

Unconditional Basic Income Europe (UBIE) (2021): Plattform. Online abrufbar unter: https://www.ubie.org/ (Zugriff: 4.5.2021).

Van Ark, Bart (2016): »The Productivity Paradox of the New Digital Economy«, in: *International Productivity Monitor*, Nr. 31, Fall, S. 3–18.

Vanderborght, Yannick; Van Parijs, Philippe (2005): *Ein Grundeinkommen für alle? – Geschichte und Zukunft eines radikalen Vorschlags*, Campus Verlag: Frankfurt/New York.

Vergeer, Robert; Kleinknecht, Alfred (2014): »Do Labour Market Reforms Reduce Labour Productivity Growth? A Panel Data Analysis of 20 OECD Countries (1960–2004)«, in: *International Labour Review*, Jg. 153, (2014), H. 3, S. 365–393. Online abrufbar unter: http://alfredkleinknecht.nl/wp-content/uploads/2017/03/I-L-R-Vergeer-Kleinknecht.pdf (Zugriff: 17.5.2021).

Von der Schulenburg, J. Matthias Graf; Lohse, Ute (2014): *Versicherungsökonomik: Ein Leitfaden für Studium und Praxis*, Verlag Versicherungswirtschaft: Karlsruhe.

Von Hayek, Friedrich August (1969): *Freiburger Studien – Gesammelte Aufsätze*, Mohr (= Wirtschaftswissenschaftliche und wirtschaftsrechtliche Untersuchungen 5), Mohr: Tübingen.

Von Hayek, Friedrich August (1975): »Die Anmaßung von Wissen«, in: *ORDO-Jahrbuch für die Ordnung von Wirtschaft und Gesellschaft*, Vol. 26 (1975), S. 12–21.

Von Petersdorff, Winand (2014): »Der Fluch der frühen Rente«, in: *Frankfurter Allgemeine Sonntagszeitung*, Nr. 42 vom 19.10.2014, S. 20. Online abrufbar unter: https://www.faz.net/aktuell/wirtschaft/vorruhestand-der-fluch-der-fruehrente-13216810.html (Zugriff: 7.5.2021).

Walzer, Michael (2006): *Sphären der Gerechtigkeit: Ein Plädoyer für Pluralität und Gleichheit*, Neuauflage, Campus Verlag: Frankfurt/New York.

Weck-Hannemann, Hannelore; Pommerehne, Werner W. (1989): »Einkommenssteuerhinterziehung in der Schweiz: Eine empirische Analyse«, in: *Schweizerische Zeitschrift für Volkswirtschaft und Statistik*, Jg. 125, Nr. 4, S. 515–556.

Weber, Max (2004): *Die protestantische Ethik und der Geist des Kapitalismus*, Vollständige Ausgabe, hg. von Dirk Kaesler, C. H. Beck: München, zuerst 1904/06, überarbeitet 1920.

Werner, Götz W. (2007): *Einkommen für alle: Bedingungsloses Grundeinkommen – die Zeit ist reif*, Verlag Kiepenheuer & Witsch: Köln.

Werner, Götz W.; Goehler, Adrienne (2010): *1.000 Euro für jeden: Freiheit. Gleichheit. Grundeinkommen*, Econ: Berlin.

Werner, Götz W.; Weik, Matthias; Friedrich, Marc (2017): *Sonst knallt's! Warum wir Wirtschaft und Politik radikal neu denken müssen*, Eichborn Verlag in der Bastei Lübbe AG: Köln.

Widmann Aloysius; Marchart Jan Michael (2020): »Bedingungsloses Grundeinkommen: Die Rückkehr einer sozialen Utopie«, in: *DerStandard* vom 15.06.2020. Online abrufbar unter: https://www.derstandard.at/story/2000118064661/bedingungsloses-grundeinkommen-die-rueckkehr-einer-sozialen-utopie (Zugriff: 17.5.2021).

Winkler, Peter (2021): »Eine Kinderzulage durch die Hintertüre«, in: *Neue Zürcher Zeitung*, vom 9.3.2021.

Wippermann, Peter (2018): »New Work Trendbook: Die 15 wichtigsten Trends zur Arbeitswelt der Zukunft«, 15 Jahre Xing: Hamburg.

Wirtschaftsdienst (2014): »Das Mindestlohngesetz – Hoffnungen und Befürchtungen«, in: *Wirtschaftsdienst*, Jg. 94, H. 6, S. 387–406. Online abrufbar unter: https://www.wirtschaftsdienst.eu/inhalt/jahr/2014/heft/6/beitrag/das-mindestlohngesetz-hoffnungen-und-befuerchtungen.html (Zugriff: 17.5.2021).

Wirtschaftsdienst (2021): Schlagwortsuche »Grundeinkommen«. Online abrufbar unter: https://www.wirtschaftsdienst.eu (Zugriff: 17.5.2021).

World Inequality Database (2021): Homepage. Online abrufbar unter: https://wid.world/wid-world/ (Zugriff: 7.5.2021).

WTO (World Trade Organization (2017): *World Trade Report 2017*, WTO: Genf. Online abrufbar unter: https://www.wto.org/english/res_e/publications_e/wtr17_e.htm (Zugriff: 4.5.2021).

Wyss, Rebecca (2021): »Weniger Ich, mehr Wir«, in: *Sonntagsblick*, vom 10.1.2021. Online abrufbar unter: https://www-1wiso-2net-1de-100be9em501f0.emedien3.sub.uni-hamburg.de/document/SBLI__264eaa120689e232fb50a2746858faf3681b5701 (Zugriff: 4.5.2021).

Zervas, Georgios; Proserpio, Davide; Byers, John W. (2017): »The Rise of the Sharing Economy: Estimating the Impact of Airbnb on the Hotel Industry«, in: *Journal of Marketing Research*, vom 1.10.2017, Vol. 54, No. 5, S. 687–705. Online abrufbar unter: https://doi.org/10.1509/jmr.15.0204 (Zugriff: 4.5.2021).

Zingales, Luigi (2012): *A Capitalism for the People: Recapturing the lost genius of American prosperity*, Basic Books: New York.

Über den Autor

Thomas Straubhaar (*1957) ist Professor für Volkswirtschaftslehre mit dem Schwerpunkt internationale Wirtschaftsbeziehungen an der Universität Hamburg. Von 1999 bis 2014 hat er das Hamburgische WeltWirtschaftsInstitut HWWI und dessen Vorgängerinstitut HWWA geleitet. Er war Gastprofessor an der UNAM und ITAM in Mexico City (2015 und 2016) und Research Fellow der Transatlantic Academy in Washington DC (2010–2017). Thomas Straubhaar gehört dem Kuratorium der Friedrich-Naumann-Stiftung für die Freiheit an. Seit vielen Jahren schreibt er regelmäßig für die Tageszeitung *Die Welt*.